KB203109

교회재판 이렇게 한다

목회현장에서 꼭 필요한

교회재판
이렇게 한다

저자 신현만 · 한기승

글샘
GEULSAEM PUBLISHING

추천사

먼저 제99회 총회를 맞이하여 설립된 지 100년이 지난 우리 총회가 이 시대 하나님 앞에 서서 교회 본연의 모습과 그 사명을 다시금 회복하고 21세기 한국 교회의 새로운 선교 100년을 준비하고 선도할 수 있는 총회가 될 수 있기를 소망합니다.

이렇게 되기 위하여 교단 내부적으로 당회로부터 노회와 총회에 이르는 치리회의 권징 질서 확립은 무엇보다도 중요하다고 생각하며, 헌법상 규정된 교회의 권징이 더욱 엄정하게 시행되도록 하는 일은 매우 시급한 과제이기도 합니다.

최근 몇 년간 교회 내 갈등이 사회 법정의 송사로 이어져 그리스도의 몸 된 교회의 영광을 가리고 전도의 문을 가로막는 일들을 볼 때 총회 안에 화해조정위원회라는 특별 상설 기구를 설치하여 원만한 중재를 통한 조정과 화합을 사전에 이끌어 내는 실질적인 기능의 필요성을 절실히 느끼고 있습니다.

또한 불가피하게 진행된 교회 분쟁에 있어서 재판 절차나 방법에 무지하고 미숙하여 뜻하지 않게 치리회간이나 세상 법정으로 분쟁이 비화되고 억울하게 불이익과 피해를 당하는 사례들이 우리 교단 내에도 해를 거듭 할수록 늘어나 아주 심각한 위기 상황이라고 생각합니다.

이러한 때에 그동안 교회 재판의 절대 지침서로 불리었던 신현만 목사님의 『교회재판 이렇게 한다』가 상당한 내용이 보충되고 정리되어 목회현장에서 꼭 필요한 도서 시리즈 제4권으로 수정증보판이 발간하게 됨은 무척 반갑고 의미있는 일이라 하겠습니다.

특히 이번에는 익히 잘 알려지고 평소에 존경하는 신 목사님과 현재 총회의 개혁과 발전을 위해 다방면에서 왕성하게 활동하고 계시는 한기승 목사님이 함께 집필하여 더욱 더 큰 기대가 되며, 더구나 작년 7월에도 두 분 목사님은 『목회현장에서 꼭 필요한 교회법률상식』이라는 책을 공동 출간하여 전국의 목회자는 물론 평신도에 이르기까지 좋은 평판으로 많은 유익을 주고 있다는 소문이 자자하므로 반드시 이 두 권의 책이 합동 교단의 자랑거리가 될 줄로 확신합니다.

그간 연로하심과 분주함 속에서 힘써 집필해 주신 목사님께 깊은 감사를 드리고, 전국의 목회자를 비롯하여 지도자들과 성도들이 이 책을 필독의 양서로 활용할 것을 크게 기대하며 기쁜 마음으로 추천합니다.

주후 2015년 6월
대한예수교장로회총회
총회장 백남선 목사

추천사

　『교회재판 이렇게 한다』는 목회 현장에서 꼭 필요한 각종 교회 재판들에 대하여 알기 쉽게 정리한 것이므로 교회 지도자들에겐 실제적으로 유용한 책이다. 대개 신학도의 경우 신학 연구에 골몰하나 정치와 권징 조례 같은 과목에는 별로 관심을 두지 않는다. 담임 목회자가 아니어서 치리회인 당회, 노회, 총회와는 무관하다고 생각하기 때문이다. 그러나 지교회의 담임자로 당회장이 되면 '가지 많은 나무에 바람 잘 날이 없다' 는 말처럼 각종 문제의 해결을 위하여 골몰하다 보면 저절로 교단 총회가 제정한 "헌법"을 탐독하게 되어있다.

　송사의 경우 당회가 기소하건 교인이 소송하건 재판 절차에 따라 '저울과 칼' 이 상징하듯 공평하고 정의롭게 심리하고 판결해야 한다. 재판에 공정성이 유지되려면 법리에 밝으면서도 청정한 양심, 올곧은 심지, 선악의 분별이 중요하다. 솔로몬의 경우 제위에 오른 후 여호와께서 "내가 네게 무엇을 줄꼬 구하라" 하실 때에 "누가 주의 이 많은 백성을 재판할 수 있사오리까 듣는 마음을 종에게 주사 주의 백성을 재판하여 선악을 분별하게 하옵소서"(왕상 3:5, 9)라고 재판의 지혜를 구하여 얻었다고 했다.

　최근 교회 재판에 불복하고 사법 심사를 구하는 사례가 많아지고 노회나 총회 재판국의 판결이 사법 심리를 통해 뒤집어지는 경우가 종종 생기므로 교회 재판의 권위에 망신살이 뻗쳤다. 이는 법리에서 전문성 결여와 숫자와 힘에 의한 정치 재판 내지 이권에 따라 공의를 굽힌 재판이어서 그런 것이다.

이럴 때에 총회 헌법을 다년간 연구하신 신현만 목사님이 그의 저서『교회재판 이렇게 한다』의 증보 3판으로 기왕의 저서를 거의 갑절로 보강하여 목회현장에서 꼭 필요한 도서 시리즈 제4권으로 새로 간행하게 되니 시의적절할 뿐만 아니라 이미 검증되었고 매우 실용적이며 더욱이 신뢰할만하여 목회 현장에 좋은 길잡이가 될 수 있다고 믿는다.

특별히 이 책은 서두에 총론을 기술하고 본론으로 당회와 노회와 총회의 재판을 망라하되 치리회가 기소하는 경우와 고소인이 기소하는 경우, 상급심에서 상소 건과 소원 건의 재판, 조사처리위원회 권한과 치리회간의 재판에 이르기까지 여러 사례와 예문들을 담아 서술한 교회 재판의 결정판이 아닌가 싶다.

그러므로 한국 교회 목회자와 지도자들께서는 저자가 수정과 증보를 통해 세 번째로 펴낸 이 역작을 상비서로 늘 곁에 두고 수시로 활용할 수 있기를 널리 권장한다.

2015년 7월 초순에
증경 총회장 장차남 목사
(온천제일교회 원로목사)

추천사

교회 안에서도 사람들의 생각이 다르기 때문에 세상과 똑같이 분쟁이 일어나는 것을 흔히 봅니다. 문제는 이러한 싸움을 어떻게 슬기롭게 해결해 갈 것인가 입니다. 그리스도의 몸 된 교회를 교회답게 하고, 하나님의 형상을 따라 지음 받은 자녀는 하나님의 자녀답게 살아야 할 책임과 의무가 있습니다. 그렇게 되려면 교회 안에서도 바른 정치와 행정이 필요하고 기술과 지혜가 필요합니다. 그러나 정작 교회 안에서 문제가 발생하면 어떻게 대처해야 되는가를 바르게 알기는 쉽지 않은 것 같습니다. 평생 교회 생활을 한 사람이나 신학교를 졸업하고 목회를 오래 하신 목사님일지라도 괴롭고 곤혹스럽기는 마찬가지입니다.

이런 아픔과 필요를 알고 신현만 원로 목사님과 한기승 목사님이 정성을 다해 최근 목회현장에서 꼭 필요한 도서 시리즈 4 『교회재판 이렇게 한다』라는 책을 집필하였습니다. 두 분 목사님은 30년 목회 경험과 신학교에서 오랫동안 교회 정치와 법을 가르치신 이론과 현장에 두루 능통하신 분들입니다. 신현만 목사님은 누가 뭐래도 교단 내에서 교회법을 가장 잘 아시는 법통으로 이미 널리 알려져 있고, 한기승 목사님은 교회 정치와 법뿐 아니라 대학에서 법학을 전공하여 법학박사 학위를 받아 세상 법까지 두루 섭렵하신 분입니다.

책의 구성은 총론, 당회 재판, 노회 재판, 총회 재판, 치리회간의 재판, 부록으로 되어 있어 치리회 내에서 발생할 수 있는 어떤 형태의 재판도 총망라 되어 있습니다. 또한 650페이지가 넘는 이 책은 교회 재판 절차에 따라서 필요한 각종 서식과 작성에 이르기까지 하나하나 사례를 들어 목사 장로뿐 아니라 평신도들이 읽어도 이해하기 쉽고 적용할 수 있도록 잘 설명이 되어 있는 국내 유일의 재판 안내서라고 할 수 있습니다.

성경 말씀에 기초한 교회법에 의해 소송 사건이 바르게 다루어져서 교회가 세상 법의 판단을 받지 않고, 교회 안에 질서가 바로 세워지며, 하나님의 공의가 나타나고 행해지기를 바랍니다. 그리하여 교회가 화목하고 평화가 넘치는 거룩한 사랑의 공동체가 되어 세상과는 구별되는 순결한 하나님의 백성들이 사는 모습을 세상에 보여줄 수 있기를 소망하며, 기쁨으로 이 책을 추천합니다.

주후 2015년 7월
광신대학교 총장
정규남 목사

서언

　　일찍이 김구 선생은 "경찰서 열 개 짓는 것보다 예배당 하나 세우는 것이 더 중요하다"고 말하였다. 이는 교회의 필요성을 강조하는 것으로 당시의 교회들이 빛과 소금의 역할을 넉넉히 감당하였음을 대변하는 말이라 생각된다. 그러나 그 때로부터 반세기를 넘어선 오늘의 현실은 교회가 세상의 어떤 기관보다 사회사업과 봉사는 월등하게 많이 하면서도 세상이 교회에 대한 시각은 비난을 넘어 오히려 교회를 염려하는 양상으로 반전되었다.

　　이러한 현상은 교회가 타락하고 세속화되어 교회의 사명을 다하지 못하므로 영향력을 이미 상실해 버렸음을 여실히 말해주고 있는 것이다. 더욱 안타까운 것은 성경을 근거로 제정한 교회 헌법을 저버리므로 누군가의 말처럼 중세 교회 이후 가장 부패하고 타락한 결과 교회는 위기에 직면하였고, 초대 교회에서는 상상조차도 하기 힘든 교회 관련 재판이 세상 법정에서 성시(盛市)를 이루고 있다는 점이다.

　　이에 대하여는 최근 보도된 신문 기사에 "공의와 헌법은 뒷전, 돈이 판결 잣대(?)"라는 머리기사에 '총회 재판의 실상'이라는 소제목을 붙인 기사 내용을 보면 "재판국원으로부터 이번 재판을 잘 하려면 2천~3천만 원을 준비하라는 연락을 받았다"는 총회 재판에 연루된 어느 목사의 제보 내용은 바로 총회 재판국의 실상을 적나라하게 보여주는 심히 하나님 앞에 부끄러운 일이 아닐 수 없다.

뿐만 아니라 제97회 총회 재판국에 대한 금품수수 의혹과 관련한 수표 번호까지 구체적으로 언론에 공개하였음에도 불구하고 총회는 마치 부정부패 불감증이라도 걸린 듯이 수수방관하고 있으니 전국 교회와 노회가 과연 총회와 총회 재판국을 신뢰할 수 있겠는가?

본서는 『교회재판 이렇게 한다』가 2005년에 초판 인쇄를 거쳐 2006년에 개정판으로 발간하여 전국 교회와 성도들에게 유익하게 활용되어 오던 중 이미 시중에 품절로 출판사와 독자들의 재출판 요청이 쇄도한바 금번 목회현장에서 꼭 필요한 도서 시리즈 네 번째로 내용을 대폭 수정 보강하여 발간하게 되었다. 모쪼록 이 책이 근간에 출간된 『'목회현장에서 꼭 필요한' 교회법률상식, 교회정치해설, 권징조례해설』과 함께 목회 행정과 교회 재판의 지침서가 되어 갈등의 악순환을 잘라내고 개혁으로의 안내자가 되기를 바라는 마음 간절하다.

본서가 출간되기까지 원고를 정리한 신성진군과, 교정을 위해 수고를 아끼지 않으신 정태중 장로님, 그리고 개혁의 동반자적 사명으로 위로와 격려를 해 주신 전국 교회의 목회자와 장로님들, 성도들에게 지면을 빌어 깊은 감사를 드리며 모든 영광은 오직 하나님께만 돌릴 뿐이다.

주후 2015년 7월에
지은이 올림

목 차

총 론

제1편 당회 재판

제2편 노회 재판

제3편 총회 재판

제4편 치리회간의 재판

총 론

1. 교회 재판 절차

(1) 예배(예배는 기도로만 개정해도 가함)

(2) 출석

출석은 휴식 후 속회 시에도 호명하여 불참자의 성명을 회의록에
기록하고 최후 투표권의 유무를 판단하는 자료로 삼는다. 단 한번
이라도 결석 또는 지참자는 원·피고 및 출석 재판국원 전원이 찬
동하지 아니하면 유죄 무죄를 결정하는 합의석에서 투표권이 없다
(권징 제29조). 노회 재판국의 개정 성수는 3분의 2 이상이며, 그
중 목사가 반수 이상이어야 한다(권징 제119조).

(3) 개정 선언

"지금은 대한예수교장로회 ○○노회 제 ○○회 정기 노회에서
위탁한 ○○○ 씨의 사건을 심리하기 위한 재판국이 개정된 것을
선언합니다."

(4) 이유 공포

"우리가 지금부터 ○○교회 ○○○ 씨의 고소 건에 대한 재판 건
을 심리하게 되었은즉 마땅히 이 일이 심히 신중함을 생각하고 주
예수 그리스도 앞에서 엄숙하게 시무할 것입니다"(권징 제20조).

(5) 고소장 및 죄증 설명서 낭독(권징 제20조)

서기가 낭독하되 이미 수차례 검토하여 잘 알고 있을지라도 상세히 낭독한다.

(6) 원고 경계

"송사가 허망하여 원고의 경솔한 심사가 발현되면 형제를 훼방하는 자로 처단할 것입니다"(권징 제15조).

(대답이 있든지 없든지 그대로 회의록에 기재한다.)

(7) 피고 경계(권징 제23조 3항)

"피고는 방금 낭독한 송사 사실에 대하여 어떻게 생각하십니까?"

(죄가 있다거나 없다거나 대답하지 아니하거나 그대로 회의록에 기록한다.)

(8) 증인 선서(권징 제62조)

(증인, 국원, 원고, 피고, 방청인 모두 일어서서 국장이 선창하고 증인이 복창한다. 증인마다 서명 날인하여 서기가 보관한다.)

"후일에 산 자와 죽은 자를 심판하시는 하나님 앞에 문답할 것같이 지금 알지 못함이 없으사 사람의 마음을 감찰하시는 하나님 앞에서 이 소송 안의 증인으로 출석하였으니 사실대로 직언하며 사실 전부를 말하며 사실밖에 덧붙이지 아니하기로 선서합니다."

(9) 증인 신문(권징 제61조, 제24조)

증인은 선서 후에 퇴장시켜 원고의 증인과 피고의 증인을 서로 다른 방에 대기케 하고 신문할 때에도 신문 당사자 외에 다른 증인은 신문 내용을 듣지 못하게 하며 신문 전에나 후에나 어느 증인을 막론하고 증인의 동석을 허락하지 않는다(권징 제60조).

증인이 불출석 또는 출석했어도 불응 시는 징벌을 받는다(권징 제68조).

1) 원고의 증인 신문

① 국장(또는 위원) ② 원고 ③ 피고 ④ 국원 중

2) 피고의 증인 신문

① 국장(또는 위원) ② 피고 ③ 원고 ④ 국원 중

(10) 원고 신문(권징 제24조 4항)

(11) 피고 신문

(12) 투표로 결정(합의) (권징 제29조, 제24조 6항~7항)

원고와 피고, 증인, 방청인을 퇴장케 하고 투표권이 있는 재판국원이 죄증 설명서에 의해 먼저 각 항 투표로 유죄, 무죄를 결정한 후 종합 투표로 벌의 칭호(벌의 이름)를 결정한다.

1) 각 항 투표

각 항 투표는 토의 없이 죄증 설명서대로 각 항마다 유죄 또는 무죄에 대하여 무기명 비밀 투표 종다수로 결정하여 전체 항목이 무죄가 되면 결론이 무죄가 되고 한 항만이라도 유죄가 되면 유죄가 된다(권징 제24조 7항).

2) 종합 투표

각 항 투표에서 한 항이라도 유죄로 결정되면 결론은 유죄이므로 벌의 칭호를 정하기 위한 토의를 한 후 투표로 권징 조례의 정한 바에 따라 권계, 견책, 정직, 면직, 수찬 정지, 제명 출교

중 종다수로 한 가지 죄를 결정한다. 단, 정직과 면직은 수찬 정지를 함께 할 수도 있다(권징 제24조 8항, 제35조, 제41조).

(13) 회의록 및 판결문 채택

판결문은 국장과 서기에게 위임 작성케 하여 채택함이 편리하다. 회의록은 서기가 낭독한 후 채택한다.

(14) 선고

원고, 피고에게 직접 선고하기도 하나 판결문 송달로 선고를 대신하기도 한다(권징 제122조).

(15) 기도로 폐정

찬송, 기도, 폐정 선언

(16) 노회 보고서 작성 및 보고(권징 제123조)

노회 보고서는 국장과 서기에게 위임 작성케 하여 채택함이 편리하다. 채택된 보고서는 노회 서기가 보고한다.

※ 노회 폐회 후 판결이면 재판국의 보고로 종결되고(노회에서 논의도 불가함) 회기 내의 판결이면 노회의 채택으로 확정된다(권징 제121조).

2. 상소 절차

상소는 하회 재판의 판결 결과 불이익을 당한 자가 판결의 취소 또는 변경을 원하여 그 상회에 서면으로 제출하는 것인데 이 때 원고나 피고를 불문하고 상소를 제기하는 자를 상소인이라 하고 상소를 당한 자를 피상소인이라 한다(권징 제94조). 상소인은 일반 청원서와 같이 경유 인을 받거나 부전지를 첨부하여 상회에 제출하는 것이 아니라 본회 판결 후 10일 내에 상소 통지서와 상소 이유 설명서를 작성하여 본회 서기(서기 부재 시는 회장)에게 제출하고(권징 제96조), 상회 정기회 개회 익일까지 상회에 출석하여 상소장과 상소 이유 설명서를 상회 서기에게 교부한다. 이 때 상소인이 본인이나 대리할 변호인이 상회 개회 익일에 불가항력의 이유 없이 출석하지 아니하면 그 상소는 취하하는 것으로 인정되고 하회의 판결은 확정된다(권징 제97조).

뿐만 아니라 하회의 재판에서 혹 절차나 재판 과정이 잘못되었거나 불법 재판을 하였을지라도 하회 판결 후 10일 내에 본회 서기에게 상소 통지서와 이유서를 제출하지 아니했으면 재판의 판결을 변경하는 일은 상소하는 것 외에 다른 길이 없으므로(권징 제94조) 그 판결은 확정된다.

상소인이 본회 서기에게 상소 통지서와 이유서를 제출하면 본회 서기는 상회 정기회 개회 익일까지 상소 통지서와 상소 이유 설명서와 재판에 관계되는 일건 서류를 상회 서기에게 제출해야 하고 상회 서기는 상소인이 하회 판결 후 10일 내로 하회 서기에게 상소 통지서와 이유 설명서를 제출한 상소 건만 접수해야 한다. 만일 상회 서기의 불찰로 접수해서는 안 될 부적격한 서류가 접수 되었을 경우에는 헌의부 보고 시에 반려하도록 보고할 것이요, 헌의부 보고 시에도 서류가 재판국으로 넘어 갔으면 재판국에서는 각하해야 한다.

반면에 상회 서기는 상소장에 경유 인이나 부전지가 없다고 하여 서류 접수를 거부 등의 불법으로 상소를 방해해서는 안 된다.

3. 소원 절차

소원은 하회 관할의 치리에 복종하는 자 중 행정 사건에 있어서 하회가 책임을 이행하지 아니하거나 위법한 결정에 대하여 서면으로 상회에 변경을 구하는 것이다(권징 제84조). 소원을 제기할 때 하급 치리회에서 결정할 당시 참석했던 자 중 3분의 1 이상이 연명하여 소원을 선언(소원 통지서를 본회 서기에게 제출)하면 그 사건을 상회가 결정할 때까지 하회의 결정은 중지된다(권징 제86조).

소원은 일반 행정 청원서나 헌의서와 같이 경유 인을 받거나 부전지를 첨부하여 상회에 제출하는 것이 아니라 본회의 결정 후 10일 내에 소원 통지서와 소원 이유 설명서를 본회 서기(서기 부재 시는 회장)에게 제출하고(권징 제85조), 상회 정기회 개회 익일 내로 소원장과 소원 이유 설명서를 상회 서기에게 제출해야 한다(권징 제87조).

만일 상회 서기가 사건 결정 후 10일 이내에 하회 서기에게 소원 통지서와 소원 이유 설명서를 제출하지 아니한 서류를 소원 건으로 접수하면 도리어 혼란을 불러 일으키는 결과가 된다. 그러므로 서기의 불찰로 접수해서는 안 될 서류가 접수된 것이 헌의부 보고 시에 확인되면 그 서류는 반려해야 하고 만일 그 서류가 헌의부 보고 시에 재판국으로 넘어갔다면 재판국은 그 소원 건을 각하해야 한다.

상회 서기는 소원장이나 상소장에 경유 인이나 부전지가 없다고 하여 서류 접수를 거부하는 것은 불법으로 상소나 소원을 방해하는 처사이니 금할 것이요, 하회는 소원 통지서와 소원 이유 설명서가 서기에게 접수되면 대표자 1인 이상을 선정하여 대리하게 하고 하회 서기는 소원 통지서와 소원 이유 설명서와 그 안건에 관한 기록 및 일체 서류를 상회 개회 익일 내로 상회 서기에게 교부할 의무 하에 놓이게 된다(권징 제85조, 제93조, 제90조).

상회는 적법한 절차에 따라 접수된 소원 건에 대하여 전부 또는 일부를 변경해야 할 경우 하회에 그 처리 방법을 지시할 것이요, 하회가 상회의 지시대로 시행치 아니하면 상회가 직접 변경 처리한다(권징 제89조, 제19조).

4. 교회 재판 시벌의 종류

사회법에서는 시벌의 종류가 헤아릴 수 없이 많고 다양하나 교회 재판에서의 시벌의 종류는 통합 총회에서는 10가지이고 합동과 고신 총회에서는 6가지 시벌할 수 있다.

그러므로 교회 재판에서는 헌법이 규정하고 있는 10가지 혹은 6가지 외의 다른 판결을 할 수 없다. 예를 들면 '제명' '근신' 등의 시벌을 해서는 안 된다. 특히 합동 총회의 헌법에는 시행해서도 안 되고 시행할 수도 없는 '제명'을 헌법 개정의 근거도 없이 인쇄 과정에서 슬그머니 끼어 넣어 추가되었으니 심히 안타까운 일이다. '제명'은 출교 시 병행되는 것이므로 '제명 출교'라고는 할 수 있으나 별도로 '제명, 출교'로 표기하여 '제명'이라는 시벌 조항을 두어서는 안 된다. 합동 총회 헌법에 명시되어 있는 '제명'은 시행할 수도 없고 시행하지도 않기 때문에 이를 제외하고 열거하면 시벌의 종류는 다음과 같다.

(1) 통합 총회의 시벌 종류(권징 제5조 책벌)

  1) 교인에게 과하는 벌

    ① 견책

    ② 수찬 정지(유기 및 무기)

    ③ 출교

  2) 직원에게 과하는 벌

    ① 시무 정지(유기 및 무기)

      권징 조례 제70조에 의거 행정권 정지를 뜻한다.

    ② 시무 해임

    ③ 정직(유기 및 무기)

    ④ 면직

단, 직원에게는 교인에게 주는 벌을 병과 할 수 있다.

3) 치리회에 과하는 벌

① 결의 무효

② 결의 취소

③ 상회 총대 파송 정지

(2) 합동 총회(권징 제35조)와 고신 총회(헌규 제9장 제2조)의 시벌 종류

1) 권계 : 교회의 건덕 상 주의를 촉구하고 충고하는 것이다(권면과 훈계하는 수준의 벌).

2) 견책 : 상당한 과실이 있어 엄히 책망하고 회개하여 스스로 시정하도록 촉구하는 것이다.

3) 정직 : 맡은 직분을 정지시키되 범죄의 경중 또는 동기 및 영향을 참작하여 유기 또는 무기로 하며 수찬 정지를 병과할 수 있다.

4) 면직 : 맡은 직분을 박탈하는 것이며 수찬 정지를 병과할 수 있다.

5) 수찬 정지 : 그리스도와의 교제 단절로 성찬에 참여하지 못하게 하는 것이니 그 죄가 중대하여 교회와 주님의 성호에 욕이 되게 한 자에게 과하는 시벌이다.

6) 제명 출교 : "이방인과 세리와 같이 여기라"(마 18:17) 하신 분부대로 제명하고 교회에 출석을 금하는 것으로 끝까지 회개하지 않는 자나 이단에 가입하여 돌아오지 않는 자에게 과하는 시벌이다.

5. 재판 진행 중 참고 사항

◎ 1929년 제18회 총회록 p.29

　재판 사건에 대하여 의사가 명료하고 수속이 적법하나 서식이 불완전할 때는 정정 수리하는 것이 가함.

◎ 소환장은 10일 선기하여 등기 배달 증명으로 하고 피고에게는 고소장과 죄증 설명서를 동봉한다. 제2차 소환장부터는 받을 수 있도록 등기 배달 증명으로 하고 2차 소환장 발송 시에도 불출석 시 권징 제34, 39, 47조에 의하여 시벌할 것을 밝힐 것이요, 2차 소환에도 불출석 시는 궐석 재판으로 가능하다(권징 제 22조).

◎ 재판 일자 및 신문 담당자는 사전에 국장과 서기 등에게 위임 준비케 하여 신문함이 편리하다(중구난방 식의 신문은 초점만 흐려지고 혼란만 야기함).

◎ 재판 진행 중에 규칙 혹은 증거에 대한 쟁론 발생 시 회장은 쌍방의 변명을 들은 후 회장 직권으로 시비를 결정할 것이요, 회원 중 그 결정에 불복, 항의 시는 이의 없이 가부취결한다(권징 제28조).

◎ 누가 범죄하였다는 말만 듣고 소송하는 원고가 없으면 재판을 열 필요가 없으나 다만 치리회가 보기에 권징이 요구되는 경우는 치리회가 원고로 기소할 수 있다(권징 제7조).

◎ 중대한 사건일지라도 이상한 형편으로 판결하기 어려울 때는 하나님의 공의로 실증을 주시기까지 유안하는 것이 재판하다가 증거 부족으로 중단하여 권징의 효력을 손실하는 것보다 낫다(권징 제8조).

◎ 재판 혹은 처벌 중에 있는 자가 소송을 제기할 경우는 신중히 고려해야 한다(권징 제14조).

◎ 목사에 대하여 사소한 곡절로 소송하는 것을 경솔히 접수하지 않아야 한다(권징 제37조).

◎ 변호인은 본 교단의 장로나 목사만 선정할 수 있고(권징 제27조 1항) 증인은 신자이면 누구든지 선정할 수 있다(권징 제56조).

◎ 원·피고는 각기 상대방의 증인 제출에 대하여 어떤 사람을 무론하고 거절할 수 있으며 치리회가 그 증인에 대하여 채용할 가부를 결정한다(권징 제56조).

◎ 한 가지 사건에 여러 종류가 내포되었을 경우에는 매 사건에 증인이 한 사람씩만일 경우에도(합하면 여러 증인이 됨) 적격한 고소장으로 인정한다(권징 제59조).

◎ 고소장이나 진정서는 당회장 시찰장의 경유 인을 받아야 하지만 상소장이나 소원장은 이미 행정 지도의 단계를 지났으므로 경유 인을 받아야 할 이유가 없고, 상소장이나 소원장은 절차상으로나 법적으로(권징 제85조, 제96조) 10일 내로 소원 통지서를 본회 서기에게 제출해야 하기 때문에 경유 인을 받을 기회가 없다.

◎ 일반 서류는 개인이 상회에 제출할 수 없으나(정치 제10장 제6조 2항, 제12장 제4조) 고소장, 상소장, 소원장, 진정서, 이명 청원서 등은 개인도 치리회에 제출할 수 있다(헌규 제3조 1항).

◎ 교회 재판 건의 공소 시효는 범죄 발각 후 1년이요, 교회에 중대한 영향을 미치게 할 범행은 3년이다(권징 제116조).

6. 재판에 관계된 서식

(1) 부전지 [서식 1]

고소인(원고)이 혹 목사에 대한 고소장을 노회에 제출할 경우이거나 교인이 노회에 진정서를 제출할 경우에는 당회장과 시찰장의 경유를 받아야 하는데 당회장 혹은 시찰장이 경유를 거부할 경우에는 서류의 표지 앞에 부전지를 첨부해야 한다.

단, 상소 건이나 소원 건은 경유를 받지 않는다.

부전지

2005년 1월 11일 오전 11시 당회장 목사님 사택에서 본건 서류의 경유를 요청하였으나 당회장 ○○○ 목사님께서 "그러지 말라"고 말하면서 경유를 거부하기에 이에 부전합니다.

2005년 1월 11일

원고 임거정(인)

부전지

2005년 2월 2일 서부 시찰회를 모였을 때 본건 서류의 경유를 요
청하였으나 '노회장 귀하'로 된 공문을 시찰회가 반려하는 불법을 행
하고 있어 경유할 의사가 없는 줄을 확인하였기에 이에 부전합니다.

2005년 2월 2일

원고 임거정(인)

(2) 원고(피고) 변호인 신청서 [서식 2]

원고나 피고가 변호인을 사용하고자 할 때는 신청서를 제출한다(권
징 제27조).

원고(피고) 변호인 신청서

원고 : 홍길동(만 55세)

　　소속 치리회 : 대한예수교장로회 독도교회

　　성직 및 신급 : 집사

　　주소 : 부산시 동구 서동 55번지

피고 : 가라대(만 44세)

      소속 치리회 : 대한예수교장로회 독도교회

      성직 및 신급 : 장로

      주소 : 부산시 동구 서동 44번지

피고 : 가라소(만 33세)

      소속 치리회 : 대한예수교장로회 독도교회

      성직 및 신급 : 서리 집사

      주소 : 부산시 동구 서동 33번지

   본 재판 사건에 대하여 권징 조례 제4장 제27조의 규정에 의하여 아래와 같이 변호인을 선임하고 신청하오니 허락해 주시기를 바랍니다.

– 아래 –

변호인 : 변호정(만 66세)

      소속 치리회 : 대한예수교장로회 독도노회

      성직 및 신급 : 목사

      주소 : 부산시 동구 서동 66번지

2005년 3월 3일

신청인 원고 홍길동(인)

변호인 목사 변호정(인)

대한예수교장로회 독도교회 당회장 귀하

(3) 재판 연기 신청서 [서식 3]

원고나 피고가 재판을 연기하고자 할 때는 연기 신청서를 제출한다 (권징 제20조).

재판 연기 신청서

원고 : 홍길동(만 55세)

    소속 치리회 : 대한예수교장로회 독도교회

    성직 및 신급 : 집사

    주소 : 부산시 동구 서동 55번지

피고 : 가라대(만 44세)

    소속 치리회 : 대한예수교장로회 독도교회

    성직 및 신급 : 장로

    주소 : 부산시 동구 서동 44번지

피고 : 가라소(만 33세)

  소속 치리회 : 대한예수교장로회 독도교회

  성직 및 신급 : 서리 집사

  주소 : 부산시 동구 서동 33번지

본 재판 건에 대하여 권징 조례 제4장 제20조에 의하여 아래와 같이 청원하오니 허락해 주시기를 바랍니다.

– 아래 –

1. 이유 (1) 신병으로 입원 중에 있음.
  (2) 준비가 되어 있지 않음.
2. 기일 : ○○○○년 ○○월 ○○일

2005년 ○○월 ○○일

신청인 원고(피고) 홍길동(인)

대한예수교장로회 독도교회 당회장 귀하

(4) 증인 이의 신청서 [서식 4]

원고나 피고가 상대방의 증인이 부적격할 때는 이의를 신청한다(권징 제56조).

증인 이의 신청서

원고 : 홍길동(만 55세)

　　　소속 치리회 : 대한예수교장로회 독도교회

　　　성직 및 신급 : 집사

　　　주소 : 부산시 동구 서동 55번지

피고 : 가라대(만 44세)

　　　소속 치리회 : 대한예수교장로회 독도교회

　　　성직 및 신급 : 장로

　　　주소 : 부산시 동구 서동 44번지

피고 : 가라소(만 33세)

　　　소속 치리회 : 대한예수교장로회 독도교회

　　　성직 및 신급 : 서리 집사

　　　주소 : 부산시 동구 서동 33번지

본 재판 건의 원고측 증인은 아래와 같은 사유로 부적격자이기에 권징 조례 제8장 제56조에 의하여 이의를 신청하오니 허락해 주시기 바랍니다.

– 아래 –

1. 증인 : 인순종(만 65세)

        소속 치리회 : 대한예수교장로회 독도교회

        성직 및 신급 : 권사

        주소 : 부산시 동구 서동 65번지

2. 이유 : 증인은 원고 회사의 직원으로 평소에도 원고와 함께 본인을 미워해 오던 자임.

2005년 ○○월 ○○일

신청인 피고 가라대(인)

대한예수교장로회 독도교회 당회장 귀하

(5) 새 증인 신청서　　　　　　　　　　　　　　　　　　[서식 5]

새 증인 신청서

원고(피고) : 홍길동(만 55세)

　　　　소속 치리회 : 대한예수교장로회 독도교회

　　　　성직 및 신급 : 집사

　　　　주소 : 부산시 동구 서동 55번지

　본 재판 건에 대하여 아래와 같이 원고(피고)의 새 증인을 신청하오
니 허락해 주시기를 바랍니다.

– 아래 –

제1증인 : ○○○(만　세)

　　　　소속 치리회 :

　　　　성직 및 신급 :

　　　　주소 :

　　　　〈죄증 설명서 ①항 입증〉

제2증인 : ○○○(만　세)

　　　　소속 치리회 :

성직 및 신급 :

주소 :

〈죄증 설명서 ②, ③항 입증〉

2005년 ○○ 월 ○○ 일

신청인 원고(피고) 홍길동(인)

대한예수교장로회 독도교회 당회장 귀하

(6) 고소 취하서 [서식 6]

쌍방이 합의하여 고소를 취하할 때 원고는 고소 취하서를 제출한다.

단, 재판이 시작되기 이전에는 원고가 임의로 취하할 수 있고, 재판이 시작된 이후에는 재판국(회)의 승낙이 있어야 취하할 수 있다.

고소 취하서

주님의 이름으로 문안하오며 은혜 중 평강하심을 기원합니다.

2005년 3월 1일자로 본인이 가라대 씨와 가라소 씨를 피고로 고소한 재판 건을 취하코자 하오니 허락해 주시기를 바랍니다.

2005년 ○○월 ○○일

원고 홍길동(인)

대한예수교장로회 독도교회 당회장 귀하
(혹 노회이면 대한예수교장로회 독도노회 재판국(회)장 귀하)

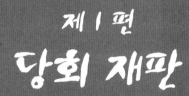

제 1 편
당회 재판

제 1 편 당회 재판

당회가 재판하는 경우에 고소하는 자가 있을 때는 당회
가 고소장을 접수하고 당회를 재판회로 변경하여 재판 절
차에 따라 판결하고, 고소하는 자가 없으나 권징이 필요하
다고 인정될 경우에는 당회가 기소 위원을 선정하여 기소
장과 죄증 설명서를 갖추어 기소케 하고 당회를 재판회로
변경하여 재판 절차에 따라 심리 판결한다.

이 경우에 기소 위원은 재판 위원이 될 수 없으며(권징
제40조, 제46조, 제91조, 장로회 각 치리회 보통회의 규칙
42조 참조) 치리회가 기소할 때는 권징 제18조의 진술서를
생략하고(권징 제10조) 재판 절차에서 원고 경계도 생략한
다(권징 제15조).

제1장 치리회가 기소하는 경우

　　교인 가운데 범죄 행위가 분명한 데도 고소하는 자가 없고 권징이
필요하다고 인정될 경우에는 당회가 기소 위원을 선정한 후 기소장을
당회 서기에게 접수하면 당회를 소집하고 당회를 재판회로 변경하여
재판 절차에 따라 심리 판결한다.

제1절 당회 재판회

1. 기소장 표지

기 소 장

원고(기소인) 대한예수교장로회 독도교회 당회

기소 위원 홍길동

피고(피기소인) 가라순

독 도 교 회

2. 기소장(권징 제7조)

〈별지 #1〉

원고(기소인) : 대한예수교장로회 독도교회 당회

　　기소 위원 : 홍길동(만 55세)

　　성직 및 신급 : 장로

　　주소 : 부산시 동구 서동 55번지

피고(피기소인) : 가라순(만 44세)

　　소속 치리회 : 대한예수교장로회 독도교회

　　성직 및 신급 : 서리 집사

　　주소 : 부산시 동구 서동 44번지

죄 상

1. 피고 가라순 씨는 주일 오후 시간에 식당에 가서 음식을 사 먹은 후 백화점에 가서 쇼핑을 하고 의류와 부식을 매입했습니다(예배 모범 제1장 3항, 헌규 제4조 5항).
2. 피고는 예배 시간에 찬송가만 부르고 복음송은 부르지 않는다고 불평을 하면서 이 교회는 재미도 없고 은혜도 없는 교회이니 복음송을 재미있게 인도하는, 내가 옛날에 다녔던 이웃 교회로 옮기자고 교인들을 충동하였습니다(예배 모범 제4장 3항, 헌규 제4조 2항).

이와 같은 죄상이 확실하기에 죄증 설명서를 첨부하여 이에 기소합니다.

2006년 3월 5일

대한예수교장로회 독도교회
기소 위원 홍길동(인)

대한예수교장로회 독도교회 당회장 귀하

※ 기소장에는 죄를 범했다는 죄상을 밝히 기록한다.

피고는 권징 제23조 1항(3)에 의거 "고소장이나 죄증 설명서가 양식에 위반되거나 헌법 적용이 부적당한 줄로 인정될 때"는 본 재판회에 소원을 제출할 수 있고, 재판회는 그 소원에 대하여 원고와 피고의 변명을 듣고 재판을 각하하거나 그 사건의 성질을 변동하지 아니하는 범위 안에서 개정(改正)할 수 있다.

3. 죄증 설명서(권징 제16조, 제17조)

원고(기소인) : 대한예수교장로회 독도교회
기소 위원 : 홍길동(만 55세)

성직 및 신급 : 장로

주소 : 부산시 동구 서동 55번지

피고(피기소인) : 가라순(만 44세)

　　소속 치리회 : 대한예수교장로회 독도교회

　　성직 및 신급 : 서리 집사

　　주소 : 부산시 동구 서동 44번지

1. 피고 가라순 씨는 2006년 1월 15일 주일 오후 2시에 부산시 동구 서동 사거리 태백산 식당에서 아들과 딸을 동행하여 식사하는 것을 찬양 연습을 하고 귀가하는 증인자 집사와 인순종 권사가 보았고 오후 6시에는 부산시 동구 서동 현대백화점에서 옷가지와 부식을 사 들고 나오는 것을 저녁 예배를 드리기 위하여 교회로 가던 서동교회 김갑순 권사가 보았다고 합니다.

증인 : 증인자(만 60세)

　　소속 치리회 : 대한예수교장로회 독도교회

　　성직 및 신급 : 서리 집사

　　주소 : 부산시 동구 서동 60번지

증인 : 인순종(만 65세)

　　소속 치리회 : 대한예수교장로회 독도교회

성직 및 신급 : 권사

주소 : 부산시 동구 서동 65번지

증인 : 김갑순(만 50세)

　　소속 치리회 : 대한예수교장로회 서동교회

　　성직 및 신급 : 권사

　　주소 : 부산시 동구 서동 50번지

2. 피고는 평소에 예배 시간 중 복음송을 부르지 않고 찬송가만 부르
니까 재미도 없고 은혜도 없다고 불평을 해 오던 중 2006년 1월
15일 주일 예배를 마친 후 화장실에서 자기가 전도하여 세례 교인
이 된 김금옥 씨에게 주일 예배 시간에도 복음송을 재미있게 인도
하는 서동교회로 같이 교회를 옮기자고 하는 말을 화장실 안에서
용변을 보던 이영자 권사가 들었다고 합니다.

증인 : 김금옥(만 30세)

　　소속 치리회 : 대한예수교장로회 독도교회

　　성직 및 신급 : 세례

　　주소 : 부산시 동구 서동 30번지

증인 : 이영자(만 48세)

　　소속 치리회 : 대한예수교장로회 독도교회

성직 및 신급 : 권사

주소 : 부산시 동구 서동 48번지

위와 같이 죄증이 확실하기에 이에 설명합니다.

2006년 3월 5일

독도교회 당회 기소 위원 홍길동(인)

대한예수교장로회 독도교회 당회장 귀하

※ 죄증 설명서에는 범죄의 증거를 상세히 기록하는 것이니 범죄의
일시, 장소, 정형 등을 6하 원칙에 따라 설명하고 각 조마다 증인
의 성명을 상세히 기록할 것이요 물증 및 서증도 제시한다.

4. 재판회 개회 통지서

은혜 중 평강하심을 기원합니다.
표제의 건에 관하여 아래와 같이 본 재판회를 개회하오니 출석하여
주시기 바랍니다.

- 아래 -

1. 일시 : 2006년 3월 25일(토) 오후 2시
2. 장소 : 독도교회 당회실(부산시 동구 서동 5번지)
3. 유의 사항

  ① 출석하실 때에는 반드시 교회 헌법을 지참하시기 바랍니다.

  ② 권징 조례 제29조의 규정대로 "재판할 때에 처음부터 나중까지 출석하여 전부를 듣지 아니한 회원은 원고 피고와 그 재판회원이 동의 승낙하지 아니하면 그 재판에 대하여 투표권이 없고"라 규정하였은즉, 결석하는 일이 없도록 하시고, 특히 시간을 엄수하시기 바랍니다.

2006년 3월 7일

대한예수교장로회 독도교회 재판회(관인)
회장 목사 김독도(인)
서기 장로 가라중(인)

재판회원 제위 귀하

※ 각자의 성명을 기록하지 않을 때는 '제위'를 넣어야 한다.

5. 원고(기소인) 소환장

은혜 중 평강하심을 기원합니다.

귀하가 가라순 씨를 피고로 기소한 재판 사건을 심리하고자 아래와 같이 소환합니다.

– 아래 –

1. 일시 : 2006년 3월 25일(토) 오후 2시
2. 장소 : 독도교회 당회실(부산시 동구 서동 5번지)
3. 유의 사항
   ① 귀하는 피고측 증인에 대하여 상당한 이유가 있을 때에는 거부 신청을 할 수 있습니다.
   ② 귀하는 대리인이나 변호인을 신청할 수 있습니다.
   ③ 출석하실 때에는 인장을 지참하시기 바랍니다.

2006년 3월 7일

대한예수교장로회 독도교회 재판회(관인)

회장 목사 김독도(인)

서기 장로 가라중(인)

원고 홍길동 귀하

6. 피고(피기소인) 소환장(권징 제21조~제23조)

은혜 중 평강하심을 기원합니다.

원고 홍길동 씨가 귀하를 기소한 재판 사건을 심리하고자 아래와 같이 소환합니다.

– 아래 –

1. 일시 : 2006년 3월 25일(토) 오후 2시
2. 장소 : 독도교회 당회실(부산시 동구 서동 5번지)
3. 유의 사항
   ① 귀하는 귀하의 무죄를 증거하기 위하여 증인을 신청할 수 있습니다.
   ② 귀하는 원고측 증인에 대하여 상당한 이유가 있을 때에는 거부 신청을 할 수 있습니다.
   ③ 귀하는 대리인이나 변호인을 신청할 수 있습니다.
   ④ 출석하실 때에는 인장을 지참하시기 바랍니다.
   ⑤ 별첨과 같이 고소장과 죄증 설명서를 첨부하오니 귀하가 원할 경우 3월 18일(토)까지 독도교회 재판회 서기에게 답변서를 미리 제출할 수 있습니다.

유첨 (1) 기소장 1부

　　(2) 죄증 설명서 1부　　　끝.

2006년 3월 7일

대한예수교장로회 독도교회 재판회(관인)

회장 목사 김독도(인)

서기 장로 가라중(인)

피고 가라순 귀하

기 소 장

원고(기소인) 대한예수교장로회 독도교회 당회

기소 위원 홍길동

피고(피기소인) 가라순

독 도 교 회

원 본 대 조 필 독도교회 재판회(관인)

회장 목사 김독도(인)

서기 장로 가라중(인)

기소장 (유첨 1)

원고(기소인) : 대한예수교장로회 독도교회

     기소 위원 : 홍길동(만 55세)

     성직 및 신급 : 장로

     주소 : 부산시 동구 서동 55번지

피고(피기소인) : 가라순(만 44세)

     소속 치리회 : 대한예수교장로회 독도교회

     성직 및 신급 : 서리 집사

     주소 : 부산시 동구 서동 44번지

죄 상

1. 피고 가라순 씨는 주일 오후 시간에 식당에 가서 음식을 사 먹은 후 백화점에 가서 쇼핑을 하고 의류와 부식을 매입했습니다(예배 모범 제1장 3항, 헌규 제4조 5항).
2. 피고는 예배 시간에 찬송가만 부르고 복음송은 부르지 않는다고 불평을 하면서 이 교회는 재미도 없고 은혜도 없는 교회이니 복음송을 재미있게 인도하는, 내가 옛날에 다녔던 이웃 교회로 옮기자고 교인들을 충동하였습니다(예배 모범 제4장 3항, 헌규 제4조 2항).

이와 같은 죄상이 확실하기에 별지 죄증 설명서를 첨부하여 이에
기소합니다.

2006년 3월 5일

대한예수교장로회 독도교회
기소 위원 홍길동(인)

대한예수교장로회 독도교회 당회장 귀하

죄증 설명서 (유첨 2)

원고(기소인) : 대한예수교장로회 독도교회
　　　기소 위원 : 홍길동(만 55세)
　　　성직 및 신급 : 장로
　　　주소 : 부산시 동구 서동 55번지

피고(피기소인) : 가라순(만 44세)
　　　소속 치리회 : 대한예수교장로회 독도교회
　　　성직 및 신급 : 서리 집사
　　　주소 : 부산시 동구 서동 44번지

1. 피고 가라소 씨는 2006년 1월 15일 주일 오후 2시에 부산시 동구 서동 사거리 태백산 식당에서 아들과 딸을 동행하여 식사하는 것을 찬양 연습을 하고 귀가하는 증인자 집사와 인순종 권사가 보았고 오후 6시에는 부산시 동구 서동 현대백화점에서 옷가지와 부식을 사 들고 나오는 것을 저녁 예배를 드리기 위하여 교회로 가던 서동교회 김갑순 권사가 보았다고 합니다.

증인 : 증인자(만 60세)

    소속 치리회 : 대한예수교장로회 독도교회

    성직 및 신급 : 서리 집사

    주소 : 부산시 동구 서동 60번지

증인 : 인순종(만 65세)

    소속 치리회 : 대한예수교장로회 독도교회

    성직 및 신급 : 권사

    주소 : 부산시 동구 서동 65번지

증인 : 김갑순(만 50세)

    소속 치리회 : 대한예수교장로회 서동교회

    성직 및 신급 : 권사

    주소 : 부산시 동구 서동 50번지

2. 피고는 평소에 예배 시간 중 복음송을 부르지 않고 찬송가만 부르
   니까 재미도 없고 은혜도 없다고 불평을 해 오던 중 2006년 1월
   15일 주일 예배를 마친 후 화장실에서 자기가 전도하여 세례 교인
   이 된 김금옥 씨에게 주일 예배 시간에도 복음송을 재미있게 인도
   하는 서동교회로 같이 교회를 옮기자고 하는 말을 화장실 안에서
   용변을 보던 이영자 권사가 들었다고 합니다.

증인 : 김금옥(만 30세)
       소속 치리회 : 대한예수교장로회 독도교회
       성직 및 신급 : 세례
       주소 : 부산시 동구 서동 30번지

증인 : 이영자(만 48세)
       소속 치리회 : 대한예수교장로회 독도교회
       성직 및 신급 : 권사
       주소 : 부산시 동구 서동 48번지

위와 같이 죄증이 확실하기에 이에 설명합니다.

2006년 3월 5일

기소 위원 홍길동(인)

대한예수교장로회 독도교회 당회장 귀하

7. 증인 소환장(권징 제68조)

은혜 중 평강하심을 기원합니다.

본 재판 사건에 귀하를 원고측 증인으로 아래와 같이 소환합니다.

– 아래 –

1. 일시 : 2006년 7월 25일(화) 오후 2시
2. 장소 : 독도교회 당회실(부산시 동구 서동 5번지)
3. 유의 사항

　① 인장을 지참하시기 바랍니다.

　② 교인은 "아무 교회 증인 중 누구를 막론하고 증인 소환을 받고
　　출석하지 아니하거나, 혹 출석하였을지라도 증언하기를 불응하
　　면 그 형편대로 거역하는 행위를 징벌할 것이다"라는 권징 조례
　　제68조의 규정을 따라, 소환한 대로 출석하고 증언할 의무가 있
　　사오니, 특히 유의하시기 바랍니다.

2006년 3월 7일

대한예수교장로회 독도교회 재판회(관인)

회장 목사 김독도(인)

서기 장로 가라중(인)

증인 증인자 귀하

증인 인순종 귀하

증인 김갑순 귀하

증인 김금옥 귀하

증인 이영자 귀하

※ 증인들 각자에게 따로 따로 발송해야 한다.

8. 답변서 <별지 #2>

수 신 : 독도교회 재판회장

참 조 : 재판회 서기

제 목 : 기소장에 대한 답변의 건

재판회의 요청에 의거 원고의 죄증 설명서에 대한 답변입니다.

1. 1월 15일 주일에 태백산 식당에서 식사를 한 것은 그 날이 딸의 생

일이라서 외식을 처음으로 한 것이고 현대백화점에서 옷을 산 것
은 딸 생일 선물로 옷 한벌 사 주었고 백화점 들린 차에 채소 몇 가
지 사 온 것뿐입니다.

2. 다른 교회는 예배 시간에 복음송을 많이 부르는데 우리 교회는 찬
송가만 부르니 조금 딱딱한 것 같아서 우리 교회도 복음송을 불렀
으면 좋겠다고 말한 것뿐입니다.

이상과 같은 사소한 일로 재판을 하는 것은 전혀 이해가 안 됩니다.

2006년 3월 25일

피기소인 가라순(인)

대한예수교장로회 독도교회 재판회장 귀하

9. 증인 선서(권징 제62조) 〈별지 #3〉

후일에
산 자와 죽은 자를
심판하시는 하나님 앞에
문답할 것 같이,

지금 알지 못함이 없으사

사람의 마음을 감찰하시는

하나님 앞에서

이 소송 안의 증인으로 출석하였으니

사실대로 직언하며,

사실 전부를 말하며,

사실밖에 덧붙이지 아니하기로 선서하나이다.

2006년 3월 25일

증인 증인자(인)

증인 인순종(인)

증인 김갑순(인)

증인 김금옥(인)

증인 이영자(인)

대한예수교장로회 독도교회 재판회장 귀하

10. 원고측 증인 1, 2 신문 조서(증인자, 인순종)   〈별지 #4〉

문 : 원고측 증인으로 오신 증인자 씨와 인순종 씨는 원고 홍길동 씨와

피고 가라순 씨와 함께 독도교회를 섬기는 성도들이지요?

답 : 예.

문 : 증인 증인자 씨는 증인 인순종 권사와 평소에 자주 만나십니까?

답 : 서로 앞뒷집에 사니까 외출할 때나 교회에 올 때도 함께 다닐 때
　　가 많습니다.

문 : 증인들은 1월 15일 주일 오후 2시에 피고가 태백산 식당에서 식
　　사하는 것을 어떻게 보았습니까?

답 : 교회에서 주일 예배 후에 찬양 연습 마치고 집에 가면서 우리 둘
　　이서 함께 보았습니다(인순종 답변).

문 : 증인들은 식당 안에는 뭐 하러 들어갔습니까?

답 : 태백산 식당은 벽이 유리로 되어 있기 때문에 도로에서 지나가면
　　서도 식당 내부가 보입니다(증인자 답변).

문 : 증인들이 볼 때 피고가 식사하던 위치는 어디였던가요?

답 : 맨 안쪽 줄의 오른쪽 마지막 식탁이었습니다(두 사람 같이 답변).

문 : 증인으로서 할 말 있으면 말씀하세요.

답 : 없습니다.

　이상의 공술은 원고측 증인 증인자 집사와 인순종 권사가 대한예수
교장로회 독도교회 재판회에서 진술한 바 틀림없기에 이에 서명 날인
합니다.

2006년 3월 25일

증인 증인자(인)

증인 인순종(인)

11. 원고측 증인 3 신문 조서(김갑순) 〈별지 #5〉

※ 회장이 "이웃 교회 권사님을 이런 자리에 오시도록 해서 죄송하게
  생각합니다.
  권사님, 와 주셔서 감사합니다!"라고 인사한 후 신문하다.

문 : 원고측 증인 김갑순 씨는 서동교회 권사님이시지요?

답 : 예.

문 : 증인은 피고 가라순 집사와 섬기는 교회가 다른데 어떻게 알고 지
  내십니까?

답 : 한 동네 사니까 잘 압니다.

문 : 증인은 독도교회 홍길동 장로님을 어떻게 아십니까?

답 : 홍길동 장로님은 제가 다니는 공장의 사장님이십니다.

문 : 증인은 피고가 1월 15일 주일 오후 6시에 현대백화점에서 의류와
  부식을 사 들고 나오는 것을 보았습니까?

답 : 예.

문 : 증인이 그 때 피고와 인사를 했습니까?

답 : 예.

문 : 당시 피고는 증인에게 무슨 말을 하던가요?

답 : "오늘이 딸 생일이라서 옷 한 가지 사 준다"고 그랬습니다.

문 : 부식은 무엇을 샀던가요?

답 : 오이, 호박, 당근 같은 채소류였습니다.

문 : 증인이 홍길동 장로님과는 어떤 계기로 이 사실을 말씀했나요?

답 : 공장에서 장로님이 직원 예배 때에 "주일은 시장을 보면 안 된다"
고 하시기에 예배 마친 후에 장로님께 "가라순 집사는 주일에 옷
가지와 부식을 사 오던데 그것은 어떻게 되는 것입니까?"라고
질문을 했습니다.

문 : 그 때 장로님이 뭐라 하시던가요?

답 : "법적으로 안 된다"고 하셨습니다.

문 : 증인으로서 할 말이 있으면 하세요.

답 : 없습니다.

　　이상의 공술은 원고측 증인 김갑순 씨가 대한예수교장로회 독도교
회 재판회에서 진술한 바 틀림없기에 이에 서명 날인합니다.

2006년 3월 25일

증인 김갑순(인)

※ 죄증의 항목이 여럿일 경우 죄증 매 항목마다 증인이 1인이라도 여

러 항목의 증인을 합하여 2인 이상이 되면 무방하다(권징 제59조).

12. 원고측 증인 4 신문 조서(김금옥)　　　　　　〈별지 #6〉

문 : 증인 김금옥 씨는 가라순 집사가 전도해서 우리 교회 나오시게 되
　　었지요?

답 : 예.

문 : 교회에 출석하신 지는 얼마나 되었습니까?

답 : 딱 1년 반 되었습니다.

문 : 우리 교회에 오셔서 학습 받고 세례도 받으셨지요?

답 : 예.

문 : 평소에 피고와는 자주 교제를 하십니까?

답 : 저를 교회에 가자고 전도하고 데리고 오기는 했지만 자주 만나지
　　는 않았고 한구역 식구인 인순종 권사님께 성경 이야기를 많이
　　듣고 자주 만납니다.

문 : 인 권사님과는 어떤 연유로 자주 만납니까?

답 : 저하고 한 공장에 다니니까 함께 가고 함께 오지요.

문 : 1월 15일 주일 예배 마친 후 화장실에서 피고 가라순 집사를 만난
　　일이 있습니까?

답 : 예.

문 : 그 때 가 집사가 증인에게 무슨 말을 하던가요?

답 : "순이 엄마, 찬송도 재미있게 부르고 이 교회보다 더 큰 서동교회
　　로 나하고 함께 가자"고 했습니다.

문 : 순이는 누구입니까?

답 : 우리 딸입니다.

문 : 함께 가자고 해서 뭐라고 했습니까?

답 : 나는 가고 싶지 않다고 했습니다.

문 : 증인으로 더 할 말이 있으면 하세요.

답 : 없습니다.

　　이상의 공술은 원고측 증인 김금옥 씨가 대한예수교장로회 독도교
회 재판회에서 진술한 바 틀림없기에 이에 서명 날인합니다.

2006년 3월 25일

증인 김금옥(인)

13. 원고측 증인 5 신문 조서(이영자)　　　　〈별지 #7〉

문 : 권사님은 1월 15일 주일 예배 후에 화장실에 가신 일이 있지요?

답 : 예.

문 : 그 때 권사님이 화장실 안에서 용변을 볼 때 화장실 문 바로 옆에

서 피고가 김금옥 씨에게 대화하는 것을 들었지요?

답 : 예.

문 : 그 때의 대화의 내용을 자세히 좀 말씀하세요.

답 : 들으려고 들은 게 아니라 나는 미리 와서 용변을 보고 있는데 화
　　장실 문을 열고 둘이서 들어오더니 내가 들어있는 화장실 문 바
　　로 옆에서 내가 화장실 안에 있는지도 모르고 가 집사가 순이 엄
　　마에게 속삭이는 말로 “순이 엄마는 내가 전도해서 교회 나오게
　　했는데 이제 세례도 받고 했으니 복음송을 재미있게 부르는 서
　　동교회로 나하고 같이 가자”고 하였습니다.

문 : 그 때 김금옥 씨는 무어라고 하던가요?

답 : “나는 가고 싶지 않다”고 했습니다.

문 : 증인으로서 더 할 말이 있으면 하세요.

답 : 없습니다.

　　이상의 공술은 원고측 증인 이영자 씨가 대한예수교장로회 독도교
회 재판회에서 진술한 바 틀림없기에 이에 서명 날인합니다.

2006년 3월 25일

증인 이영자(인)

14. 원고 신문 조서 〈별지 #8〉

문 : 원고는 평소에도 피고가 교회에 대하여 불평하는 말을 들은 적이 있습니까?

답 : 예, "우리 교회는 왜 예배 시간에 복음송은 안 부르고 찬송가만 부릅니까?"라고 질문을 받은 적이 있습니다.

문 : 그 때 장로님은 뭐라고 했습니까?

답 : 예배 모범에 예배 시간에는 찬송가만 부르도록 되어 있다고 말해 주었습니다.

문 : 장로님은 증인들과 어떤 관계이십니까?

답 : 모두다 우리 교회 교인이고 저의 회사의 직원들이니까 자주 대화를 하고 김갑순 권사는 서동교회 교인이지만 우리 회사에 오래 근무를 해서 잘 알고 지내는 분입니다.

문 : 장로님은 증인자 씨와 인순종 씨에게 피고가 태백산 식당에서 주일에 식사한 것을 보았다는 내용을 어떻게 해서 알게 되었나요?

답 : 예, 지난 3월 16일에 일을 마치고 증 집사와 인 권사와 서동교회 김 권사를 데리고 태백산 식당에서 저녁 식사를 대접했는데 그 때 증 집사와 인 권사가 어제 가 집사가 바로 옆자리에서 식사하는 것을 예배 마치고 집에 가면서 보았다고 해서 알았고 바로 이어서 김갑순 권사는 "그래요, 어제 저녁에 내가 저녁 예배를 드리러 가는데 현대백화점에서 옷가지와 부식도 사 들고 나오던데요"라고 해서 모두 알게 되었습니다.

문 : 장로님은 피고가 김금옥 씨와 화장실에서 은밀한 대화를 하면서 서동교회로 가자고 제의했다는 말은 어떻게 알게 되었습니까?

답 : 예, 지난 주일 저녁 예배를 마친 후 이영자 권사가 저를 좀 보자고 하면서 가 집사가 김금옥 씨를 데리고 서동교회로 가자고 말하더라고 해서 자세히 좀 말하라고 했더니 상세하게 이야기해 주어서 알게 되었고 집에 가서 김금옥 씨에게 전화로 물었더니 사실이라고 대답을 해 주어서 알게 되었습니다.

문 : 회원 중에 원고에게 신문하실 분 말씀하세요.

답 : 없습니다.

문 : 원고로서 말씀하실 것 있으면 말씀하세요.

답 : 없습니다.

   이상의 공술은 원고 홍길동 장로가 대한예수교장로회 독도교회 재판회에서 진술한 바 틀림없기에 이에 서명 날인합니다.

2006년 3월 25일

원고 홍길동(인)

15. 피고 신문 조서 〈별지 #9〉

문 : 피고는 우리 독도교회를 섬기는 서리 집사님 맞지요?

답 : 예.

문 : 우리 교회 출석하신 지 몇 년이나 되었습니까?

답 : 3년 되었습니다.

문 : 가족 중에 교회는 혼자만 나오시지요?

답 : 예, 지금은 저 혼자만 교회 다니고 앞으로는 남편과 아들과 딸도
　　나올 겁니다.

문 : 세례는 언제 받았습니까?

답 : 2년 전에 우리 교회에서 받았습니다.

문 : 서리 집사 임명은 금년에 처음으로 받았지요?

답 : 예.

문 : 집사님은 평소에 "우리 교회는 예배 시간에 복음송은 부르지 않
　　고 찬송가만 부르니까 재미가 없다"고 말한 적이 있습니까?

답 : 예.

문 : 혹 "예배 시간에는 찬송가만 불러야 한다"는 말을 들은 적이 있습
　　니까?

답 : 홍 장로님에게 들은 적이 있습니다.

문 : 지난 주일 예배 후에 화장실에서 김금옥 씨에게 서동교회로 교회
　　를 옮기자고 제안한 일이 있습니까?

답 : 예.

문 : 김금옥 씨가 뭐라고 하던가요?

답 : 자기는 가고 싶지 않다고 했습니다.

문 : 피고의 지금 생각은 어떻습니까?

답 : 아직 생각 중입니다.

문 : 지난 주일 낮 2시에는 태백산 식당에서 아이들과 함께 음식을 사 먹고 저녁에는 현대백화점에서 의류와 부식을 사 왔다는데 맞습니까?

답 : 예, 딸 생일이라서 외식 한번 시켜주고 옷 하나 사 준 것뿐입니다.

문 : 그 때 현대백화점에서 옷을 사 가지고 나올 때 서동교회 김갑순 권사를 만났습니까?

답 : 예.

문 : 피고가 제출한 답변서에서 집사님이 한 말과 행동이 정당한 것처럼 답변에 임했는데 지금은 어떻게 생각합니까?

답 : 잘 모르겠습니다.

문 : 예배 모범 4장에는 "공식 예배 때 찬송은 찬송가에 한하여" 한다고 했고, 헌법적 규칙 4조에는 "주일에 음식을 사 먹거나 모든 매매하는 일을 하지 말며"라고 했는데 피고는 지금도 피고의 한 일들이 정당하다고 생각합니까?

답 : 잘못했습니다.

문 : 피고로서 할 말 있으면 하세요.

답 : 없습니다.

이상의 공술은 피고 가라순 씨가 대한예수교장로회 독도교회 재판
회에서 진술한 바 틀림없기에 이에 서명 날인합니다.

2006년 3월 25일

피고 가라순(인)

16. 판결문 〈별지 #10〉

원고 : 대한예수교장로회 독도교회 당회

     기소 위원 : 홍길동(만 55세)

     성직 및 신급 : 장로

     주소 : 부산시 동구 서동 55번지

피고 : 가라순(만 44세)

     소속 치리회 : 대한예수교장로회 독도교회

     성직 및 신급 : 서리 집사

     주소 : 부산시 동구 서동 44번지

주문

피고 가라순 씨를 "수찬 정지"에 처한다.

이유

1. 피고는 헌법적 규칙 제4조 5항에 "주일에는 음식을 사 먹거나 모든 매매하는 일을 하지 말며"라고 한 교회법을 위반하고 2006년 1월 15일 주일 오후 2시에 태백산 식당에서 음식을 사 먹은 일과 동일 오후 6시에 현대백화점에서 의류와 부식을 매입한 것이 인정된다.
2. 피고는 예배 모범 제4장 3항에 "공식 예배 때에 찬송은 찬송가에 한하여 찬송한다"고 규정한 교회 헌법을 따르지 않고 오히려 복음송 즉 신앙 간증 및 복음 전파를 위한 노래(사람 들으라는 노래)를 하나님을 대상으로 하는 예배 시간에 부르지 않는다고 교회와 목사를 비방하고 2006년 1월 15일 주일 예배 후에 화장실에서 자기가 전도하여 세례 교인이 된 김금옥 씨와 대화하면서 이웃 교회로 옮기자는 제안으로 김금옥 씨에게 시험을 받게 한 일과 피고도 불법으로 교회를 이탈하려 했던 것과 교회 제직 회원으로 주일 저녁 찬양 예배에 불참한 것이 인정된다.
3. 적용 법조문 : 권징 조례 제1장 제3조, 제6장 제41조, 예배 모범 제1장 3항, 제4장 3항, 헌법적 규칙 제4조 2,5항에 의거

본 당회 재판회는 주 예수 그리스도의 이름과 그 직권으로 주문과 같이 판결한다.

2006년 3월 25일

대한예수교장로회 독도교회 재판회(관인)

회장 목사 김독도(인)

서기 장로 가라중(인)

17. 판결문 송달

대한예수교장로회 독도교회

문서 번호 : 재판 06-1

수 신 : 수신처 참조

발 신 : 독도교회 재판회

제 목 : 재판 결과 통보의 건

은혜 중 평강하심을 기원합니다.

독도교회 재판회(2006년 3월 25일)는 기소 위원인 원고 홍길동 씨가 피고에 대하여 소송한 재판 건의 판결문을 유첨과 같이 송달 통보합니다.

　　유첨 : 판결문 1부　　　끝.

　　　　　　　　　2006년 3월 26일

　　　　　　　　　대한예수교장로회 독도교회 재판회(관인)
　　　　　　　　　　　회장 목사 김독도(인)
　　　　　　　　　　　서기 장로 가라중(인)

　　　　　　　수신처 : 원고 홍길동, 피고 가라순

※ 본서에는 생략하였으나 실제 사건을 처리하는 경우에는 유첨 서류
　인 판결문을 반드시 첨부하여 발송하여야 한다.

제2절 당회 재판회 회의록

※ 당회 재판 회의록은 별도 작성하여 당회록 부록으로 보존한다.

1. 독도교회 당회록(제25회)

2006년 1월 29일(일) 오후 4시에 당회실에서 당회장 김독도 목사의 사회로 찬송가 217장을 다같이 부른 후 성경 고전 4장 1절을 봉독하고 "그리스도의 일군"이라는 제목으로 강론하고 당회장이 기도하다.

서기가 회원을 호명하니 당회원 5명 중 5명이 출석하여 회장이 제25회 당회가 개회됨을 선언하다.

〈결의 사항〉

1. 본 교회에 출석하는 소년소녀 가장 3명을 돕기 위하여 2월 5일 주일에 광고하고 12일 주일에 헌금하여 구제부로 하여금 균등히 분배하여 전달케 하기로 가결하다.

2. 평소에 예배 시간에 복음송을 부르지 않고 찬송가만 부르는 일로 불평을 하면서 이 교회는 재미없는 교회라고 교회를 비방했던 가라순 집사가 1월 15일 주일에는 김금옥 씨에게 주일 예배 시간에도

복음송을 부르는 서동교회로 가자고 충동한 일에 대하여 기타 여 죄까지 탐문하여 당회가 기소하여 재판하기로 가결하다.

3. 기소 위원으로 홍길동 장로를 선정하다.

4. 폐회하기로 가결하고 서기가 회의록을 낭독하니 채택한 후 당회장이 가라대 장로로 기도케 하고 폐회하니 동일 오후 5시 30분이더라.

2006년 1월 29일

당회장 목사 김독도(인)

서 기 장로 가라중(인)

2. 독도교회(제26회) 제1차 재판회 회의록

2006년 3월 5일(일) 오후 4시에 당회실에서 당회장 김독도 목사의 사회로 찬송가 431장을 다같이 부른 후 회장이 가라소 장로로 기도케 한 후 성경 갈 1장 10절을 봉독하고 "그리스도의 종"이라는 제목으로 강론하고 기도하다.

서기가 회원을 호명하니 회원 5명 전원이 출석하여 회장이 개회됨을 선언하다.

〈결의 사항〉

1. 제25회 당회에서 기소 위원으로 선정된 홍길동 장로가 제출한 별지 #1의 기소장을 접수하기로 가결하다.
2. 본 당회를 재판회로 변경하기로 가결하다.
3. 재판회원들에게 기소장을 복사하여 배부하다.
4. 원고측의 증인 증인자, 인순종, 김갑순, 김금옥, 이영자 씨를 채용하기로 가결하다.
5. 재판 일자는 2006년 3월 25일(토) 오후 2시로 정하고 3월 7일에 증인과 피고에게 등기 배달 증명으로 소환장을 발송키로 가결하다.
6. 피고에게는 소환장을 발송할 때 고소장과 죄증 설명서를 첨부하고 증인을 신청할 수 있음을 알리고 3월 18일(토)까지 원고의 죄증 설명서에 대한 답변서를 제출토록 하기로 가결하다.
7. 폐회하기로 가결하고 서기가 회의록을 낭독하니 채택한 후 재판회장이 회원 가라소 장로로 기도케 하고 폐회하니 동일 오후 6시이더라.

2006년 3월 25일

대한예수교장로회 독도교회 당회 재판회
회장 목사 김독도(인)
서기 장로 가라중(인)

※ 당회가 시작될 때에는 행정 회의였으나 재판회로 변경한 후에는 재판회이므로 (재판회)로 표기하였다.

3. 독도교회(제26회) 제2차 재판회 회의록

2006년 3월 18일(토) 오후 7시에 당회실에서 재판회장 김독도 목사의 사회로 찬송가 337장을 다같이 부른 후 회원 가라소 장로로 기도케 하다.

서기가 회원을 호명하니 회원 4명 전원이 출석하여 회장이 개회됨을 선언하다.

(출석 회원 목사 : 김독도, 장로 : 가라대, 가라중, 가라소)

〈결의 사항〉

1. 피고가 제출한 별지 #2의 답변서를 복사하여 회원에게 배부하기로 하다.

2. 재판 진행 중 신문은 회장에게 맡기고 신문의 기록은 회원 중 가라소 장로에게 맡기기로 가결하다.

3. 폐회하기로 가결하고 서기가 회의록을 낭독하니 채택한 후 회장이 가라대 장로로 기도케 하고 폐회하니 동일 오후 8시 30분이더라.

2006년 3월 18일

대한예수교장로회 독도교회 재판회
회장 목사 김독도(인)
서기 장로 가라중(인)

4. 독도교회(제26회) 제3차 재판회 회의록

2006년 3월 25일(토) 오후 2시에 당회실에서 재판회장 김독도 목사의 사회로 찬송가 217장을 다같이 부른 후 회장이 딤전 2장 5절을 봉독하고 "법대로 경기하는 자"라는 제목으로 강론한 후 기도하다.

서기가 회원을 호명하니 회원 4명 전원이 출석하여 회장이 개정됨을 선언하다.

(출석 회원 목사 : 김독도, 장로 : 가라대, 가라중, 가라소)

〈결의 사항〉

1. 개정 선언(회장)

"지금은 대한예수교장로회 독도교회 제25회 당회에서 가라순 씨의 범죄 사실을 처리하기 위하여 당회가 홍길동 장로를 기소 위원으로 선정하고 제26회 당회에서 기소장을 접수한 본건을 심리하기 위하여 재판회가 개정된 것을 선언합니다."

2. 이유 공포(회장)

"우리가 지금부터 독도교회 홍길동 장로가 기소한 재판 건을 심리하게 되었은즉 마땅히 이 일이 심히 신중함을 생각하고 주 예수 그리스도 앞에서 엄숙하게 시무할 것입니다."

3. 고소장 및 죄증 설명서 낭독(서기)

서기가 고소장과 죄증 설명서를 낭독하다.

4. 회장이 피고에게 "방금 낭독한 송사 사실에 대하여 어떻게 생각하

십니까?"라고 경계하니 "이런 것도 죄가 됩니까?"라고 반문하다.

5. 증인 선서

서기가 재판회원, 증인, 원고, 피고, 방청인들을 자리에서 일어서게 하고 원고측 증인 증인자 씨와 인순종 씨와 김갑순 씨와 김금옥 씨와 이영자 씨에게 회장이 선창하고 증인들이 복창하여 별지 #3과 같이 선서하다.

6. 회장이 별지 #4와 같이 원고측 증인 증인자 씨와 인순종 씨를 신문하다.

7. 회장이 별지 #5와 같이 원고측 증인 김갑순 씨를 신문하다.

8. 회장이 별지 #6과 같이 원고측 증인 김금옥 씨를 신문하다.

9. 회장이 별지 #7과 같이 원고측 증인 이영자 씨를 신문하다.

10. 회장이 별지 #8과 같이 원고를 신문하다.

11. 회장이 별지 #9과 같이 피고를 신문하다.

12. 합의

회장이 원고, 피고, 증인, 방청인을 퇴장케 하고 죄증 설명서 각 항에 대하여 토의 없이 투표하니 1항 4:0으로 유죄, 2항 3:1로 유죄로 전항이 유죄이므로 결과는 "유죄"로 결정되다.

시벌의 칭호(벌의 이름)를 정함에는 토의 후 투표하니 견책 1표, 정직 1표, 수찬 정지 2표로서 "수찬 정지"에 처하기로 결정되었음을 회장이 선언하다.

13. 판결문을 서기가 별지 #10과 같이 작성하여 낭독하니 채택하기로 가결하다.

14. 공포

　　서기가 원고와 피고에게 판결문을 송달하는 것으로 공포를 대행하

　　고 권징 조례 제36조대로 주일 예배 시간에 교회 앞에 광고하기로

　　가결하다.

15. 폐정하기로 가결하고 서기가 회의록을 낭독하니 채택한 후 회장

　　이 기도하고 폐정을 선언하니 동일 오후 6시 10분이더라.

　　　　　　　　　　　2006년 3월 25일

　　　　　　　　　　대한예수교장로회 독도교회 재판회

　　　　　　　　　　　　　회장 목사 김독도(인)

　　　　　　　　　　　　　서기 장로 가라중(인)

제2장 개인이 고소하는 경우

　　교인 가운데 범죄 행위가 분명한 데도 치리회가 기소하여 처리하지 아니하거나 범죄자의 범죄 행위를 자기만 알고 있을 경우 개인이 당회에 고소하면(목사이면 노회에 고소) 치리회가 고소장을 접수하여 재판 절차에 따라 심리 판결한다.

제1절 당회 재판회

1. 고소장 표지

고 소 장

원고 홍길동

피고 가라대

피고 가라소

독 도 교 회

2. 고소장(권징 제16조)

원고 : 홍길동(만 55세)

  소속 치리회 : 대한예수교장로회 독도교회

  성직 및 신급 : 집사

  주소 : 부산시 동구 서동 55번지

피고 : 가라대(만 44세)

  소속 치리회 : 대한예수교장로회 독도교회

  성직 및 신급 : 장로

  주소 : 부산시 동구 서동 44번지

피고 : 가라소(만 33세)

  소속 치리회 : 대한예수교장로회 독도교회

  성직 및 신급 : 서리 집사

  주소 : 부산시 동구 서동 33번지

죄 상

1. 피고 가라대 장로와 가라소 집사는 형제간으로 제직회를 하면서 본인과 가라대 장로간에 의견 대립이 있었던 것에 앙심을 품고 본인이 귀가하는 길목에 기다리고 있다가 본인이 가까이 갔을 때 갑

자기 달려들어 구타하며 폭언을 하였습니다(헌규 제2조 5항).

2. 피고들은 6개월 동안 고의적으로 교회에 의무금(십일조 헌금)을 드리지 아니하였습니다(헌규 제2조 5항).

3. 피고들은 연속적으로 2주 동안 주일을 범하였습니다(헌규 제2조 5항).

위와 같은 죄상이 확실하기에 죄증 설명서와 진술서를 첨부하여 이에 고소합니다.

2005년 3월 1일

원고 홍길동(인)

대한예수교장로회 독도교회 당회장 귀하

※ 고소장에는 죄를 범했다는 죄상을 밝히 기록한다.

피고는 권징 제23조 1항(3)에 의거 "고소장이나 죄증 설명서가 양식에 위반되거나 헌법 적용이 부적당한 줄로 인정될 때"는 그 재판회에 소원을 제출할 수 있다.

3. 죄증 설명서(권징 제16조, 제17조)

원고 : 홍길동(만 55세)

　　　소속 치리회 : 대한예수교장로회 독도교회

　　　성직 및 신급 : 집사

　　　주소 : 부산시 동구 서동 55번지

피고 : 가라대(만 44세)

　　　소속 치리회 :대한예수교장로회 독도교회

　　　성직 및 신급 : 장로

　　　주소 : 부산시 동구 서동 44번지

피고 : 가라소(만 33세)

　　　소속 치리회 : 대한예수교장로회 독도교회

　　　성직 및 신급 : 서리 집사

　　　주소 : 부산시 동구 서동 33번지

1. 2004년 11월 6일 오후 2시경 주일 예배 후 제직회를 마치고 귀가
   하는 길에 본교회 후문 서쪽 약 300m 지점 서울 슈퍼 앞 삼거리에
   도착하자 피고들이 갑자기 골목에서 뛰어 나와 피고 가라대 장로
   의 동생인 피고 가라소 집사가 본인에게 달려들면서 "너 이 새끼,
   회사 사장이면 다냐? 왜 우리 형이 발언할 때마다 반대 발언을 하

며 시비하느냐?"고 하면서 오른편 주먹으로 본인의 왼편 귀 부분을 때려서 4주 이상의 이비인후과 치료를 받았으며 가라대 장로는 이를 말리는 척 하면서 구두 발로 본인의 왼편 다리의 무릎 부분을 찼는데 타박상에 피멍이 들어 물리 치료를 받았습니다. 본인이 구타를 당하고 있을 때 제직회를 마치고 귀가하다가 이를 목격하고 말렸던 증인자 집사와 인순종 집사가 그 광경을 보았습니다.

증인 : 증인자(만 60세)

　　　소속 치리회 : 대한예수교장로회 독도교회

　　　성직 및 신급 : 서리 집사

　　　주소 : 부산시 동구 서동 60번지

증인 : 인순종(만 65세)

　　　소속 치리회 : 대한예수교장로회 독도교회

　　　성직 및 신급 : 권사

　　　주소 : 부산시 동구 서동 65번지

서증　(1) 진단서 1부(별지 #1)

　　　(2) 진료 확인서 1부(별지 #2)　　　　　　끝.

2. 피고 가라대 장로와 가라소 집사는 초등학교 교사로서 정기적으로 월급을 받으면서도 2004년 6월 1일부터 11월 30일까지 6개월 동

안 고의적으로 교회에 십일조 헌금과 절기 헌금을 드리지 아니하
였습니다. 그 증거로는 예배 시 헌금 광고나 주보 광고에 무명씨
도 없고 피고들의 이름도 없습니다.

3. 피고들은 2004년 12월 19일 주일과 26일 주일 예배에 불참하였는
   데 그 중에 26일 주일에는 본 교회 고등부 학생인 고삼생 군이 버
   스 안에서 피고인 가 장로와 가 집사를 만난 후 "장로님 집사님, 어
   디에 다녀오십니까?"라고 물으니 "오늘 새벽에 바다에 낚시를 갔
   다가 이제 온다"는 말을 했다고 합니다.

증인 : 고삼생(만 19세)
     소속 치리회 : 대한예수교장로회 독도교회
     성직 및 신급 : 세례
     주소 : 부산시 동구 서동 19번지

위와 같이 죄증이 확실하기에 이에 설명합니다.

2005년 3월 1일

원고 홍길동(인)

대한예수교장로회 독도교회 당회장 귀하

진단서   〈별지 #1〉

성 명 : 홍길동

주 소 : 부산시 동구 서동 55번지

병 명 : 고막파열, 무릎 타박상

진료 기간 : 4주

　위와 같이 진단함.

2004년 11월 7일

독도병원장(인)

진료 확인서   〈별지 #2〉

성 명 : 홍길동

주 소 : 부산시 동구 서동 55번지

병 명 : 좌측 고막 파열, 좌측 무릎 타박상

진료 기간 : 2004. 11. 7. ~ 2004. 12. 18.

위와 같이 진료하였음을 확인함.

2005년 2월 1일

독도병원장(인)

※ 죄증 설명서에는 범죄의 증거를 상세히 기록하는 것이니 범죄의 일
  시, 장소, 정형 등을 6하 원칙에 따라 설명하고 각 조마다 증인의
  성명을 상세히 기록할 것이요 물증및 서증도 제시한다(권징 제16
  조).

4. 진술서(권징 제9조, 제10조, 제18조)

본인은 금번 가라대 씨와 가라소 씨를 피고로 소송을 제기하기 전
에 마태복음 18장 15~17절에 말씀한 주님의 명령대로 아래와 같이 권
면하였으나 듣지 아니하였기에 진술하나이다.

〈제1차 단독 권면〉
  1) 가라대 씨의 권면
    일시 : 2004년 12월 28일 오전 8시
    장소 : 피고 가라대 씨 자택(부산시 동구 서동 44번지)

내용 : "장로님, 가 집사님과 함께 저를 구타한 것은 장로님으로
　　　서 적절치 않은 일이지 않습니까? 회개하고 사과하시면
　　　저도 고소하지는 않겠습니다"라고 하니 장로님께서 "회
　　　개는 무슨 회개며 사과는 무슨 사과, 고소를 하든지 말
　　　든지 맘대로 해!"라고 하셨습니다.

2) 가라소 씨의 권면

일시 : 2004년 12월 28일 오후 10시

장소 : 피고 가라소 씨 자택(부산시 동구 서동 33번지)

내용 : "집사님, 가 장로님과 함께 저를 구타한 것은 집사님으로
　　　서 적절치 않은 일이지 않습니까? 회개하고 사과하시면
　　　저도 고소하지는 않겠습니다"라고 하니 집사님께서 "회
　　　개는 무슨 회개며 사과는 무슨 사과, 고소를 하든지 말
　　　든지 맘대로 하세요"라고 하였습니다.

〈제2차 증참 권면〉

1) 가라대 씨의 권면

일시 : 2004년 12월 30일 오전 8시

장소 : 피고 가라대 씨 자택(부산시 동구 서동 44번지)

내용 : "장로님, 제가 며칠 전에도 와서 말씀드렸지만 저를 구타
　　　한 것은 장로님으로서 적절치 않은 일이지 않습니까?
　　　회개하고 사과하시면 저도 고소하지는 않겠습니다. 저

를 구타할 때에 여기 함께 오신 증인자 집사님과 인순자 권사님이 보면서 말리지 않았습니까?"라고 하면서 "집사님 권사님, 맞지요?"라고 한바 "예"라고 증참까지 했는데도 장로님께서는 "고소를 하든지 말든지 맘대로 해!"라고 하셨습니다.

2) 가라소 씨의 권면

　일시 : 2004년 12월 30일 오후 10시

　장소 : 피고 가라소 씨 자택(부산시 동구 서동 33번지)

　내용 : "집사님, 제가 며칠 전에도 와서 말씀드렸지만 저를 구타한 것은 집사님으로서 적절치 않은 일이지 않습니까? 회개하고 사과하시면 저도 고소하지는 않겠습니다. 저를 구타할 때에 여기 함께 오신 증인자 집사님과 인순자 권사님이 보면서 말리지 않았습니까?"라고 하면서 "집사님 권사님, 맞지요?"라고 한바 "예"라고 증참까지 했는데도 집사님께서는 "고소를 하든지 말든지 맘대로 하세요"라고 하였습니다.

증참인 : 증인자(만 60세)

　　소속 치리회 : 대한예수교장로회 독도교회

　　성직 및 신급 : 서리 집사

　　주소 : 부산시 동구 서동 60번지

증참인 : 인순종(만 65세)

        소속 치리회 : 대한예수교장로회 독도교회

        성직 및 신급 : 권사

        주소 : 부산시 동구 서동 65번지

이상과 같이 진술합니다.

2005년 3월 1일

진술인 홍길동(인)

대한예수교장로회 독도교회 당회장 귀하

※ 고소인은 권징 제18조대로 반드시 진술서를 첨부해야 하고 고소인
   이 진술서를 제출하지 아니했을 때에는 치리회가 서류의 보완을
   지도해야 하고 진술서를 첨부했다고 할지라도 재판국은 권징 제9
   조대로 반드시 원고와 피고가 화목하여 볼 동안 재판을 열지 말 것
   이요 끝까지 화해를 거부할 때에 재판한다.

5. 재판회 개정 통지서

은혜 중 평강하심을 기원합니다.

표제의 건에 관하여 아래와 같이 본 재판회를 개정하오니 출석하여 주시기 바랍니다.

– 아래 –

1. 일시 : 2005년 6월 2일(월) 오전 7시
2. 장소 : 독도교회 당회실(부산시 동구 서동 5번지)
3. 유의 사항
   ① 출석하실 때에는 반드시 교회 헌법을 휴대하시기 바랍니다.
   ② 권징 조례 제4장 제29조의 규정대로 "재판할 때에 처음부터 나중까지 출석하여 전부를 듣지 아니한 회원은 원고 피고와 그 재판회원이 동의 승낙하지 아니하면 그 재판에 대하여 투표권이 없고"라고 하였은즉, 결석하는 일이 없도록 하시고, 특히 시간을 엄수하시기 바랍니다.

2005년 5월 21일

대한예수교장로회 독도교회 재판회(관인)
회장 목사 김독도(인)

서기 장로 가라중(인)

재판회원 제위 귀하

※ 각자의 성명을 기록하지 않을 때는 '제위'를 넣어야 한다.

6. 원고 소환장

은혜 중 평강하심을 기원합니다.

귀하가 가라대 씨와 가라소 씨를 피고로 고소한 재판 사건을 심리
하고자 아래와 같이 소환합니다.

– 아래 –

1. 일시 : 2005년 6월 2일(월) 오전 7시
2. 장소 : 독도교회 당회실(부산시 동구 서동 5번지)
3. 유의 사항
　　① 귀하는 피고측 증인에 대하여 상당한 이유가 있을 때에는 거부
　　　 신청을 할 수 있습니다.
　　② 귀하는 대리인이나 변호인을 신청할 수 있습니다.
　　③ 출석하실 때에는 인장을 지참하시기 바랍니다.

2005년 5월 21일

대한예수교장로회 독도교회 재판회(관인)

회장 목사 김독도(인)

서기 장로 가라중(인)

원고 홍길동 귀하

7. 피고 소환장(권징 제21조~제23조)

은혜 중 평강하심을 기원합니다.

원고 홍길동 씨가 귀하를 고소한 재판 사건을 심리하고자 아래와 같이 소환합니다.

– 아래 –

1. 일시 : 2005년 6월 2일(월) 오전 7시
2. 장소 : 독도교회 당회실(부산시 동구 서동 5번지)
3. 유의 사항

　　① 귀하는 무죄를 증거하기 위하여 증인을 신청할 수 있습니다.

　　② 귀하는 원고측 증인에 대하여 상당한 이유가 있을 때에는 거부

신청을 할 수 있습니다.

③ 귀하는 대리인이나 변호인을 신청할 수 있습니다.

④ 출석하실 때에는 인장을 지참하시기 바랍니다.

⑤ 별첨과 같이 고소장과 죄증 설명서를 송부하오니 피고가 원할 경우 고소장을 받은 날로부터 10일 내로 독도노회 재판국 서기에게 죄증 설명서 각 항에 대한 답변서를 제출하시기 바랍니다.

유첨 (1) 고소장 1부

　　　 (2) 죄증 설명서 1부　　　　끝.

2005년 5월 21일

대한예수교장로회 독도교회 재판회(관인)

회장 목사 김독도(인)

서기 장로 가라중(인)

피고 가라대 귀하

피고 가라소 귀하

고소장

원고 홍길동

피고 가라대

피고 가라소

독 도 교 회

원 본 대 조 필	독도교회 재판회(관인)
	회장 목사 김독도(인)
	서기 장로 가라중(인)

고소장 (유첨 1)

원고 : 홍길동(만 55세)

     소속 치리회 : 대한예수교장로회 독도교회

     성직 및 신급 : 집사

     주소 : 부산시 동구 서동 55번지

피고 : 가라대(만 44세)

     소속 치리회 : 대한예수교장로회 독도교회

     성직 및 신급 : 장로

     주소 : 부산시 동구 서동 44번지

피고 : 가라소(만 33세)

     소속 치리회 : 대한예수교장로회 독도교회

     성직 및 신급 : 서리 집사

     주소 : 부산시 동구 서동 33번지

죄 상

1. 피고 가라대 장로와 가라소 집사는 형제간으로 제직회를 하면서 본인과 가라대 장로간에 의견 대립이 있었던 것에 앙심을 품고 본인이 귀가하는 길목에 기다리고 있다가 본인이 가까이 갔을 때 갑자기 달려들어 구타하며 폭언을 하였습니다(헌규 제2조 5항).
2. 피고들은 6개월 동안 고의적으로 교회에 의무금을 드리지 아니하였습니다(헌규 제2조 5항).
3. 피고들은 연속적으로 2주 동안 주일을 범하였습니다(헌규 제2조 5항).

위와 같은 죄상이 확실하기에 별지 죄증 설명서와 진술서를 첨부하여 이에 고소합니다.

2005년 3월 1일

원고 홍길동(인)

대한예수교장로회 독도교회 당회장 귀하

죄증 설명서 (유첨 2)

원고 : 홍길동(만 55세)

      소속 치리회 : 대한예수교장로회 독도교회

      성직 및 신급 : 집사

      주소 : 부산시 동구 서동 55번지

피고 : 가라대(만 44세)

      소속 치리회 : 대한예수교장로회 독도교회

      성직 및 신급 : 장로

      주소 : 부산시 동구 서동 44번지

피고 : 가라소(만 33세)

      소속 치리회 : 대한예수교장로회 독도교회

      성직 및 신급 : 서리 집사

      주소 : 부산시 동구 서동 33번지

1. 2004년 11월 6일 오후 2시경 주일 예배 후 제직회를 마치고 귀가하
  는 길에 본교회 후문 서쪽 약 300m 지점 서울 슈퍼 앞 삼거리에
  도착하자 갑자기 골목에서 뛰어 나와 피고 가라대 장로의 동생인
  피고 가라소 집사가 본인에게 달려들면서 "너 이 새끼, 회사 사장
  이면 다냐? 왜 우리 형이 발언할 때마다 반대 발언을 하며 시비하

느냐?"고 하면서 오른편 주먹으로 본인의 왼편 귀 부분을 때려서 4주 이상의 이비인후과 치료를 받았으며 가라대 장로는 이를 말리는 척 하면서 구두 발길로 본인의 왼편 다리의 무릎 부분을 찼는데 타박상에 피멍이 들어 물리 치료를 받았습니다. 본인이 구타를 당하고 있을 때 제직회를 마치고 귀가하다가 이를 목격하고 말렸던 증인자 집사와 인순종 집사가 그 광경을 보았습니다.

증인 : 증인자(만 60세)

　　소속 치리회 : 대한예수교장로회 독도교회

　　성직 및 신급 : 서리 집사

　　주소 : 부산시 동구 서동 60번지

증인 : 인순종(만 65세)

　　소속 치리회 : 대한예수교장로회 독도교회

　　성직 및 신급 : 권사

　　주소 : 부산시 동구 서동 65번지

서증　1) 진단서 1부(별지 #1)

　　　2) 진료 확인서 1부(별지 #2)　　　끝.

2. 피고 가라대 장로와 가라소 집사는 초등학교 교사로서 정기적으로 월급을 받으면서도 2004년 6월 1일부터 11월 30일까지 6개월 동

안 고의적으로 교회에 십일조와 절기 헌금을 드리지 아니했습니다. 그 증거로는 예배 시 헌금 광고에나 주보 광고에 무명씨도 없고 피고들의 이름도 없습니다.

3. 피고들은 2004년 12월 19일 주일과 26일 주일 예배에 불참하였는데 그 중에 26일 주일에는 본 교회 고등부 학생인 고삼생 군이 버스 안에서 피고인 가 장로와 가 집사를 만난 후 "장로님 집사님, 어디에 다녀오십니까?"라고 물으니 "오늘 새벽에 바다에 낚시를 갔다가 이제 온다"는 말을 했다고 합니다.

증인 : 고삼생(만 19세)
　　　소속 치리회 : 대한예수교장로회 독도교회
　　　성직 및 신급 : 세례
　　　주소 : 부산시 동구 서동 19번지

위와 같이 죄증이 확실하기에 이에 설명합니다.

2005년 3월 1일

원고 홍길동(인)

대한예수교장로회 독도교회 당회장 귀하

※ 본서에는 생략하였으나 실제 사건을 처리하는 경우에는 서증 진단 서와 진료 확인서 사본을 반드시 첨부하여 발송하여야 한다.

8. 증인 소환장(권징 제68조)

원고 : 홍길동(만 55세)

　　　소속치리회 : 대한예수교장로회 독도교회

　　　성직 및 신급 : 집사

　　　주소 : 부산시 동구 서동 55번지

피고 : 가라대(만 44세)

　　　소속 치리회 : 대한예수교장로회 독도교회

　　　성직 및 신급 : 장로

　　　주소 : 부산시 동구 서동 44번지

피고 : 가라소(만 33세)

　　　소속 치리회 : 대한예수교장로회 독도교회

　　　성직 및 신급 : 서리 집사

　　　주소 : 부산시 동구 서동 33번지

　　본 재판 사건에 귀하를 원고측 증인으로 아래와 같이 소환합니다.

– 아래 –

1. 일시 : 2005년 6월 2일(월) 오전 7시
2. 장소 : 독도교회 당회실(부산시 동구 서동 5번지)
3. 유의 사항

　① 인장을 지참하시기 바랍니다.

　② 교인은 "아무 교회 교인 중 누구를 막론하고 증인 소환을 받고 출석하지 아니하거나, 혹 출석하였을지라도 증언하기를 불응하면 그 형편대로 거역하는 행위를 징벌할 것이다"라는 권징 조례 제68조의 규정을 따라, 소환한 대로 출석하고 증언할 의무가 있사오니, 특히 유의하시기 바랍니다.

2005년 5월 21일

대한예수교장로회 독도교회 재판회(관인)
회장 목사 김독도(인)
서기 장로 가라중(인)

증인 증인자 귀하
증인 인순종 귀하

9. 서증 제출 의뢰서

대한예수교장로회 독도교회

문서 번호 : 재판 05-1

수 신 : 독도교회 재정부장

발 신 : 독도교회 재판회

제 목 : 서증 제출 의뢰의 건

    은혜 중 평강하심을 기원합니다.

    본 교회의 재판 사건(원고 홍길동 집사, 피고 가라대 장로, 가라소 집사)에 대하여 원고측이 주장한 서증 자료를 아래와 같이 의뢰합니다.

- 아래 -

1. 서증 내역 : 가라대 씨와 가라소 씨의 2004년 6월 1일부터 11월 30

                 일까지의 십일조와 절기 헌금 및 무명씨의 십일조 현황

2. 제출 기간 : 2005년 5월 30일

3. 제출처 : 독도교회 재판회(부산시 동구 서동 5번지)

2005년 5월 22일

대한예수교장로회 독도교회 재판회(관인)

회장 목사 김독도(인)

서기 장로 가라중(인)

10. 답변서 1(가라대)

〈별지 #3〉

수 신 : 독도교회 재판회장

참 조 : 재판회 서기

제 목 : 고소장에 대한 답변의 건

재판회의 요청에 의거 원고의 죄증에 대한 답변입니다.

1. 2005년 11월 6일에 서울 슈퍼 앞에서 본인이 말리는 척 하면서 무릎을 찼다는 것은 사실이 아니요, 홍길동 집사가 오히려 저의 동생을 구타하려 할 때 동생이 피하는 과정에서 전봇대에 무릎이 부딪힌 것입니다.
2. 본인은 정기적으로 십일조와 절기 헌금을 드렸으나 무명으로 드렸기 때문에 주보에 본인의 이름이 광고되지 않은 것입니다.
3. 2004년 12월 19일 예배에 불참한 것은 그 날 감기 몸살로 집에서 쉬고 있었으며 26일에는 심신이 피곤하여 바닷가에 좀 다녀온 것입니다.

이상과 같은 사소한 일로 같은 교회의 성도로서 장로를 고소한 것은 바람직한 일이 아니라고 사료됩니다.

2005년 5월 25일

독도교회 장로 가라대(인)

11. 답변서 2(가라소)　　　　　　　　　　　　　　〈별지 #4〉

수 신 : 독도교회 재판회장
참 조 : 재판회 서기
제 목 : 고소장에 대한 답변의 건

재판국의 요청에 의거 원고의 죄증에 대한 답변입니다.

1. 2005년 11월 6일에 교회에서 제직회를 마치고 귀가하는 중 본인이 홍길동 집사에게 "집사님은 왜 회의 때마다 우리 형님이 발언을 하면 시비를 하느냐?"고 말하니 "너는 모르면 가만히 있어!" 하면서 밀치기에 왜 사람을 밀치느냐고 하면서 몸싸움을 하는 중에 홍 집사님이 옆으로 넘어지면서 다친 것이지 본인이 구타한 것은 아닙니다.

2. 본인은 십일조와 절기 헌금을 사정상 무명으로 하였습니다.

3. 2004년 12월 19일과 26일은 몸이 좀 안 좋아서 예배에 참석하지
   못한 것이고 26일은 형님께서 마음이 답답하니 바닷가에 좀 나갔
   다 오겠다고 하시기에 제가 형님을 모시고 다녀왔으나 낚시질을
   한 것은 아닙니다.

2005년 5월 25일

독도교회 집사 가라소(인)

12. 답변서 3(독도교회)   〈별지 #5〉

제목 : 서증 자료 제출의 건

재판 05-1(05.5.22.)에 의한 회신입니다.

1. 가라대 장로의 헌금 내역

	6월	7월	8월	9월	10월	11월	비고
십일조	0	0	0	0	0	0	
맥추헌금	/	/	/	/	/	/	
추수헌금	/	/	/	/	/	/	
일반감사헌금	50,000	30,000	60,000	20,000	10,000	20,000	

2. 가라소 집사의 헌금 내역

	6월	7월	8월	9월	10월	11월	비고
십일조	30,000	0	0	0	0	0	
맥추헌금	/	10,000	/	/	/	/	
추수헌금	/	/	/	/	/	20,000	
일반감사헌금	0	0	0	0	0	0	

3. 무명씨 십일조 헌금은 1명이 매월 100,000원씩 헌금한 실적이 있음.

2005년 5월 28일

대한예수교장로회 독도교회

재정부장 ○○○(인)
회   계 ○○○(인)

13. 증인 진술서 〈별지 #6〉

　본인은 2004년 12월 26일 밤 6시 20분경에 집에서 나와 주일 밤 예배를 드리기 위하여 5번 시내버스를 탔는데 버스 중간쯤에 가라대 장로님이 자리에 앉아 계시고 그 옆에 가라소 집사님이 서 계시기에 그 곳으로 다가가면서 "장로님 집사님, 안녕하세요? 어디에 다녀오십니까?"라고 여쭈었더니 장로님이 "오늘 새벽에 바다낚시 갔다가 이제 온다"고 말씀하셨는데 다음 주일인 2005년 1월 2일 주일 학교 고등부 분반 공부 시간 때 고3 선생님이신 홍길동 집사님이 "주일을 거룩히 지키자!"라는 공과 공부 중에 제가 "장로님 집사님들이 주일에 낚시해도 됩니까?"라고 질문을 했더니 "그런 사람은 없을 게다"라고 홍 집사님이 말씀하셔서 "지난 26일에 가라대 장로님과 가라소 집사님이 새벽부터 저녁까지 바다낚시 다녀오는 것을 제가 아는데요"라고 말씀드렸더니 공과 공부 마치고 난 뒤 저를 불러서 자세히 물어 보시기에 사실대로 말씀을 드렸습니다.

2005년 5월 25일

독도교회 고삼생(인)

14. 소환 연기 신청서 〈별지 #7〉

수 신 : 독도교회 재판회장
참 조 : 재판회 서기
제 목 : 소환 연기 신청의 건

2005년 5월 21일자 귀 소환장에 대하여 아래와 같은 일신상의 이
유로 연기코자 하오니 허락하여 주시기 바랍니다.

– 아래 –

1. 부친상으로 재판 대비 관계가 미비 되었기 때문임.
2. 10일 이상 연기 바람.

2005년 5월 23일

독도교회 가라대 장로(인)

※ 소환 연기 신청은 법에 없는 것이므로 효력이 없는 서류이다. 따라
서 소환 연기 신청서를 제출했다고 해도 재판에 출석하지 아니하
면 불출석으로 처리되어 불이익을 당할 뿐이다.

15. 소환 연기 신청 안내문

대한예수교장로회 독도교회

문서 번호 : 재판 05-2

수 신 : 가라대 장로(피고)

발 신 : 독도교회 재판회

제 목 : 소환 연기 신청에 대한 안내의 건

은혜 중 평강하심을 기원합니다.

귀하께서 2005. 5. 23. 등기 배달 증명으로 본 재판국에 보내신 "소환 연기 신청"(별지 #5)의 건은 불가함을 알려드립니다.

귀하께서는 2005. 6. 2. 재판정에 출석하셔서 권징 조례 제4장 제20조에 의거 재판 연기를 신청하실 수 있습니다. 본인이 나오지 못할 경우에 권징 조례 제4장 제23조에 의거 대리인을 보내어 신청하실 수 있습니다.

귀하께서 위의 일을 행하지 않으면 권징 조례 제4장 제22조에 따라 3일 정도 여유를 두고 재차 소환할 것이며, 그 소환장에 대하여 천연적 고장이 없이 출석하지 아니하면 권징 조례 제34조, 제39조, 제47조에 의해 궐석한 대로 판결할 것입니다.

2005년 5월 28일

대한예수교장로회 독도교회 재판회(관인)

회장 목사 김독도(인)

서기 장로 가라중(인)

※ 소환 연기 시청은 법에 없는 것이므로 어떤 효력도 없으나 피고의 오해가 없도록 재판국에서 안내해 준 것일 뿐이다.

16. 재판 연기 신청서(권징 제20조)   〈별지 #8〉

수신 : 재판회장 귀하

본인 등은 본 재판의 준비 부족으로 인하여 재판 연기 신청하오니 허락하여 주시기 바랍니다.

2005년 6월 2일

피고 가라대 장로(인)

피고 가라소 집사(인)

※ 재판 연기 신청은 재판에 관계된(서식 3) 서식대로 해야 한다. 그러나 본 건은 서식에 어긋난 서류이지만 오해가 없도록 하기 위하여

재판회 회의록(제3회)과 같이 접수하여 이유 있다고 인정하고 처리하였음을 일러둔다.

17. 재판회 속회 통지서

은혜 중 평강하심을 기원합니다.

표제의 건에 관하여 아래와 같이 본 재판국을 개정하오니 출석하여 주시기 바랍니다.

– 아래 –

1. 일시 : 2005년 6월 13일(월) 오전 7시
2. 장소 : 노회 회의실(부산시 동구 서동 5번지)
3. 유의 사항
   ① 출석하실 때에는 반드시 교회 헌법을 휴대하시기 바랍니다.
   ② 권징 조례 제4장 제29조의 규정대로 "재판할 때에 처음부터 나중까지 출석하여 전부를 듣지 아니한 회원은 원고 피고와 그 재판회원이 동의 승낙하지 아니하면 그 재판에 대하여 투표권이 없고"라 하였은즉, 결석하는 일이 없도록 하시며, 특히 시간을 엄수하시기 바랍니다.

2005년 6월 2일

대한예수교장로회 독도교회 재판회(관인)
회장 목사 김독도(인)
서기 장로 가라중(인)

재판회원 제위 귀하

※ 성명을 기록했을 때는 '제위'를 쓰지 않는다.

18. 원고 재도 소환장

은혜 중 평강하심을 기원합니다.
귀하가 가라대 씨와 가라소 씨를 피고로 고소한 재판 사건을 심리하고자 아래와 같이 소환합니다.

– 아래 –

1. 일시 : 2005년 6월 2일(월) 오전 7시
2. 장소 : 독도교회 당회실(부산시 동구 서동 5번지)
3. 유의 사항

① 출석하실 때에는 반드시 교회 헌법을 휴대하시기 바랍니다.
② 권징 조례 제4장 제29조의 규정대로 "재판할 때에 처음부터 나중까지 출석하여 전부를 듣지 아니한 회원은 원고 피고와 그 재판회원이 동의 승낙하지 아니하면 그 재판에 대하여 투표권이 없고"라 하였은즉, 결석하는 일이 없도록 하시고, 특히 시간을 엄수하시기 바랍니다.

2005년 5월 21일

대한예수교장로회 독도교회 재판회(관인)

회장 목사 김독도(인)

서기 장로 가라중(인)

원고 홍길동 귀하

19. 피고 재도 소환장

은혜 중 평강하심을 기원합니다.

원고 홍길동 씨가 귀하를 고소한 재판 사건을 심리하고자 아래와 같이 소환합니다.

- 아래 -

1. 일시 : 2005년 6월 2일(월) 오전 7시
2. 장소 : 독도교회 당회실(부산시 동구 서동 5번지)
3. 유의 사항
    ① 귀하는 귀하의 무죄를 증거하기 위하여 증인을 신청할 수 있습니다.
    ② 귀하는 원고측 증인에 대하여 상당한 이유가 있을 때에는 거부 신청을 할 수 있습니다.
    ③ 귀하는 대리인이나 변호인을 신청할 수 있습니다.
    ④ 출석하실 때에는 인장을 지참하시기 바랍니다.

2005년 5월 21일

대한예수교장로회 독도교회 재판회(관인)
회장 목사 김독도(인)
서기 장로 가라중(인)

피고 가라대 귀하
피고 가라소 귀하

20. 증인 재도 소환장

원고 : 홍길동(만 55세)

       소속 치리회 : 대한예수교장로회 독도교회

       성직 및 신급 : 집사

       주소 : 부산시 동구 서동 55번지

피고 : 가라대(만 44세)

       소속 치리회 : 대한예수교장로회 독도교회

       성직 및 신급 : 장로

       주소 : 부산시 동구 서동 44번지

피고 : 가라소(만33세)

       소속 치리회 : 대한예수교장로회 독도교회

       성직 및 신급 : 서리 집사

       주소 : 부산시 동구 서동 33번지

본 재판 사건에 귀하를 원고측 증인으로 아래와 같이 소환합니다.

– 아래 –

1. 일시 : 2005년 6월 2일(월) 오전 7시

2. 장소 : 독도교회 당회실(부산시 동구 서동 5번지)

3. 유의 사항

　① 인장을 지참하시기 바랍니다.

　② 교인은 "아무 교회 교인 중 누구를 막론하고 증인 소환을 받고 출석하지 아니하거나, 혹 출석하였을지라도 증언하기를 불응하면 그 형편대로 거역하는 행위를 징벌할 것이다"라는 권징 조례 제68조의 규정을 따라, 소환한 대로 출석하고 증언할 의무가 있사오니, 특히 유의하시기 바랍니다.

2005년 5월 21일

대한예수교장로회 독도교회 재판회(관인)

회장 목사 김독도(인)

서기 장로 가라중(인)

증인 증인자 귀하

증인 인순종 귀하

21. 피고 증인 신청서 〈별지 #9〉

피고 : 가라대(만 44세)

    소속 치리회 : 대한예수교장로회 독도교회

    성직 및 신급 : 장로

    주소 : 부산시 동구 서동 44번지

   본 재판 건에 대하여 아래와 같이 피고의 증인을 신청하오니 허락해 주시기를 바랍니다.

– 아래 –

증인 1 : 서상희(만 70세)

    소속 치리회 : 무교

    성직 및 신급 : 무교

    주소 : 부산시 동구 서동 70번지

증인 2 : 서정희(만 75세)

    소속 치리회 : 독도 천주교회

    성직 및 신급 : 영세

    주소 : 부산시 동구 서동 75번지

2005년 6월 5일

신청인 피고 가라대(인)

대한예수교장로회 독도교회 재판회장 귀하

※ 교인이 아니면 교회 재판에서는 증인이 될 수 없으므로(권징 제56
조, 제68조) 재판국 회의록(제3회) 속회록에서 기각되었으니 대조
하여 참고하기 바란다.

22. 원고측 증인 이의 신청서(권징 제56조)　　　〈별지 #10〉

원고 : 홍길동(만 55세)
　　　소속 치리회 : 대한예수교장로회 독도교회
　　　성직 및 신급 : 집사
　　　주소 : 부산시 동구 서동 55번지

피고 : 가라대(만 44세)
　　　소속 치리회 : 대한예수교장로회 독도교회
　　　성직 및 신급 : 장로
　　　주소 : 부산시 동구 서동 44번지

피고 : 가라소(만 33세)

      소속 치리회 : 대한예수교장로회 독도교회

      성직 및 신급 : 서리 집사

      주소 : 부산시 동구 서동 33번지

    본 재판의 원고측 증인은 아래와 같은 사유로 부적격자이므로 권징조례 제8장 제56조에 의하여 이의를 신청하오니 허락하시기 바랍니다.

– 아래 –

1. 성명 : 증인자(만 60세)

      소속 치리회 : 대한예수교장로회 독도교회

      성직 및 신급 : 서리 집사

      주소 : 부산시 동구 서동 60번지

2. 이유 : 증인은 원고 회사의 직원이므로 원고에게 유리한 증언을 할 것임.

2005년 6월 5일

신청인 피고 가라대(인)

대한예수교장로회 독도교회 재판회장 귀하

※ 증인 이의 신청은 권징 제57조에 해당되지 않으므로 재판 회의록
제3회 속회록에서 기각되었으니 대조하여 참고하기 바란다.

23. 피고측 새 증인 신청서 〈별지 #11〉

피고 : 가라소(만 33세)

    소속 치리회 : 대한예수교장로회 독도교회

    성직 및 신급 : 서리 집사

    주소 : 부산시 동구 서동 33번지

본 재판 건에 대하여 아래와 같이 피고측 새 증인을 신청하오니 허
락해 주시기를 바랍니다.

– 아래 –

증인 1 : 주니지(만 66세)

    소속 치리회 : 대한예수교장로회 대마교회

    성직 및 신급 : 세례

    주소 : 부산시 동구 대마동 66번지

〈죄증 설명서 ①항 입증〉

증인 2 : 고즈미(만 67세)

　　　소속 치리회 : 대한예수교장로회 독도교회

　　　성직 및 신급 : 세례

　　　주소 : 부산시 동구 대마동 77번지

　　　〈죄증 설명서 ②,③항 입증〉

2005년 6월 13일

신청인 피고 가라소(인)

대한예수교장로회 독도교회 재판회장 귀하

24. 증인 선서(권징 제62조)　　　　　　〈별지 #12〉

후일에

산 자와 죽은 자를

심판하시는 하나님 앞에

문답할 것 같이,

지금 알지 못함이 없으사

사람의 마음을 감찰하시는

하나님 앞에서

이 소송 안의 증인으로 출석하였으니

사실대로 직언하며,

사실 전부를 말하며,

사실밖에 덧붙이지 아니하기로 선서하나이다.

2005년 6월 13일

증인 증인자(인)

증인 인순종(인)

증인 주니지(인)

증인 고즈미(인)

대한예수교장로회 독도교회 재판회장 귀하

25. 원고측 증인 1, 2 신문 조서(증인자, 인순종)　　〈별지 #13〉

문 : 원고측 증인으로 오신 증인자 씨와 인순종 씨는 원고 홍길동 씨와
　　피고 가라대 씨, 가라소 씨와 함께 독도교회를 섬기는 성도들이
　　지요?

답 : 예.

문 : 증인들은 원고의 주장에 의하면 2004년 11월 6일 오후 2시경 서울 슈퍼 앞에 서 홍길동 집사와 가라대 장로 및 가라소 집사가 다투는 것을 보았다는데 사실입니까?

답 : 예.

문 : 그 때 증인들은 주일 예배를 마치고 귀가하던 길이 맞습니까?

답 : 예.

문 : 그 때에 홍길동 집사와 함께 귀가했습니까?

답 : 저희들은 좀 뒤에 갔습니다.

문 : 무슨 일로 좀 뒤에 갔습니까?

답 : 증 집사하고 화장실에 갔다가 왔지요(인순종 답변).

문 : 얼마나 뒤에 갔습니까?

답 : 약 2분 정도 뒤에 갔지요(증인자 답변).

문 : 그 때에 원고의 주장은 피고들이 원고를 구타했다고 하는데 구타하는 것을 보았습니까?

답 : 때리는 것은 못 보았고 가라소 집사님이 홍길동 집사님의 가슴을 잡고 흔드는 것은 보았습니다(증인자 답변).

문 : 피고의 주장은 원고가 넘어지면서 귀를 다쳤다고 하는데 홍길동 집사가 넘어지는 것을 보았습니까?

답 : 세 분 중에 아무도 넘어지는 것은 못 보았습니다.

문 : 원고의 주장은 원고가 피고에게 구타를 당할 때 증인들이 말렸다는데 어떤 광경에서 어떻게 말렸습니까?

답 : 가라소 집사가 홍길동 집사의 가슴을 잡고 있을 때 "한 교회 교인
　　끼리 이러면 안 됩니다"라고 하면서 우리가 양쪽에 서서 가라소
　　집사가 홍길동 집사의 가슴을 잡고 있는 손을 놓으라고 하면서
　　떼어 놓았습니다.

문 : 그 때 가라대 장로는 어떻게 하고 있었습니까?

답 : 가라소 집사의 팔을 손으로 잡고 "손을 놓아라!"고 했습니다.

문 : 그 후에 모두 다 함께 갔습니까?

답 : 그 곳에서 각자 가는 길이 다르기 때문에 우리는 홍 집사님과 함
　　께 가고 가 집사님과 가 장로님은 같이 자기의 집 방향으로 갔습
　　니다.

문 : 귀가 하면서 홍 집사가 어디 아프단 말은 하지 않던가요?

답 : 아프단 말은 하지 않고 다리를 좀 절었습니다(증인자 답변).

문 : 어느 쪽 다리를 절던가요?

답 : 왼쪽 다리인 것 같았습니다.

문 : 귀가 아프단 말은 하지 않던가요?

답 : 아니요.

문 : 국원 중에 증인에게 신문하실 분 말씀하세요.

답 : 없습니다(여러 소리로).

문 : 증인으로서 더 할 말이 있으면 말씀하세요.

답 : 우리가 좀 거리가 떨어져 가고 있을 때 가라소 집사가 "너 이 새
　　끼"라는 말이 들렸는데 좀 민망했습니다.

이상의 공술은 원고측 증인 증인자 집사와 인순종 권사가 대한예수교장로회 독도노회 재판국에서 진술한 바 틀림없기에 이에 서명 날인합니다.

2005년 6월 13일

증인 증인자(인)

증인 인순종(인)

26. 원고의 원고측 증인 신문 조서 〈별지 #14〉

문 : 증인들은 서울 슈퍼에서 좀 떨어져 있는 곳에서 걸어올 때 가라소 집사의 오른 주먹이 머리 위로 올라가는 모습을 본 적이 없습니까?

답 : 좀 떨어져 있었지만 오른팔이 약간 머리 위로 올라갔던 것은 본 것 같습니다.

문 : 가 집사와 가 장로가 저의 가슴을 잡고 흔드는 것을 본 적이 있지요?

답 : 예.

문 : 그 때 전봇대와 우리 세 사람과의 사이는 얼마나 되었나요?

답 : 전봇대 쪽이 아니었고 서울 슈퍼 쪽으로 더 가까웠습니다.

문 : 증인들은 본인이 전봇대에 부딪치는 것을 보았습니까?

답 : 아니요.

　　이상의 공술은 대한예수교장로회 독도노회 재판국에서 진술한 바 틀림없기에 이에 서명 날인합니다.

2005년 6월 13일

원고 홍길동(인)

증인 증인자(인)

증인 인순종(인)

27. 피고의 원고측 증인 신문 조서(인순종)　　　〈별지 #15〉

문 : 증인 인종순 집사는 원고 홍길동 집사의 회사 직원 맞지요?

답 : 예.

문 : 증인은 그 회사에 몇 년간 근무하셨습니까?

답 : 20년 근무했습니다.

문 : 증인은 원고에게 혜택을 많이 받았겠네요?

답 : 내가 일한 대로 급료를 받았을 뿐입니다.

이상의 공술은 대한예수교장로회 독도노회 재판국에서 진술한 바 틀림없기에 이에 서명 날인합니다.

2005년 6월 13일

피고 가라대(인)

증인 인순종(인)

28. 피고측 증인 1 신문 조서(주니지) 〈별지 #16〉

문 : 증인은 대마교회 성도 주니지 씨 맞지요?

답 : 예.

문 : 세례는 받으셨지요?

답 : 예, 3년 전에 세례를 받았습니다.

문 : 대마교회에서 맡은 직분은 무엇입니까?

답 : 교회 찬양대와 남전도회 총무로 봉사하고 있습니다.

문 : 피고 가라소 씨와는 어떤 관계이십니까?

답 : 동은 달라도 동 경계인 도로의 맞은 편 집에 사는 이웃 청년으로 등산길에서 자주 만나고 서동고등학교 동문 후배입니다.

문 : 2004년 11월 6일 오후 2시경 서울 슈퍼 앞에서 원고 홍길동 씨와 피고 가라소 씨가 다투는 것을 보았습니까?

답 : 예.

문 : 어떻게 해서 그 곳에 오게 되었습니까?

답 : 주일 예배를 마친 후 찬양 연습을 하고 친구와 함께 친구 집에 가면서 그 광경을 보았습니다.

문 : 그 때 가라소 씨가 오른 주먹으로 홍길동 씨의 왼쪽 귀 부분을 구타한 일을 보았습니까?

답 : 때리는 것을 본 일은 없습니다.

문 : 증인은 원고와 피고가 다투는 것을 처음부터 끝까지 다 보았습니까?

답 : 처음에는 보지 못했고 어떤 여자 둘이서 말릴 때부터 보았습니다.

문 : 오늘 어떻게 해서 증인으로 오게 되었습니까?

답 : 가라소 군이 "오늘 교회 재판을 하는데 그 때 그 곳을 지나가면서 보았으니 사실대로 말을 좀 해 달라"고 해서 재판하는 것 구경도 좀 하려고 왔는데 현장에서 저를 증인으로 신청하고 또 증인으로 채용하고 묻기에 사실대로 대답한 것입니다.

문 : 증인으로서 할 말 있으면 하세요.

답 : 현명하신 재판장님께 선처를 바랄 뿐입니다.

2005년 6월 13일

증인 주니지(인)

29. 피고측 증인 2 신문 조서(고즈미) 〈별지 #17〉

문 : 증인은 독도교회 성도 맞지요?

답 : 예.

문 : 교회에서는 무슨 직분을 맡고 계십니까?

답 : 제직회 회계를 맡고 있습니다.

문 : 본 재판국에서 의뢰하여 제출한 가라소 집사의 헌금 내역을 증인
이 뽑아준 거 맞습니까? (별지#3 도표를 들고 보이면서)

답 : 예, 맞습니다.

문 : 가라소 씨는 6월에 십일조 3만원, 7월에 맥추 헌금 1만원, 11월에
추수 헌금 2만원, 그것이 6월에서 11월까지 드린 헌금 전부인데
다른 때도 그랬습니까?

답 : 아닙니다. 그 기간에는 그랬지만, 그 전에는 십일조, 감사 헌금,
절기 헌금을 모범적으로 잘 한다고 교인들에게 칭찬을 받은 사람
입니다.

문 : 그런데 왜 6월에서 11월까지는 헌금 실적이 저조한지 혹 아는 바
가 있으면 말씀하세요.

답 : 확실한 것은 모르겠지만 우리 교회는 여유가 좀 있고 자기가 아는
농촌 교회 교역자가 어렵다는 말을 듣고 그 목사님 생활비로 보
낸다는 말이 있는데 잘은 모르겠습니다.

문 : 그래도 된다고 생각하십니까?

답 : 그것은 잘 모르겠습니다.

문 : 헌금은 자기가 출석하는 교회에 해야 되는 것을 모르십니까?

답 : 그런 말은 들었습니다.

문 : 오늘 어떻게 해서 증인으로 오게 되었습니까?

답 : 가라소 군이 저에게 부탁이 있다고 하면서 "교회 재판하는 것 구경도 하고 혹 내가 헌금한 일을 물으면 잘 좀 대답해 달라"고 해서 와 봤더니 현장에서 저를 증인 신청을 하고 재판국에서 받아주셔서 갑자기 증인 선서도 하고 묻는 말에 사실대로 대답했습니다.

문 : 증인으로서 할 말 있으면 하세요.

답 : 예수님도 일흔 번씩 일곱 번이라도 용서하라고 했는데 용서해 주시기 바랍니다.

2005년 6월 13일

증인 고즈미(인)

30. 원고의 피고측 증인 신문 조서(고즈미)　　〈별지 #18〉

문 : 증인은 근래에 피고 가라소 씨와 거의 저녁 식사를 같이 했지요?

답 : 그것은 왜 묻습니까?

문 : 그 때마다 식사비는 가라소 씨가 지불했지요?

답 : 그렇습니다. 왜요?(큰 소리로)

(국장이 "조용히 하세요!"라고 충고함)

문 : 증인은 교회 회계이시고 본인도 부회계로서 교인들 헌금하는 것을 같이 잘 알고 있는데 피고 가라소 씨를 무슨 이유로 특별히 두둔합니까?

답 : 두둔한 게 아니고 한 교회 교인으로 재판을 하는 것이 민망할 뿐입니다.

문 : 언제인지는 모르지만 본인과 함께 회계 장부를 정리하면서 "십일조를 농촌 교회 목사님에게 자기 마음대로 하면 안 되는데"라는 말을 한 적이 있지요?

답 : 예.

문 : 증인은 지난해 11월에 "요즈음 가라소 집사가 갑자기 감사 헌금도 안 하고 절기 헌금도 흉내만 낸다"는 말을 저에게 했지요?

답 : 예.

2005년 6월 13일

원고 홍길동(인)

증인 고즈미(인)

31. 원고 신문 조서 <별지 #19>

문 : 원고는 피고 가라대 장로와 가라소 집사와 함께 독도교회를 섬기는 홍길동 집사님이시지요?

답 : 예.

문 : 원고는 2004년 11월 6일 정기 제직회 시에 가라대 장로가 발언할 때에 언쟁한 일이 있습니까?

답 : 없습니다.

문 : 당일 제직회를 마치고 귀가할 때에 동행했던 자는 누구였습니까?

답 : 혼자서 갔습니다.

문 : 그러면 증인들이 원고가 피고에게 구타당할 때 말렸다고 했는데 어떻게 된 겁니까?

답 : 증인들은 저와 약 100m 정도 뒤에 오다가 제가 구타당하는 것을 보고 뛰어와서 말렸습니다.

문 : 가라소 집사가 주먹으로 귀 부분을 때렸다고 했는데 가라소 집사의 답변은 밀치는 몸싸움을 하다가 원고가 넘어져서 다쳤다고 하니 어떻게 된 겁니까?

답 : 거짓말입니다.

문 : 당시 가라소 집사가 원고를 주먹으로 때렸던 상황을 말씀하세요.

답 : 갑자기 옆 골목에서 걸어 나오면서 "너 이 새끼, 사장이면 다냐? 왜 우리 형님이 발언할 때마다 시비냐?"하면서 두 손으로 멱살을 잡아 흔들다가 순간적으로 손을 놓더니 오른 주먹으로 저의 왼편

을 때렸습니다.

문 : 원고는 "가라대 장로가 말리는 척 하면서 구두 발로 다리를 찼다"
고 했는데 확실한 겁니까?

답 : 무릎 부분을 구두 발로 차였는데 가라대 장로인지 가라소 집사 구
두 발인지는 잘 모르겠습니다.

문 : 원고는 피고들이 십일조와 절기 헌금을 하지 않는 일에 무슨 일로
관심을 가졌습니까?

답 : 저는 제직회 부회계로서 장부 정리를 하다 보니 늘 하던 분이 갑
자기 안 했기 때문에 기억이 남습니다.

문 : 원고는 피고 가라소 집사가 6월에도 십일조를 3만원 했고 7월에
맥추 헌금 1만원을 했고 9월에 추수 헌금 2만원을 했는데 왜 십
일조와 절기 헌금을 드리지 않았다고 했나요?

답 : 피고가 다른 때는 십일조를 15만원씩 했는데 6월에 3만원 하고
그 후 11월까지는 한 푼도 안 했기 때문입니다.

문 : 원고는 고삼생 군이 2004년 12월 26일에 버스 안에서 가라대 장
로와 가라소 집사를 만났다고 했는데 그 말은 어떻게 전해 들었
습니까?

답 : 저는 고등부 3학년 반 교사인데 1월 2일 주일 공과 공부 시간에
고삼생 군이 "장로님 집사님이 주일에 예배드리지 않고 낚시 다
녀도 됩니까?"라고 질문을 하기에 공과 공부를 마친 뒤에 따로
불러 물어 본 결과 자세히 말해주어서 알게 되었습니다.

문 : 국원 중에 원고에게 신문하실 분 말씀하세요.

답 : 없습니다.

문 : 원고로서 더 할 말이 있으시면 말씀하세요.

답 : 없습니다.

이상의 공술은 원고가 대한예수교장로회 독도노회 재판국에서 진술한 바 틀림없기에 이에 서명 날인합니다.

2005년 6 월 13일

원고 홍길동(인)

32. 피고 1 신문 조서(가라대) 〈별지 #20〉

문 : 피고는 원고 홍길동 집사와 함께 독도교회를 섬기는 가라대 장로
　　님 맞지요?

답 : 예.

문 : 같이 제소된 가라소 집사는 친동생이지요?

답 : 예.

문 : 장로님은 교육 공무원이시지요?

답 : 예.

문 : 장로님은 2004년 6월부터 11월까지 교회에 십일조 헌금을 하지

않았다는데 사실입니까?

답 : 하지 않는 것이 아니고 무기명으로 했습니다.

문 : 2004년 5월까지는 매월 20만원씩 기명으로 했는데 무슨 이유로
    6월부터는 무기명으로 했나요?

답 : 이름을 써서 하니까 자랑하는 것 같아서 무기명으로 했습니다.

문 : 무기명으로 했으면 매월 얼마씩 했나요?

답 : 매월 10만원씩 했습니다.

문 : 6월 이전은 20만원을 했는데 6월부터는 무기명으로 하면서 왜
    절반밖에 안했나요?

답 : 농촌 교회에 도와주어야 할 곳이 있어서 나누어서 드렸습니다.

문 : 농촌 교회에는 어떤 명목으로 했나요?

답 : 목사님 생활비 보조로 했습니다.

문 : 십일조를 장로님 마음대로 떼어서 마음대로 보조금으로 보내도
    된다고 생각합니까?

답 : 그것은 잘 모르겠습니다.

문 : 지난해 12월 19일과 26일 주일 예배에 참석하지 아니했는데 사
    실입니까?

답 : 예.

문 : 피고는 26일 주일 오후 6시 20분경에 시내 버스 안에서 같은 교
    회 학생인 고삼생 군을 만난 적이 있지요?

답 : 예

문 : 교회에 의무금을 고의로 드리지 아니하거나 주일을 지키지 아니하

면 교회의 직을 면한다는 헌법적 규칙의 내용을 알고 계시지요?

답 : 잘 모르겠습니다.

문 : 12월 26일에는 예배회에 참석치 아니하고 바다 낚시를 다녀왔다
는데 사실입니까?

답 : 예, 심신이 피곤해서 다녀왔습니다.

문 : 국원 중에 신문하실 분 말씀하세요.

답 : 없습니다.

문 : 피고로서 더 할 말이 있으면 말씀하세요.

답 : 없습니다.

　이상의 공술은 피고 가라대 장로가 대한예수교장로회 독도노회 재
판국에서 진술한 바 틀림없기에 이에 서명 날인합니다.

2005년 6월 13일

피고 가라대(인)

33. 피고 2 신문 조서(가라소)　　　　　　　　〈별지 #21〉

문 : 피고는 가라대 장로의 동생으로서 원고 홍길동 집사와 함께 독도
교회를 섬기는 가라소 집사님 맞지요?

답 : 예.

문 : 집사님은 교육 공무원으로 재직 중이지요?

답 : 예.

문 : 미안합니다만 매월 급료는 얼마씩을 받으십니까? 대답을 하지 않으셔도 관계없습니다.

답 : 150만원 정도 받습니다.

문 : 십일조는 어떻게 드려야 한다고 생각하십니까?

답 : 예, 십분의 일을 드려야 하는 줄 알고 있습니다.

문 : 그런데 2004년 6월에는 십일조 3만원을 했지요?

답 : 오래 되어서 잘 모르겠습니다.

문 : 그리고 독도교회 당회장이 보내온 피고의 헌금 현황을 보니 7월부터 11월까지는 십일조를 전혀 하지 아니했던데 무슨 이유라도 있습니까?

답 : 형님과 함께 농촌 교회 교역자 생활비로 보냈습니다.

문 : 어느 교회로 보냈습니까?

답 : 그것은 말할 수 없습니다.

문 : 하나님의 교회에 의무적으로 드려야 할 십일조를 자기 마음대로 농촌 교회 교역자 생활비 조로 보내는 것은 잘못이라는 것은 알고 있지요?

답 : 어쨌든 하나님께 드리면 되는 거 아닙니까?

문 : 지난 12월 19일과 26일 주일에는 교회 예배회에 참석치 아니했지요?

답 : 19일에는 형님이 아파서 병문안했고 26일에는 형님이 마음이 답

답하여 바다에 갔다 오겠다고 하시기에 모시고 갔다 왔습니다.

문 : 피고는 12월 26일 오후 6시 20분경에 버스 안에서 고삼생군을 만난 적이 있지요?

답 : 예.

문 : 그 때 고삼생군이 "장로님 집사님, 어디에 다녀오십니까?"라고 물었을 때 가 장로님이 뭐라고 대답했지요?

답 : 바다낚시 갔다 온다고 했습니다.

문 : 헌법적 규칙 제2조 3항에는 "교인은 교회의 경비와 사업비에 대하여 성심 협조하며 자선과 전도 사업과 모든 선한 일에 노력과 금전을 아끼지 않아야 한다" 했는데 헌금에 그렇게 무성의한 일에 대하여 어떻게 생각하십니까?

답 : 옛날에는 저도 많이 했습니다.

문 : 한 곳만 더 읽어 드립니다. 헌법적 규칙 제2조 5항에 "교회의 직원으로 성일을 범하거나 미신 행위나 음주 흡연 구타하는 등의 행동이나 고의로 교회의 의무금을 드리지 않는 자는 직임을 면함이 당연하고 교인으로 의무를 이행하지 않는 자로 간주한다"고 했는데 이 규정을 어떻게 생각하십니까?

답 : 맘대로 하세요. 나는 이 재판 인정할 수도 없고 판결하는 것도 나하고는 상관이 없습니다.

문 : 원고의 주장은 피고가 원고 홍길동 집사의 왼쪽 귀 부분을 오른 주먹으로 때렸다고 하는데 사실인가요?

답 : 내가 때리는 거 봤습니까? 그렇게 말하게!

문 : 여기 죄증 설명서의 유첨물로 독도병원장의 4주 진단서와 6주의
　　진료 확인서가 있는데요.

답 : 그것은 자기가 넘어져서 다친 겁니다.

문 : 그 때 어떻게 넘어졌습니까?

답 : 그건 홍 집사에게 물어보세요.

문 : 국원 중에 신문하실 분 말씀하세요.

답 : 없습니다.

문 : 피고로서 더 할 말이 있으면 말씀하세요.

답 : 맘대로 하세요.

　이상의 공술은 피고 가라소 집사가 대한예수교장로회 독도노회 재
판국에서 진술한 바 틀림없기에 이에 서명 날인합니다.

2005년 6월 13일

피고 가라소(인)

34. 판결문　　　　　　　　　　　　　　　　　　〈별지 #22〉

원고 : 홍길동(만 55세)

　　　소속 치리회 : 대한예수교장로회 독도교회

　　　성직 및 신급 : 집사

주소 : 부산시 동구 서동 55번지

피고 : 가라대(만 44세)
  소속 치리회 : 대한예수교장로회 독도교회
  성직 및 신급 : 장로
  주소 : 부산시 동구 서동 44번지

피고 : 가라소(만 33세)
  소속 치리회 : 대한예수교장로회 독도교회
  성직 및 신급 : 서리 집사
  주소 : 부산시 동구 서동 33번지

주 문

피고 A 가라대 씨를 장로직 "면직"에 처한다.
피고 B 가라소 씨를 "수찬 정지"에 처한다.

이 유

1. 피고 A는 2004년 6월 이전에는 십일조 헌금과 절기 헌금을 성실히
   이행했으나 6월부터 11월까지 한 푼도 하지 아니한 것은 고의적으
   로 의무금을 드리지 않은 것이 인정되고, 2004년 12월 19일과 26

일 주일에 시무 장로로서 주일 예배에 참예치 않은 것과 특히 26일 주일에는 새벽부터 저녁까지 바다낚시를 한 것은 교회 직원으로서 성일을 범한 것이 인정된다.

2. 피고 B는 2004년 11월 6일 오후 2시경 독도교회 후문 서쪽 300m 지점에 있는 서울 슈퍼 앞에서 원고 홍길동 씨를 구타한 것이 인정되고, 2004년 6월 이전에는 십일조 헌금과 절기 헌금을 성실하게 드려 왔으나 6월부터 11월까지 거의 드리지 않는 것은 고의로 의무금을 드리지 않는 것이 인정되고, 2004년 12월 19일 주일과 26일 주일에 주일 예배에 참석하지 아니함과 특히 26일에는 새벽부터 저녁까지 바다낚시를 한 것은 성일을 범한 것이 인정된다.

3. 피고 B는 2005년 6월 13일 재판국의 신문 과정에서 재판국을 불신하고 재판 결과를 불복하겠다며 행패를 부리는 것은 주 예수 그리스도의 이름과 권위를 훼손한 것이 인정된다.

4. 적용 법조문 : 권징 조례 제1장 제3조, 제6장 제41조, 제7장 제48조, 정치 제13장 제3조, 헌법적 규칙 제2조 5항에 의거

　본 재판국은 주 예수 그리스도의 이름과 그 직권으로 주문과 같이 판결한다.

2005년 6월 13일

대한예수교장로회 독도교회 재판회(관인)

회장 목사 김독도(인)

서기 장로 가라중(인)

회원 장로 가라대(인)

회원 장로 가대중(인)

35. 판결문 송달

대한예수교장로회 독도교회

문서 번호 : 재판 05-2

수 신 : 수신처 참조

발 신 : 독도교회 재판회

제 목 : 재판 결과 통보의 건

    은혜 중 평강하심을 기원합니다.

    독도교회 재판회(2005년 6월 13일)는 원고 홍길동 씨가 피고 가라
대 씨와 가라소 씨에 대하여 소송한 재판 건의 판결문을 유첨과 같이
송달 통보합니다.

유첨 : 판결문 1부   끝.

2005년 6월 15일

대한예수교장로회 독도교회 재판회(관인)

회장 목사 김독도(인)

서기 장로 가라중(인)

수신처 : 원고 홍길동, 피고 가라대, 피고 가라소

판결문 (유첨)

원고 : 홍길동(만 55세)

    소속 치리회 : 대한예수교장로회 독도교회

    성직 및 신급 : 집사

    주소 : 부산시 동구 서동 55번지

피고 : 가라대(만 44세)

    소속 치리회 : 대한예수교장로회 독도교회

    성직 및 신급 : 장로

    주소 : 부산시 동구 서동 44번지

피고 : 가라소(만 33세)

    소속 치리회 : 대한예수교장로회 독도교회

    성직 및 신급 : 서리 집사

    주소 : 부산시 동구 서동 33번지

주 문

피고 A 가라대 씨를 장로직 "면직"에 처한다.

피고 B 가라소 씨를 "수찬 정지"에 처한다.

이 유

1. 피고 A는 2004년 6월 이전에는 십일조 헌금과 절기 헌금을 성실히 이행했으나 6월부터 11월까지 한 푼도 하지 아니한 것은 고의적으로 의무금을 드리지 않은 것이 인정되고, 2004년 12월 19일과 26일 주일에 시무 장로로서 주일 예배에 참예치 않은 것과 특히 26일 주일에는 새벽부터 저녁까지 바다낚시를 한 것은 교회 직원으로서 성일을 범한 것이 인정된다.

2. 피고 B는 2004년 11월 6일 오후 2시경 독도교회 후문 서쪽 300m 지점에 있는 서울 슈퍼 앞에서 원고 홍길동 씨를 구타한 것이 인정되고, 2004년 6월 이전에는 십일조 헌금과 절기 헌금을 성실하게 드려 왔으나 6월부터 11월까지 거의 드리지 않는 것은 고의로 의

무금을 드리지 않는 것이 인정되고, 2004년 12월 19일 주일과 26일 주일에 주일 예배에 참석하지 아니함과 특히 26일에는 새벽부터 저녁까지 바다낚시를 한 것은 성일을 범한 것이 인정된다.

3. 피고 B는 2005년 6월 13일 재판국의 신문 과정에서 재판국을 불신하고 재판 결과를 불복하겠다며 행패를 부리는 것은 주 예수 그리스도의 이름과 권위를 훼손한 것이 인정된다.

4. 적용 법조문 : 권징 조례 제1장 제3조, 제6장 제41조, 제7장 제48조, 정치 제13장 제3조, 헌법적 규칙 제2조 5항에 의거

본 재판국은 주 예수 그리스도의 이름과 그 직권으로 주문과 같이 판결한다.

2005년 6월 13일

대한예수교장로회 독도교회 재판회(관인)
회장 목사 김독도(인)
서기 장로 가라중(인)
회원 장로 가라대(인)
회원 장로 가대중(인)

제2절 독도교회 재판회 회의록

당회 재판회 회의록은 별도로 작성하여 당회 회의록 부록으로 보존하고 당회 회의록과 함께 노회의 검사를 받아야 한다.

1. 독도교회 제1차 재판회 회의록

2005년 5월 5일(목) 오전 8시에 부산시 동구 서동 5번지 당회실에서 재판회원 4인 전원이 출석하여 재판회장 김독도 목사의 사회로 회원 김대길 장로로 기도케 한 후 개회하다.

(출석 회원 목사 : 김독도, 장로 : 가라중, 김대길, 김중길)

〈결의 사항〉

1. 아래와 같이 재판회를 조직하다.

　　회장 : 김독도 목사, 서기 : 가라중 장로

　　회원 : 김대길 장로, 김중길 장로

2. 피고 가라대 씨와 가라소 씨에게 고소장과 죄증 설명서를 송달하고 서류를 받은 날로부터 10일 내로 각각 답변서를 제출토록 하기로 하다.

3. 회장과 서기에게 위임하여 주님의 교훈하신바 마 18장 15~17절 말

씀대로 쌍방이 화해토록 하기로 하다.

4. 고소장을 사본하여 회원들에게 배부하기로 하다.

5. 재판회원 전원이 본 재판 건에 관한 모든 일에 비밀을 유지하기로 하다.

6. 서기가 회의록을 낭독하니 채택하고 김중길 장로로 기도케 한 후 폐회하니 동일 오전 9시 25분이더라.

2005년 5월 5일

대한예수교장로회 독도교회 재판회

회장 목사 김독도(인)

서기 장로 가라중(인)

※ 당회가 고소장을 접수하여 재판을 할 때에는 행정 당회를 재판회로 변경하여 재판 절차에 따라 재판한다.

2. 독도교회 제2차 재판회 회의록

2005년 5월 20일(금) 오전 7시에 부산시 동구 서동 5번지 당회실에서 회장 김독도 목사의 사회로 찬송가 337장을 일동이 제창하고 회원 김대길 장로로 기도케 한 후 회장이 성경 딤후 2장 4~6절을 봉독하고 "법대로 경기하는 자"라는 제목으로 강론하고 회장이 기도하다.

서기가 회원을 호명하니 회원 4명 전원이 출석하여 국장이 개회를 선언하다.

(출석 회원 목사 : 김독도, 장로 : 가라중, 김대길, 김중길)

〈결의 사항〉

1. 회장과 서기에게 위임한 화해의 건은 절차대로 시행하였으나 화해에 실패하였다는 회장의 구두 보고를 받다.

2. 서기가 접수한 피고의 답변서 별지 #3과 별지 #4를 사본하여 회원들에게 배부 하기로 하다.

3. 재판 일정은 회장과 서기에게 위임하기로 하다.

4. 재판 진행 중 신문은 회장에게 기록은 회원 김중길 장로에게 맡기기로 하다.

5. 원고가 제출한 증인은 그대로 채용하기로 하다.

6. 원고의 증인 고삼생 군은 대입 준비를 하는 학생이므로 서기가 방문하여 진술서를 받아 대체하기로 하다.

7. 피고가 별지 #7와 같이 제출한 소환 연기 신청은 법에 없는 것이므로 효력이 없는 서류이지만 피고의 오해를 피하기 위하여 안내서를 보내기로 하다.

8. 원고가 제출한 피고 가라대 씨와 가라소 씨의 십일조 헌금과 절기 헌금 불이행에 대한 확인을 위하여 본 교회 재정부장에게 "서증 제출 의뢰서"를 발송하기로하다.

[서증 자료 내역 : 2004년 6월 1일부터 11월 30일까지의 가라대 씨와
가라소 씨의 십일조와 절기 헌금 및 무명씨 십일조
현황
제출 기간 : 2005년 5월 30일까지
제출처 : 독도노회 재판회(부산시 동구 서동 5번지)]

9. 서기가 회의록을 낭독하니 채택하고 회장이 국원 김대길 장로로 기
도케 한 후 폐회하니 동일 오전 8시 30분이더라.

2005년 5월 20일

대한예수교장로회 독도교회 재판회
회장 목사 김독도(인)
서기 장로 가라중(인)

3. 독도교회 제3차 재판회 회의록

서기가 원고와 피고 및 증인의 참석 여부를 확인하고 방청인은 방
청석으로 구분하여 착석토록 안내하다.

2005년 6월 2일(월) 오전 7시에 부산시 동구 서동 5번지 당회실에
서 회장 김독도 목사의 사회로 찬송가 217장을 일동이 제창하고 회장

이 갈 1장 10절을 봉독한 후 "하나님을 두려워하자"라는 제목으로 강론하고 기도하다.

서기가 회원을 호명하니 회원 4명 전원이 출석하여 회장이 개정됨을 선언하다.

(출석 회원 목사 : 김독도, 장로 : 가라중, 김대길, 김중길)

〈결의 사항〉

1. 서기가 접수한 별지 #5의 본 교회의 재정부장이 제출한 피고들의 헌금 내역과 별지 #6의 고삼생 군이 제출한 진술서를 즉석에서 회원들에게 배부하다.

2. 개정 선언(회장)

"지금은 본 교회의 원고 홍길동 씨가 피고 가라대 씨와 가라소 씨를 고소한 재판 사건을 심리하기 위한 재판회가 개정된 것을 선언합니다."

3. 이유 공포(회장)

"우리가 지금부터 홍길동 집사가 소송한 재판 건을 심리하게 되었은즉 마땅히 이 일이 심히 신중함을 생각하고 주 예수 그리스도 앞에서 엄숙하게 시무할 것입니다."

4. 고소장 및 죄증 설명서 낭독(서기)

서기가 고소장을 낭독하려 할 때 제출한 피고의 재판 연기 신청서(별지 #8)는 서식은 미비하나 이유가 있다고 인정되므로 2005년 6월 13일(월) 오전 7시에 교회 당회실에서 속회하기로 하고 금일자로 속회 통지서를 발송하기로 하다.

5. 서기가 회의록을 낭독하니 채택한 후 회장이 기도하고 정회하니 동
   일 오전 7일 55분이더라.

2005년 6월 2일

대한예수교장로회 독도교회 재판회
회장 목사 김독도(인)
서기 장로 가라중(인)

4. 독도교회 제3차 재판회 회의록(속회록)

2005년 6월 13일(월) 오전 7시에 부산시 동구 서동 5번지 교회 당
회실에서 회장 김독도 목사가 기도한 후 서기가 회원을 호명하니 회원
4명 전원이 출석하여 회장이 속회됨을 선언하다.
(출석 회원 목사 : 김독도, 장로 : 가라중, 김대길, 김중길)

〈결의 사항〉
1. 서기가 고소장 및 죄증 설명서를 낭독하다.
2. 회장이 원고에게 "송사가 허망하여 원고의 경솔한 심사가 발현되
   면 형제를 훼방한 죄로 처단할 것입니다"라고 경계하니 원고가

"예"라고 대답하다.

3. 회장이 피고들에게 "방금 낭독한 송사 사실에 대하여 어떻게 생각합니까?"라고 경계하니 "나는 죄가 없습니다"라고 각각 대답하다.

4. 피고가 신청한 피고측 증인 서상희 씨와 서정희 씨에 대한 증인 신청의 건(별지 #9)은, 서상희 씨는 권징 제56조와 제68조에 규정한 바 교인이 아니므로 증인이 될 수 없으며 서정희 씨는 본 교단이 이단으로 규정한 이교도로 증인이 될 수 없으므로 기각하다.

5. 피고가 원고측의 증인 증인자 씨에 대한 증인 이의 신청의 건(별지 #10)은 권징 제57조에 해당되지 아니하므로 기각하다.

6. 피고 가라소 씨가 신청한(별지 #11) 주니지 씨와 고즈미 씨의 새 증인은 그대로 채용하기로 가결하다.

7. 증인 선서

서기가 재판회원, 증인, 원고, 피고, 방청인들을 자리에서 일어서게 하고 원고측 증인 증인자 씨와 인순종 씨와 피고측 증인 주니지 씨와 고즈미 씨에게 회장이 선창하고 증인들이 복창하여 별지 #12와 같이 선서하다.

8. 회장이 별지 #13과 같이 원고측 증인을 신문하다.

9. 원고가 별지 #14와 같이 원고측 증인을 신문하다.

10. 피고가 별지 #15와 같이 원고측 증인을 신문하다.

11. 회장이 별지 #16과 같이 피고측 증인 주니지 씨를 신문하다.

12. 회장이 별지 #17과 같이 피고측 증인 고즈미 씨를 신문하다.

13. 원고가 별지 #18과 같이 피고측 증인 고즈미 씨를 신문하다.

14. 회장이 별지 #19와 같이 원고를 신문하다.

15. 회장이 별지 #20과 같이 피고 가라대 씨를 신문하다.

16. 회장이 별지 #21과 같이 피고 가라소 씨를 신문하다.

17. 합의

회장이 원고, 피고, 증인, 방청인을 퇴장케 하고 죄증 설명서 각 항에 대하여 토의 없이 투표하니 피고 가라대 씨에 대하여는 1항 1:3으로 무죄, 2항 3:1로 유죄, 3항 2:2로 무죄로 2개항이 무죄이고 1개항이 유죄이므로 결과는 "유죄"로 결정되고 가라소 씨에 대하여는 1항 4:0으로 유죄, 2항 3:1로 유죄, 3항 3:1로 유죄로서 전항이 유죄이므로 결과는 "유죄"로 결정되다.

시벌의 칭호(벌의 이름)를 정함에는 토의 후, 피고 가라대 씨에 대하여 투표하니 정직 1표, 면직 2표, 기권 1표로서, "면직"에 처하기로 가결되고 피고 가라소 씨에 대하여 투표하니 수찬 정지 2표, 기권 1표, 정직 1표로서 "수찬 정지"에 처하기로 가결하다.

18. 판결문 작성은 회장과 서기에게 위임하되 피고 가라소 씨가 재판 현장에서 재판국을 불신하고 재판에 불복하겠다는 태도를 명시하기로 하다.

19. 판결문 작성을 위하여 오전 9시까지 정회하기로 하고 회장이 가라중 장로로 기도케 하고 정회하니 동일 오전 8시 20분이더라.

20. 동일 오전 9시 동 장소에서 회장이 회원 김대길 장로로 기도케 한 후 서기가 회원을 호명하니 전원 출석하여 회장이 속회를 선언하다.

21. 서기가 별지 #22과 같이 회장과 서기가 작성한 판결문을 낭독하니 채택하기로 가결하다.

22. 판결문을 신문에 광고하지 않기로 가결하다.

23. 공포하는 일은 회장에게 위임하여 집행하기로 가결하다.

24. 공포

    서기가 원고와 피고에게 판결문을 송달하는 것으로 대행하기로 가결하다.

25. 서기가 회의록을 낭독하니 채택하고 회장이 김대길 장로로 기도케 한 후 폐정을 선언하니 동일 오전 9시 30분이더라.

2005년 6월 13일

대한예수교장로회 독도교회 재판회

회장 목사 김독도(인)

서기 장로 가라중(인)

제3장 당회의 위탁 판결 청원과 노회의 처결

　당회가 접수한 고소장에 대하여 당회가 판결하기 어려운 사건은 당회의 결의로 상회에 위탁 판결을 청구한다. 그러나 장로 1인이 있을 경우 장로가 피소되거나 장로가 다수인 당회에서 전체 장로 또는 일부 장로가 피소되어 당회의 성수가 되지 않을 경우와 당회원의 다수가 위탁 판결 청원을 거부할 때는 당회장의 의지에 따라 당회장이 노회에 위탁 판결을 청구한다. 위탁 판결은 본회보다 한층 높은 회에 청구하는 것으로 첫째, 상회의 지도만을 구하기도 하며 둘째, 직접 상회의 심사와 판결을 구하기도 하는데 지도만 구하는 경우는 그 결정을 임시 정지하고 지도를 구하고 심사와 판결을 구하는 것이면 그 사건 전부를 상회에 위임한다(권징 제78조, 제79조, 제80조).

제1절 당회 재판회

1. 고소장 표지

고 소 장

원고 홍길동

피고 가라대

피고 가라소

독 도 교 회

2. 고소장

원고 : 홍길동(만 55세)

    소속 치리회 : 대한예수교장로회 독도교회

    성직 및 신급 : 집사

    주소 : 부산시 동구 서동 55번지

피고 : 가라대(만 44세)

    소속 치리회 : 대한예수교장로회 독도교회

    성직 및신급 : 장로

    주소 : 부산시 동구 서동 44번지

피고 : 가라소(만 33세)

    소속 치리회 : 대한예수교장로회 독도교회

    성직 및 신급 : 서리 집사

    주소 : 부산시 동구 서동 33번지

죄 상

1. 피고 가라대 장로와 가라소 집사는 형제간으로 제직회를 하면서 본
   인과 가라대 장로간에 의견 대립이 있었던 것에 앙심을 품고 본인
   이 귀가하는 길목에 기다리고 있다가 본인이 가까이 갔을 때 갑자

기 달려들어 구타하며 폭언을 하였습니다(헌규 제2조 5항).

2. 피고들은 6개월 동안 고의적으로 교회에 의무금(십일조 헌금)을 드리지 아니하였습니다(헌규 제2조 5항).

3. 피고들은 연속적으로 2주 동안 주일을 범하였습니다(헌규 제2조 5항).

위와 같은 죄상이 확실하기에 별지 죄증 설명서와 진술서를 첨부하여 이에 고소합니다.

2005년 3월 1일

원고 홍길동(인)

대한예수교장로회 독도교회 당회장 귀하

※ 고소장에는 죄를 범했다는 죄상을 밝히 기록한다.

피고는 권징 제23조 1항(3)에 의거 "고소장이나 죄증 설명서가 양식에 위반되거나 헌법 적용이 부적당한 줄로 인정될 때"는 그 재판회에 소원을 제출할 수 있다.

3. 죄증 설명서(권징 제16조, 제17조)

원고 : 홍길동(만 55세)

　　　소속 치리회 : 대한예수교장로회 독도교회

　　　성직 및 신급 : 집사

　　　주소 : 부산시 동구 서동 55번지

피고 : 가라대(만 44세)

　　　소속 치리회 : 대한예수교장로회 독도교회

　　　성직 및 신급 : 장로

　　　주소 : 부산시 동구 서동 44번지

피고 : 가라소(만 33세)

　　　소속 치리회 : 대한예수교장로회 독도교회

　　　성직 및 신급 : 서리 집사

　　　주소 : 부산시 동구 서동 33번지

1. 2004년 11월 6일 오후 2시경 주일 예배 후 제직회를 마치고 귀가하
　 는 길에 본 교회 후문 서쪽 약 300m 지점 서울 슈퍼 앞 삼거리에
　 도착하자 피고들이 갑자기 골목에서 뛰어 나와 피고 가라대 장로
　 의 동생인 피고 가라소 집사가 본인에게 달려들면서 "너 이 새끼,
　 회사 사장이면 다냐? 왜 우리 형이 발언할 때마다 반대 발언을 하

며 시비하느냐?"고 하면서 오른편 주먹으로 본인의 왼편 귀 부분을 때려서 4주 이상의 이비인후과 치료를 받았으며 가라대 장로는 이를 말리는 척 하면서 구두 발로 본인의 왼편 다리의 무릎 부분을 찼는데 타박상에 피멍이 들어 물리 치료를 받았습니다. 본인이 구타를 당하고 있을 때 제직회를 마치고 귀가하다가 이를 목격하고 말렸던 증인자 집사와 인순종 집사가 그 광경을 보았습니다.

증인 : 증인자(만 60세)

　　소속 치리회 : 대한예수교장로회 독도교회

　　성직 및 신급 : 서리 집사

　　주소 : 부산시 동구 서동 60번지

증인 : 인순종(만65세)

　　소속 치리회 : 대한예수교장로회 독도교회

　　성직 및 신급 : 권사

　　주소 : 부산시 동구 서동 65번지

서증　(1) 진단서 1부(별지 #1)

　　　(2) 진료 확인서 1부(별지 #2)　　　　끝.

2. 피고 가라대 장로와 가라소 집사는 초등학교 교사로서 정기적으로 월급을 받으면서도 2004년 6월 1일부터 11월 30일까지 6개월 동

안 고의적으로 교회에 십일조 헌금과 절기 헌금을 드리지 아니했습니다. 그 증거로는 예배 시 헌금 광고에나 주보 광고에 무명씨도 없고 피고들의 이름도 없습니다.

3. 피고들은 2004년 12월 19일 주일과 26일 주일 예배에 불참하였는데 그 중에 26일 주일에는 본 교회 고등부 학생인 고삼생 군이 버스 안에서 피고인 가 장로와 가 집사를 만난 후 "장로님 집사님, 어디에 다녀오십니까?"라고 물으니 "오늘 새벽에 바다에 낚시를 갔다가 이제 온다"는 말을 했다고 합니다.

증인 : 고삼생(만 19세)

　　　소속 치리회 : 대한예수교장로회 독도교회

　　　성직 및 신급 : 세례

　　　주소 : 부산시 동구 서동 19번지

위와 같이 죄증이 확실하기에 이에 설명합니다.

2005년 3월 1일

원고 홍길동(인)

대한예수교장로회 독도교회 당회장 귀하

진단서   〈별지 #1〉

성 명 : 홍길동

주 소 : 부산시 동구 서동 55번지

병 명 : 고막 파열, 무릎 타박상

진료 기간 : 4주

위와 같이 진단함.

2004년 11월 7일

독도병원장(인)

진료 확인서   〈별지 #2〉

성 명 : 홍길동

주 소 : 부산시 동구 서동 55번지

병 명 : 좌측 고막 파열 및 좌측 무릎 타박상

진료 기간 : 2004. 11. 7. ~ 2004. 12. 18.

위와 같이 진료하였음을 확인함.

2005년 2월 1일

독도병원장(인)

※ 죄증 설명서에는 범죄의 증거를 상세히 기록하는 것이니 범죄의 일시, 장소, 정형 등을 6하 원칙에 따라 설명하고 각 조마다 증인의 성명을 상세히 기록할 것이요 물증 및 서증도 제시한다(권징 제16조).

4. 진술서(권징 제9조, 제10조, 제18조)

본인은 금번 가라대 씨와 가라소 씨를 피고로 소송을 제기하기 전에 마태복음 18장 15절~17절에 말씀한 주님의 명령대로 아래와 같이 권면하였으나 듣지 아니하였기에 진술합니다.

〈제1차 단독 권면〉

  1) 가라대 씨의 권면

    일시 : 2004년 12월 28일 오전 8시

    장소 : 피고 가라대 씨 자택(부산시 동구 서동 44번지)

    내용 : "장로님, 가 집사님과 함께 저를 구타한 것은 장로님으로

        서 적절치 않은 일이지 않습니까? 회개하고 사과하시면

저도 고소하지는 않겠습니다"라고 했더니 장로님께서 "회개는 무슨 회개며 사과는 무슨 사과, 고소를 하든지 말든지 맘대로 해!"라고 했습니다.

2) 가라소 씨의 권면

일시 : 2004년 12월 28일 오후 10시

장소 : 피고 가라소 씨 자택(부산시 동구 서동 33번지)

내용 : "집사님, 가 장로님과 함께 저를 구타한 것은 집사님으로서 적절치 않은 일이지 않습니까? 회개하고 사과하시면 저도 고소하지는 않겠습니다"라고 했더니 집사님께서 "회개는 무슨 회개며 사과는 무슨 사과, 고소를 하든지 말든지 맘대로 하세요"라고 했습니다.

〈제2차 증참 권면〉

1) 가라대 씨의 권면

일시 : 2004년 12월 30일 오전 8시

장소 : 피고 가라대 씨 자택(부산시 동구 서동 44번지)

내용 : "장로님, 제가 며칠 전에도 와서 말씀드렸지만 저를 구타한 것은 장로님으로서 적절치 않은 일이지 않습니까? 회개하고 사과하시면 저도 고소하지는 않겠습니다. 저를 구타할 때에 여기 함께 오신 증인자 집사님과 인순자 권사님이 보면서 말리지 않았습니까?"라고 하면서 "집사님 권사

님, 맞지요?"라고 한바 "예"라고 증참까지 했는데도 장로님께서는 "고소를 하든지 말든지 맘대로 해!"라고 했습니다.

2) 가라소 씨의 권면

일시 : 2004년 12월 30일 오후 10시

장소 : 피고 가라소 씨 자택(부산시 동구 서동 33번지)

내용 : "집사님, 제가 며칠 전에도 와서 말씀드렸지만 저를 구타한 것은 집사님으로서 적절치 않은 일이지 않습니까? 회개하고 사과하시면 저도 고소하지는 않겠습니다. 저를 구타할 때에 여기 함께 오신 증인자 집사님과 인순자 권사님이 보면서 말리지 않았습니까?"라고 하면서 "집사님 권사님, 맞지요?"라고 한바 "예"라고 증참까지 했는데도 집사님께서는 "고소를 하든지 말든지 맘대로 하세요"라고 했습니다.

증참인 : 증인자(만 60세)

　　　　소속 치리회 : 대한예수교장로회 독도교회

　　　　성직 및 신급 : 서리 집사

　　　　주소 : 부산시 동구 서동 60번지

증참인 : 인순종(만 65세)

소속 치리회 : 대한예수교장로회 독도교회

성직 및 신급 : 권사

주소 : 주소 : 부산시 동구 서동 65번지

이상과 같이 진술합니다.

2005년 3월 1일

진술인 홍길동(인)

대한예수교장로회 독도교회 당회장 귀하

※ 고소인은 권징 제18조대로 반드시 진술서를 첨부해야 하고 고소인
이 진술서를 제출하지 아니했을 때에는 치리회가 서류의 보완을
지도해야 하고 진술서를 첨부했다고 할지라도 재판국은 권징 제9
조대로 반드시 원고와 피고가 화목하여 볼 동안 재판을 열지 말 것
이요 끝까지 화해를 거부할 때에 재판한다.

제2절 당회의 위탁 판결 청원

당회가 접수한 고소장에 대하여 당회가 판결하기 어려운 사건이나 당회원의 다수가 위탁 판결 청원을 거부할 때에는 당회장의 의지에 따라 그 직권으로 당회장이 노회에 위탁 판결을 청구한다.

1. 독도교회 당회록(제13회)

2005년 3월 13일 오후 8시 당회실에서 당회장 김독도 목사의 사회로 찬송가 260장을 일동이 제창하고 성경 계 2장 10절을 봉독한 후 "죽도록 충성합시다"라는 제목으로 강론하고 당회장이 기도하다.

서기가 회원을 호명하니 5명 중 4명이 출석하여 회장이 개회됨을 선언하다.

〈결의 사항〉

1. 홍길동 씨가 제출한 가라대 씨와 가라소 씨를 상대로 한 고소장을 접수하기로 하다.
2. 홍길동 씨가 제출한 고소의 건은 피고가 본 교회 당회원이며 당회 서기의 형이므로 판결하기에 어려움이 있어 노회에 위탁 판결(직접 심리 판결)을 청구하기로 하다.
3. 노회에 위탁 판결 청구서를 제출하기 전에 당회장과 서기가 쌍방에

화해를 시켜 본 후에 듣지 아니하면 노회에 위탁 판결 청구서를 접수하기로 하다.

4. 폐회하기로 가결하고 서기가 회의록을 낭독하니 채택한 후 당회장이 서기 가라중 장로로 기도케 하고 폐회하니 동일 오후 9시 15분이더라.

2005년 3월 13일

당회장 김독도 목사(인)

서 기 가라중 장로(인)

※ 당회가 재판을 할 경우에는 재판회로 변경하여 재판 절차대로 재판해야 하고 당회는 노회와 같이 재판국을 구성하는 것이 아니라 당회원 전원이 재판회원이 된다.

2. 위탁 판결 청원서(권징 제78조~제83조)

원고 : 홍길동(만 55세)

소속 치리회 : 대한예수교장로회 독도교회

성직 및 신급 : 집사

주소 : 부산시 동구 서동 55번지

피고 : 가라대(만 44세)

　　소속 치리회 : 대한예수교장로회 독도교회

　　성직 및 신급 : 장로

　　주소 : 부산시 동구 서동 44번지

피고 : 가라소(만 33세)

　　소속 치리회 : 대한예수교장로회 독도교회

　　성직 및 신급 : 서리 집사

　　주소 : 부산시 동구 서동 33번지

수소 재판회 : 대한예수교장로회 독도교회

사건 접수 연월일 : 2005년 3월 1일

위탁 종별 : 상회의 직접 심리 판결을 구함.

위탁 사유 : 당회원들의 의견이 일치하지 않아 당회가 판결하기 어려움.

유첨 　(1) 고소장 1부

　　　(2) 죄증 설명서 1부

　　　(3) 진술서 1부

　　　(4) 독도교회 당회록 사본 　　끝.

　위와 같이 권징 조례 제9장 제80조에 의거 위탁 판결을 청구하오니 허락해 주시기 바랍니다.

2005년 4월 8일

대한예수교장로회 독도교회

당회장 김독도(인)

대한예수교장로회 독도노회 노회장 귀하

고 소 장

원고 홍길동

피고 가라대

피고 가라소

독 도 교 회

> 원 본 대 조 필 | 대한예수교장로회 독도교회
>
> 당회장 김독도(인)

고소장 (유첨 1)

원고 : 홍길동(만 55세)

　　　소속 치리회 : 대한예수교장로회 독도교회

　　　성직 및 신급 : 집사

　　　주소 : 부산시 동구 서동 55번지

피고 : 가라대(만 44세)

　　　소속 치리회 : 대한예수교장로회 독도교회

　　　성직 및 신급 : 장로

　　　주소 : 부산시 동구 서동 44번지

피고 : 가라소(만 33세)

　　　소속 치리회 : 대한예수교장로회 독도교회

　　　성직 및 신급 : 서리 집사

　　　주소 : 부산시 동구 서동 33번지

죄 상

1. 피고 가라대 장로와 가라소 집사는 형제간으로 제직회를 하면서 본
   인과 가라대 장로간에 의견 대립이 있었던 것에 앙심을 품고 본인
   이 귀가하는 길목에 기다리고 있다가 본인이 가까이 갔을 때 갑자

기 달려들어 구타하며 폭언을 하였습니다(헌규 제2조 5항).

2. 피고들은 6개월 동안 고의적으로 교회에 의무금(십일조 헌금)을 드리지 아니하였습니다(헌규 제2조 5항).

3. 피고들은 연속적으로 2주 동안 주일을 범하였습니다(헌규 제2조 5항).

위와 같은 죄상이 확실하기에 별지 죄증 설명서와 진술서를 첨부하여 이에 고소합니다.

2005년 3월 1일

원고 홍길동(인)

대한예수교장로회 독도교회 당회장 귀하

죄증 설명서 (유첨 2)

원고 : 홍길동(만 55세)

　　소속 치리회 : 대한예수교장로회 독도교회

　　성직 및 신급 : 집사

　　주소 : 부산시 동구 서동 55번지

피고 : 가라대(만 44세)

　　소속 치리회 : 대한예수교장로회 독도교회

　　성직 및 신급 : 장로

　　주소 : 부산시 동구 서동 44번지

피고 : 가라소(만 33세)

　　소속 치리회 : 대한예수교장로회 독도교회

　　성직 및 신급 : 서리 집사

　　주소 : 부산시 동구 서동 33번지

1. 2004년 11월 6일 오후 2시경 주일 예배 후 제직회를 마치고 귀가하
　　는 길에 본 교회 후문 서쪽 약 300m 지점 서울 슈퍼 앞 삼거리에
　　도착하자 피고들이 갑자기 골목에서 뛰어 나와 피고 가라대 장로
　　의 동생인 피고 가라소 집사가 본인에게 달려들면서 "너 이 새끼,
　　회사 사장이면 다냐? 왜 우리 형이 발언할 때마다 반대 발언을 하
　　며 시비하느냐?"라고 하면서 오른편 주먹으로 본인의 왼편 귀 부
　　분을 때려서 4주 이상의 이비인후과 치료를 받았으며 가라대 장로
　　는 이를 말리는 척 하면서 구두 발로 본인의 왼편 다리의 무릎 부
　　분을 찼는데 타박상에 피멍이 들어 물리 치료를 받았습니다. 본인
　　이 구타를 당하고 있을 때 제직회를 마치고 귀가하다가 이를 목격
　　하고 말렸던 증인자 집사와 인순종 집사가 그 광경을 보았습니다.

증인 : 증인자(만 60세)

    소속 치리회 : 대한예수교장로회 독도교회

    성직 및 신급 : 서리 집사

    주소 : 부산시 동구 서동 60번지

증인 : 인순종(만 65세)

    소속 치리회 : 대한예수교장로회 독도교회

    성직 및 신급 : 권사

    주소 : 부산시 동구 서동 65번지

서증 1) 진단서 1부(별지 #1)

    2) 진료 확인서 1부(별지 #2)　　　끝.

2. 피고 가라대 장로와 가라소 집사는 초등학교 교사로서 정기적으로 월급을 받으면서도 2004년 6월 1일부터 11월 30일까지 6개월 동안 고의적으로 교회에 십일조 헌금과 절기 헌금을 드리지 아니했습니다. 그 증거로는 예배 시 헌금 광고나 주보 광고에 무명씨도 없고 피고들의 이름도 없습니다.

3. 피고들은 2004년 12월 19일 주일과 26일 주일 예배에 불참하였는데 그 중에 26일 주일에는 본 교회 고등부 학생인 고삼생 군이 버스 안에서 피고인 가 장로와 가 집사를 만난 후 "장로님 집사님, 어

디에 다녀오십니까?"라고 물으니 "오늘 새벽에 바다에 낚시를 갔다가 이제 온다"는 말을 했다고 합니다.

증인 : 고삼생(만 19세)
     소속 치리회 : 대한예수교장로회 독도교회
     성직 및 신급 : 세례
     주소 : 부산시 동구 서동 19번지

위와 같이 죄증이 확실하기에 이에 설명합니다.

2005년 3월 1일

원고 홍길동(인)

대한예수교장로회 독도교회 당회장 귀하

진단서   〈별지 #1〉

성 명 : 홍길동
주 소 : 부산시 동구 서동 55번지
병 명 : 고막 파열, 무릎 타박상

진료 기간 : 4주

　위와 같이 진단함.

2004년 11월 7일

독도병원장(인)

진료 확인서　　　　　　　〈별지 #2〉

성 명 : 홍길동
주 소 : 부산시 동구 서동 55번지
병 명 : 좌측 고막 파열 및 좌측 무릎 타박상
진료 기간 : 2004. 11. 7. ~ 2004. 12. 18.

　위와 같이 진료하였음을 확인함.

2005년 2월 1일

독도병원장(인)

진술서 (유첨 3)

　　본인은 금번 가라대 씨와 가라소 씨를 피고로 소송을 제기하기 전에 마 18장 15~17절에 말씀한 주님의 명령대로 아래와 같이 권면하였으나 듣지 아니하였기에 진술합니다.

〈제1차 단독 권면〉

1) 가라대 씨의 권면

　　일시 : 2004년 12월 28일 오전 8시

　　장소 : 피고 가라대 씨 자택(부산시 동구 서동 44번지)

　　내용 : "장로님, 가 집사님과 함께 저를 구타한 것은 장로님으로서 적절치 않은 일이지 않습니까? 회개하고 사과하시면 저도 고소하지는 않겠습니다"라고 했더니 장로님께서 "회개는 무슨 회개며 사과는 무슨 사과, 고소를 하든지 말든지 맘대로 해!"라고 했습니다.

2) 가라소 씨의 권면

　　일시 : 2004년 12월 28일 오후 10시

　　장소 : 피고 가라소 씨 자택(부산시 동구 서동 33번지)

　　내용 : "집사님, 가 장로님과 함께 저를 구타한 것은 집사님으로서 적절치 않은 일이지 않습니까? 회개하고 사과하시면 저도 고소하지는 않겠습니다"라고 했더니 집사님께서 "회개는

무슨 회개며 사과는 무슨 사과, 고소를 하든지 말든지 맘대
로 하세요"라고 했습니다.

〈제2차 증참 권면〉

1) 가라대 씨의 권면

　일시 : 2004년 12월 30일 오전 8시

　장소 : 피고 가라대 씨 자택(부산시 동구 서동 44번지)

　내용 : "장로님, 제가 며칠 전에도 와서 말씀드렸지만 저를 구타한
　　　　것은 장로님으로서 적절치 않은 일이지 않습니까? 회개하
　　　　고 사과하시면 저도 고소하지는 않겠습니다. 저를 구타할
　　　　때에 여기 함께 오신 증인자 집사님과 인순자 권사님이 보
　　　　면서 말리지 않았습니까?"라고 하면서 "집사님 권사님, 맞
　　　　지요?"라고 한바 "예"라고 증참까지 했는데도 장로님께서
　　　　는 "고소를 하든지 말든지 맘대로 해!"라고 했습니다.

2) 가라소 씨의 권면

　일시 : 2004년 12월 30일 오후 10시

　장소 : 피고 가라소 씨 자택(부산시 동구 서동 33번지)

　내용 : "집사님, 제가 며칠 전에도 와서 말씀드렸지만 저를 구타한
　　　　것은 집사님으로서 적절치 않은 일이지 않습니까? 회개하
　　　　고 사과하시면 저도 고소하지는 않겠습니다. 저를 구타할
　　　　때에 여기 함께 오신 증인자 집사님과 인순자 권사님이 보

면서 말리지 않았습니까?"라고 하면서 "집사님 권사님, 맞지요?"라고 한바 "예"라고 증참까지 했는데도 집사님께서는 "고소를 하든지 말든지 맘대로 하세요"라고 했습니다.

증참인 : 증인자(만 60세)

　　소속 치리회 : 대한예수교장로회 독도교회

　　성직 및 신급 : 서리 집사

　　주소 : 부산시 동구 서동 60번지

증참인 : 인순종(만 65세)

　　소속 치리회 : 대한예수교장로회 독도교회

　　성직 및 신급 : 권사

　　주소 : 부산시 동구 서동 65번지

이상과 같이 진술합니다.

2005년 3월 1일

진술인 홍길동(인)

대한예수교장로회 독도교회 당회장 귀하

독도교회 당회록(제13회) 사본 (유첨 4)

2005년 3월 13일 오후 8시 당회실에서 당회장 김독도 목사의 사회로 찬송가 260장을 일동이 제창하고 성경 계 2장 10절을 봉독한 후 "죽도록 충성합시다"라는 제목으로 강론하고 당회장이 기도하다.

서기가 회원을 호명하니 5명 중 4명이 출석하여 회장이 개회됨을 선언하다.

〈결의 사항〉

1. 홍길동 씨가 제출한 가라대 씨와 가라소 씨를 상대로 한 고소장을 접수하기로 하다.
2. 홍길동 씨가 제출한 고소의 건은 피고가 본 교회 당회원이며 당회 서기의 형이므로 판결하기에 어려움이 있어 노회에 위탁 판결(직접 심리 판결)을 청구하기로 하다.
3. 노회에 위탁 판결 청구서를 제출하기 전에 당회장과 서기가 쌍방에 화해를 시켜 본 후에 듣지 아니하면 노회에 위탁 판결 청구서를 접수하기로 하다.
4. 폐회하기로 가결하고 서기가 회의록을 낭독하니 채택한 후 당회장이 서기 가라중 장로로 기도케 하고 폐회하니 동일 오후 9시 15분이더라.

2005년 3월 13일

당회장 김독도 목사(인)

서 기 가라중 장로(인)

제3절 노회 재판국의 처결

※ 노회에 접수된 고소장은 헌의부 보고 시에 본회를 재판회로 변경하여 처리하든지 재판국을 설치하여 위탁 처리케 하든지 본회가 택일하게 된다.

재판국은 권징 조례 제117조~제121조의 규례대로 재판국을 조직하여 재판 절차에 따라 재판하되 재판 진행과 재판국 회의록에 어긋남이 없도록 기록해야 한다.

1. 재판국 개정 통지서

은혜 중 평강하심을 기원합니다.

표제의 건에 관하여 아래와 같이 본 재판국을 개정하오니 출석하여 주시기 바랍니다.

– 아래 –

1. 일시 : 2005년 6월 2일(월) 오전 7시
2. 장소 : 노회 회의실(부산시 동구 서동 5번지)
3. 유의 사항

① 출석하실 때에는 반드시 교회 헌법을 휴대하시기 바랍니다.

② 권징 조례 제4장 제29조의 규정대로 "재판할 때에 처음부터 나중까지 출석하여 전부를 듣지 아니한 회원은 원고 피고와 그 재판회원이 동의 승낙하지 아니하면 그 재판에 대하여 투표권이 없고"라고 하였은즉, 결석하는 일이 없도록 하시고, 특히 시간을 엄수하시기 바랍니다.

2005년 5월 21일

대한예수교장로회 독도노회 재판국(관인)

국장 목사 달하나(인)

서기 장로 별다섯(인)

재판국원 제위 귀하

※ 각자의 성명을 기록하지 않을 때는 '제위'를 넣어야 한다.

2. 원고 소환장

은혜 중 평강하심을 기원합니다.

귀하가 가라대 씨와 가라소 씨를 피고로 고소한 재판 사건을 심리코자 아래와 같이 소환합니다.

– 아래 –

1. 일시 : 2005년 6월 2일(월) 오전 7시
2. 장소 : 노회 회의실(부산시 동구 서동 5번지)
3. 유의 사항
   ① 귀하는 피고측 증인에 대하여 상당한 이유가 있을 때에는 거부
     신청을 할 수 있습니다.
   ② 귀하는 대리인이나 변호인을 신청할 수 있습니다.
   ③ 출석하실 때에는 인장을 지참하시기 바랍니다.

2005년 5월 21일

대한예수교장로회 독도노회 재판국(관인)
국장 목사 달하나(인)
서기 장로 별다섯(인)

원고 홍길동 귀하

3. 피고 소환장(권징 제21조~제23조)

은혜 중 평강하심을 기원합니다.

원고 홍길동 씨가 귀하를 고소한 재판 사건을 심리하고자 아래와 같이 소환합니다.

– 아래 –

1. 일시 : 2005년 6월 2일(월) 오전 7시
2. 장소 : 노회 회의실(부산시 동구 서동 5번지)
3. 유의 사항

   ① 귀하는 무죄를 증거하기 위하여 증인을 신청할 수 있습니다.

   ② 귀하는 원고측 증인에 대하여 상당한 이유가 있을 때에는 거부 신청을 할 수 있습니다.

   ③ 귀하는 대리인이나 변호인을 신청할 수 있습니다.

   ④ 출석하실 때에는 인장을 지참하시기 바랍니다.

   ⑤ 별첨과 같이 고소장과 죄증 설명서를 송부하오니 피고가 원할 경우 고소장을 받은 날로부터 10일 내로 독도노회 재판국 서기에게 죄증 설명서 각 항에 대한 답변서를 제출하시기 바랍니다.

유첨 (1) 고소장 1부

    (2) 죄증 설명서 1부

(3) 진술서 1부   끝.

2005년 5월 21일

대한예수교장로회 독도노회 재판국(관인)

국장 목사 달하나(인)

서기 장로 별다섯(인)

피고 가라대 귀하

피고 가라소 귀하

고 소 장

원고 홍길동

피고 가라대

피고 가라소

독 도 교 회

원 본 대 조 필	독도노회 재판국(관인)
	국장 달하나(인)
	서기 별다섯(인)

고소장 (유첩 1)

원고 : 홍길동(만 55세)

　　소속 치리회 : 대한예수교장로회 독도교회

　　성직 및 신급 : 집사

　　주소 : 부산시 동구 서동 55번지

피고 : 가라대(만 44세)

　　소속 치리회 : 대한예수교장로회 독도교회

　　성직 및 신급 : 장로

　　주소 : 부산시 동구 서동 44번지

피고 : 가라소(만 33세)

　　소속 치리회 : 대한예수교장로회 독도교회

　　성직 및 신급 : 서리 집사

　　주소 : 부산시 동구 서동 33번지

죄 상

1. 피고 가라대 장로와 가라소 집사는 형제간으로 제직회를 하면서 본
　인과 가라대 장로간에 의견 대립이 있었던 것에 앙심을 품고 본인
　이 귀가하는 길목에 기다리고 있다가 본인이 가까이 갔을 때 갑자

기 달려들어 구타하며 폭언을 하였습니다(헌규 제2조 5항).

2. 피고들은 6개월 동안 고의적으로 교회에 의무금(십일조 헌금)을 드리지 아니하였습니다(헌규 제2조 5항).

3. 피고들은 연속적으로 2주 동안 주일을 범하였습니다(헌규 제2조 5항).

위와 같은 죄상이 확실하기에 별지 죄증 설명서와 진술서를 첨부하여 이에 고소합니다.

2005년 3월 1일

원고 홍길동(인)

대한예수교장로회 독도교회 당회장 귀하

죄증 설명서 (유첨 2)

원고 : 홍길동(만 55세)

소속 치리회 : 대한예수교장로회 독도교회

성직 및 신급 : 집사

주소 : 부산시 동구 서동 55번지

피고 : 가라대(만 44세)

　　소속 치리회 : 대한예수교장로회 독도교회

　　성직 및 신급 : 장로

　　주소 : 부산시 동구 서동 44번지

피고 : 가라소(만 33세)

　　소속 치리회 : 대한예수교장로회 독도교회

　　성직 및 신급 : 서리 집사

　　주소 : 부산시 동구 서동 33번지

1. 2004년 11월 6일 오후 2시경 주일 예배 후 제직회를 마치고 귀가하
　　는 길에 본 교회 후문 서쪽 약 300m 지점 서울 슈퍼 앞 삼거리에
　　도착하자 피고들이 갑자기 골목에서 뛰어 나와 피고 가라대 장로
　　의 동생인 피고 가라소 집사가 본인에게 달려들면서 "너 이 새끼,
　　회사 사장이면 다냐? 왜 우리 형이 발언할 때마다 반대 발언을 하
　　며 시비하느냐?"라고 하면서 오른편 주먹으로 본인의 왼편 귀 부
　　분을 때려서 4주 이상의 이비인후과 치료를 받았으며 가라대 장로
　　는 이를 말리는 척 하면서 구두 발로 본인의 왼편 다리의 무릎 부
　　분을 찼는데 타박상에 피멍이 들어 물리 치료를 받았습니다. 본인
　　이 구타를 당하고 있을 때 제직회를 마치고 귀가하다가 이를 목격
　　하고 말렸던 증인자 집사와 인순종 집사가 그 광경을 보았습니다.

증인 : 증인자(만 60세)

　　소속 치리회 : 대한예수교장로회 독도교회

　　성직 및 신급 : 서리 집사

　　주소 : 부산시 동구 서동 60번지

증인 : 인순종(만 65세)

　　소속 치리회 : 대한예수교장로회 독도교회

　　성직 및 신급 : 권사

　　주소 : 부산시 동구 서동 65번지

서증　(1) 진단서 1부(별지 #1)

　　　(2) 진료 확인서 1부(별지 #2)　　　끝.

2. 피고 가라대 장로와 가라소 집사는 초등학교 교사로서 정기적으로 월급을 받으면서도 2004년 6월 1일부터 11월 30일까지 6개월 동안 고의적으로 교회에 십일조 헌금과 절기 헌금을 드리지 아니했습니다. 그 증거로는 예배 시 헌금 광고나 주보 광고에 무명씨도 없고 피고들의 이름도 없습니다.

3. 피고들은 2004년 12월 19일 주일과 26일 주일 예배에 불참하였는데 그 중에 26일 주일에는 본 교회 고등부 학생인 고삼생 군이 버스 안에서 피고인 가 장로와 가 집사를 만난 후 "장로님 집사님, 어

디에 다녀오십니까?"라고 물으니 "오늘 새벽에 바다에 낚시를 갔다가 이제 온다"는 말을 했다고 합니다.

증인 : 고삼생(만 19세)

　　소속 치리회 : 대한예수교장로회 독도교회

　　성직 및 신급 : 세례

　　주소 : 부산시 동구 서동 19번지

위와 같이 죄증이 확실하기에 이에 설명합니다.

※ 본서에는 생략하였으나 실제 사건을 처리하는 경우에는 서증 진단서와 진료 확인서 사본을 반드시 첨부하여 발송하여야 한다.

진술서 (유첨 3)

본인은 금번 가라대 씨와 가라소 씨를 피고로 소송을 제기하기 전에 마 18장 15~17절에 말씀한 주님의 명령대로 아래와 같이 권면하였으나 듣지 아니하였기에 진술합니다.

〈제1차 단독 권면〉

1) 가라대 씨의 권면

일시 : 2004년 12월 28일 오전 8시

장소 : 피고 가라대 씨 자택(부산시 동구 서동 44번지)

내용 : "장로님, 가 집사님과 함께 저를 구타한 것은 장로님으로서
적절치 않은 일이지 않습니까? 회개하고 사과하시면 저도
고소하지는 않겠습니다"라고 했더니 장로님께서 "회개는
무슨 회개며 사과는 무슨 사과, 고소를 하든지 말든지 맘대
로 해!"라고 했습니다.

2) 가라소 씨의 권면

일시 : 2004년 12월 28일 오후 10시

장소 : 피고 가라소 씨 자택(부산시 동구 서동 33번지)

내용 : "집사님, 가 장로님과 함께 저를 구타한 것은 집사님으로서
적절치 않은 일이지 않습니까? 회개하고 사과하시면 저도
고소하지는 않겠습니다"라고 했더니 집사님께서 "회개는
무슨 회개며 사과는 무슨 사과, 고소를 하든지 말든지 맘대
로 하세요"라고 했습니다.

〈제2차 증참 권면〉

1) 가라대 씨의 권면

일시 : 2004년 12월 30일 오전 8시

장소 : 피고 가라대 씨 자택(부산시 동구 서동 44번지)

내용 : "장로님, 제가 며칠 전에도 와서 말씀드렸지만 저를 구타한

것은 장로님으로서 적절치 않은 일이지 않습니까? 회개하
고 사과하시면 저도 고소하지는 않겠습니다. 저를 구타할
때에 여기 함께 오신 증인자 집시님과 인순자 권사님이 보
면서 말리지 않았습니까?"라고 하면서 "집사님 권사님, 맞
지요?"라고 한바 "예"라고 증참까지 했는데도 장로님께서
는 "고소를 하든지 말든지 맘대로 해!"라고 했습니다.

2) 가라소 씨의 권면

일시 : 2004년 12월 30일 오후 10시

장소 : 피고 가라소 씨 자택(부산시 동구 서동 33번지)

내용 : "집사님, 제가 며칠 전에도 와서 말씀드렸지만 저를 구타한
것은 집사님으로서 적절치 않은 일이지 않습니까? 회개하
고 사과하시면 저도 고소하지는 않겠습니다. 저를 구타할
때에 여기 함께 오신 증인자 집시님과 인순자 권사님이 보
면서 말리지 않았습니까?"라고 하면서 "집사님 권사님, 맞
지요?"라고 한바 "예"라고 증참까지 했는데도 집사님께서
는 "고소를 하든지 말든지 맘대로 하세요"라고 했습니다.

증참인 : 증인자(만 60세)

소속 치리회 : 대한예수교장로회 독도교회

성직 및 신급 : 서리 집사

주소 : 부산시 동구 서동 60번지

증참인 : 인순종(만 65세)

     소속 치리회 : 대한예수교장로회 독도교회

     성직 및 신급 : 권사

     주소 : 부산시 동구 서동 65번지

이상과 같이 진술합니다.

2005년 3월 1일

진술인 홍길동(인)

대한예수교장로회 독도교회 당회장 귀하

4. 증인 소환장(권징 제68조)

은혜 중 평강하심을 기원합니다.

원고 홍길동 씨가 피고 가라대 장로 가라소 집사을 고소한 재판 사
건을 심리코자 아래와 같이 귀하를 증인으로 소환합니다.

– 아래 –

1. 일시 : 2005년 6월 2일(월) 오전 7시
2. 장소 : 노회 회의실(부산시 동구 서동 5번지)
3. 유의 사항

    ① 인장을 지참하시기 바랍니다.

    ② 교인은 "아무 교회 교인 중 누구를 막론하고 증인 소환을 받고 출석하지 아니하거나, 혹 출석하였을지라도 증언하기를 불응하면 그 형편대로 거역하는 행위를 징벌할 것이다"라는 권징 조례 제68조의 규정을 따라, 소환한 대로 출석하고 증언할 의무가 있사오니, 특히 유의하시기 바랍니다.

2005년 5월 21일

대한예수교장로회 독도노회 재판국(관인)
국장 목사 달하나(인)
서기 장로 별다섯(인)

증인 증인자 귀하
증인 인순종 귀하

5. 서증 제출 의뢰서

대한예수교장로회 독도노회

문서 번호 : 재판 05-1

수 신 : 독도교회 당회장

발 신 : 독도노회 재판국

제 목 : 서증 제출 의뢰의 건

은혜 중 평강하심을 기원합니다.

귀 교회에서 위탁한 재판 건(원고 홍길동 집사, 피고 가라대 장로 가라소 집사)에 대하여 원고측이 주장한 서증 자료를 아래와 같이 의뢰합니다.

– 아래 –

1. 서증 내역 : 가라대 씨와 가라소 씨의 2004년 6월 1일부터 11월 30
　　　　　　　 일까지의 십일조와 절기 헌금 및 무명씨의 십일조 현황

2. 제출 기간 : 2005년 5월 30일

3. 제출처 : 독도노회 재판국(부산시 동구 서동 5번지)

2005년 5월 22일

대한예수교장로회 독도노회 재판국(관인)

국장 목사 달하나(인)

서기 장로 별다섯(인)

6. 답변서 1(가라대) 〈별지 #3〉

수 신 : 독도노회 재판국장

참 조 : 재판국 서기

제 목 : 고소장에 대한 답변의 건

재판국의 요청에 의거 원고의 죄증 설명서에 대한 답변입니다.

1. 2005년 11월 6일에 서울 슈퍼 앞에서 본인이 말리는 척 하면서 무릎을 찼다는 것은 사실이 아니요, 홍길동 집사가 오히려 저의 동생을 구타하려 할 때 동생이 피하는 과정에서 전봇대에 무릎이 부딪힌 것입니다.

2. 본인은 정기적으로 십일조와 절기 헌금을 드렸으나 무명으로 드렸기 때문에 주보에 본인의 이름이 광고되지 않은 것입니다.

3. 2004년 12월 19일 예배에 불참한 것은 그 날 감기 몸살로 집에서 쉬고 있었으며 26일에는 심신이 피곤하여 바닷가에 좀 다녀온 것입니다.

이상과 같은 사소한 일로 같은 교회의 성도로서 장로를 고소한 것은 바람직한 일이 아니라고 사료됩니다.

2005년 5월 25일

독도교회 장로 가라대(인)

7. 답변서 2(가라소)   〈별지 #4〉

수 신 : 독도노회 재판국장
참 조 : 재판국 서기
제 목 : 고소장에 대한 답변의 건

재판국의 요청에 의거 원고의 죄증 설명서에 대한 답변입니다.

1. 2005년 11월 6일에 교회에서 제직회를 마치고 귀가하는 중 본인이 홍길동 집사에게 "집사님은 왜 회의 때마다 우리 형님이 발언을 하면 시비를 하느냐?"라고 말하니 "너는 모르면 가만히 있어!" 하면서 밀치기에 "왜 사람을 밀치느냐?"라고 하며 몸싸움을 하는 중에 홍 집사님이 옆으로 넘어지면서 다친 것이지 본인이 구타한 것은 아닙니다.

2. 본인은 십일조와 절기 헌금을 사정상 무명으로 하였습니다.

3. 2004년 12월 19일과 26일은 몸이 좀 안 좋아서 예배에 참석하지 못한 것이고 26일은 형님께서 마음이 답답하니 바닷가에 좀 나갔다 오겠다고 하시기에 제가 형님을 모시고 다녀왔으나 낚시질을 한 것은 아닙니다.

2005년 5월 25일

독도교회 집사 가라소(인)

8. 답변서 3(독도교회)　　　　　　　　　〈별지 #5〉

대한예수교장로회 독도교회

문서 번호 : 독교 05-13

수 신 : 독도노회 재판국장

참 조 : 재판국 서기

제 목 : 서증 자료 제출의 건

재판 05-1(05.5.22.)에 의한 회신입니다.

1. 가라대 장로의 헌금 내역

	6월	7월	8월	9월	10월	11월	비고
십일조	0	0	0	0	0	0	
맥추헌금	/	/	/	/	/	/	
추수헌금	/	/	/	/	/	/	
일반감사헌금	50,000	30,000	60,000	20,000	10,000	20,000	

2. 가라소 집사의 헌금 내역

	6월	7월	8월	9월	10월	11월	비고
십일조	30,000	0	0	0	0	0	
맥추헌금	/	10,000	/	/	/	/	
추수헌금	/	/	/	/	/	20,000	
일반감사헌금	0	0	0	0	0	0	

3. 무명씨 십일조 헌금은 1명이 매월 100,000원씩 헌금한 실적이 있음.

2005년 5월 28일

대한예수교장로회 독도교회(관인)

당회장 김독도(인)

서 기 가라중(인)

9. 증인 진술서 〈별지 #6〉

    본인은 2004년 12월 26일 밤 6시 20분경에 집에서 나와 주일 밤 예배를 드리기 위하여 5번 시내버스를 탔는데 버스 중간쯤에 가라대 장로님이 자리에 앉아 계시고 그 옆에 가라소 집사님이 서서 계시기에 그 곳으로 다가가면서 "장로님, 안녕하세요?" "장로님 집사님, 어디에 다녀오십니까?"라고 여쭈었더니 장로님께서 "오늘 새벽에 바다낚시 갔다가 이제 온다"고 말씀하셨는데, 다음 주일인 2005년 1월 2일 주일 학교 고등부 분반 공부 시간에 고3 교사이신 홍길동 집사님이 "주일을 거룩히 지키자!"는 공과 공부를 할 때 제가 "장로님 집사님들이 주일에 낚시해도 됩니까?"라고 질문을 했는데 "그런 사람은 없을 게다"라고 홍 집사님이 말씀하셔서 "지난 26일에 가라대 장로님과 가라소 집사님이 새벽부터 저녁까지 바다낚시 다녀오는 것을 제가 아는데요"라고 말씀드렸더니 공과 공부 마치고 난 뒤 저를 불러서 자세히 물어 보시기에 사실대로 말씀을 드렸습니다.

2005년 5월 25일

진술인 고삼생(인)

10. 소환 연기 신청서 〈별지 #7〉

수 신 : 독도노회 재판국장
참 조 : 재판국 서기
제 목 : 소환 연기 신청의 건

   2005년 5월 21일자 귀 소환장에 대하여 아래와 일신상의 이유로 연기코자 하오니 허락하여 주시기 바랍니다.

– 아래 –

1. 부친상으로 재판 대비 관계가 미비 되었기 때문임.
2. 10일 이상 연기 바람.

2005년 5월 23일

독도교회 가라대 장로(인)

※ 소환 연기 신청은 법에 없는 것이므로 효력이 없는 서류이다. 따라서 소환 연기 신청서를 제출했다고 해도 본인이 아닌 대리인이나 변호인이라도 출석하지 아니하면 불출석으로 처리되어 불이익을 당할 뿐이다.

11. 소환 연기 신청 안내문 〈별지 #8〉

대한예수교장로회 독도노회

문서 번호 : 재판 05-2

수 신 : 피고 가라대 장로

발 신 : 독도노회 재판국

제 목 : 소환 연기 신청에 대한 안내의 건

은혜 중 평강하심을 기원합니다.

귀하께서 2005. 5. 23. 등기 배달 증명으로 본 재판국에 보내신 "소환 연기 신청"(별지 #5)의 건은 불가함을 알려드립니다.

귀하께서는 2005. 6. 2. 재판국에 출석하셔서 권징 조례 제4장 제20조에 의거 재판 연기를 신청하실 수 있습니다. 본인이 나오지 못할 경우에 권징 조례 제4장 제23조에 의거 대리인을 보내어 신청하실 수 있습니다.

귀하께서 위의 일을 행하지 않으면 권징 조례 제4장 제22조에 따라 3일 정도 여유를 두고 재차 소환할 것이며, 그 소환장에 대하여 천연적 고장이 없이 출석하지 아니하면 권징 조례 제34조, 제39조, 제47조에 의해 궐석한 대로 판결할 것입니다.

2005년 5월 28일

대한예수교장로회 독도노회 재판국(관인)

국장 목사 달하나(인)

서기 장로 별다섯(인)

※ 소환 연기 신청은 법에 없는 것이므로 어떤 효력도 없으나 피고의
오해가 없도록 재판국에서 안내해 준 것일 뿐이다.

12. 재판 연기 신청서(권징 제20조)

수신 : 재판국장 귀하

본인 등은 본 재판의 준비 부족으로 인하여 재판을 연기 신청하오
니 허락하여 주시기 바랍니다.

2005년 6월 2일

피고 가라대 장로(인)

피고 가라소 집사(인)

※ 재판 연기 신청은 재판에 관계된(서식 3) 서식대로 해야 한다. 그러
나 본건은 서식에 어긋난 서류이지만 오해가 없도록 하기 위하여

재판국 회의록(제3회)과 같이 접수하여 이유 있다고 인정하고 처리하였음을 일러둔다.

13. 재판국 속회 통지서

은혜 중 평강하심을 기원합니다.

표제의 건에 관하여 아래와 같이 본 재판국을 개정하오니 출석하여 주시기 바랍니다.

– 아래 –

1. 일시 : 2005년 6월 13일(월) 오전 7시
2. 장소 : 노회 회의실(부산시 동구 서동 5번지)
3. 유의 사항

   ① 출석하실 때에는 반드시 교회 헌법을 휴대하시기 바랍니다.

   ② 권징 조례 제4장 제29조의 규정대로 "재판할 때에 처음부터 나중까지 출석하여 전부를 듣지 아니한 회원은 원고 피고와 그 재판회원이 동의 승낙하지 아니하면 그 재판에 대하여 투표권이 없고"라고 하였은즉, 결석하는 일이 없도록 하시며, 특히 시간을 엄수하시기 바랍니다.

2005년 6월 2일

대한예수교장로회 독도노회 재판국(관인)
국장 목사 달하나(인)
서기 장로 별다섯(인)

재판국원 제위 귀하

※ 성명을 기록했을 때는 '제위'를 쓰지 않는다.

14. 원고 재도 소환장

은혜 중 평강하심을 기원합니다.

귀하가 가라대 씨와 가라소 씨를 피고로 고소한 재판 사건을 심리하고자 아래와 같이 소환합니다.

– 아래 –

1. 일시 : 2005년 6월 13일(월) 오전 7시
2. 장소 : 노회 회의실(부산시 동구 서동 5번지)
3. 유의 사항

① 귀하는 피고측 증인에 대하여 상당한 이유가 있을 때에는 거부
신청을 할 수 있습니다.
② 귀하는 대리인이나 변호인을 신청할 수 있습니다.
③ 출석하실 때에는 인장을 지참하시기 바랍니다.

2005년 6월 2일

대한예수교장로회 독도노회 재판국(관인)

국장 목사 달하나(인)

서기 장로 별다섯(인)

원고 홍길동 귀하

15. 피고 재도 소환장

은혜 중 평강하심을 기원합니다.

원고 홍길동 씨가 귀하를 고소한 재판 사건을 심리하고자 아래와
같이 소환합니다.

– 아래 –

1. 일시 : 2005년 6월 13일(월) 오전 7시
2. 장소 : 노회 회의실(부산시 동구 서동 5번지)
3. 유의 사항

   ① 귀하는 귀하의 무죄를 증거하기 위하여 증인을 신청할 수 있습니다.

   ② 귀하는 원고측 증인에 대하여 상당한 이유가 있을 때에는 거부 신청을 할 수 있습니다.

   ③ 귀하는 대리인이나 변호인을 신청할 수 있습니다.

   ④ 출석하실 때에는 인장을 지참하시기 바랍니다.

2005년 6월 2일

대한예수교장로회 독도노회 재판국(관인)
국장 목사 달하나(인)
서기 장로 별다섯(인)

피고 가라대 귀하
피고 가라소 귀하

16. 증인 재도 소환장

원고 : 홍길동(만 55세)

    소속 치리회 : 대한예수교장로회 독도교회

    성직 및 신급 : 집사

    주소 : 부산시 동구 서동 55번지

피고 : 가라대(만 44세)

    소속 치리회 : 대한예수교장로회 독도교회

    성직 및 신급 : 장로

    주소 : 부산시 동구 서동 44번지

피고 : 가라소(만 33세)

    소속 치리회 : 대한예수교장로회 독도교회

    성직 및 신급 : 서리 집사

    주소 : 부산시 동구 서동 33번지

본 재판 사건에 귀하를 원고측 증인으로 아래와 같이 소환합니다.

- 아래 -

1. 일시 : 2005년 6월 12일(월) 오전 7시
2. 장소 : 노회 회의실(부산시 동구 서동 5번지)
3. 유의 사항
   ① 인장을 지참하시기 바랍니다.
   ② 교인은 "아무 교회 교인 중 누구를 막론하고 증인 소환을 받고 출석하지 아니하거나, 혹 출석하였을지라도 증언하기를 불응하면 그 형편대로 거역하는 행위를 징벌할 것이다"라는 권징 조례 제68조의 규정을 따라, 소환한 대로 출석하고 증언할 의무가 있사오니, 특히 유의하시기 바랍니다.

2005년 6월 2일

대한예수교장로회 독도노회 재판국(관인)
국장 목사 달하나(인)
서기 장로 별다섯(인)

증인 증인자 귀하
증인 인순종 귀하

17. 피고측 증인 신청서 〈별지 #9〉

원고 : 홍길동(만 55세)

　　　소속 치리회 : 대한예수교장로회 독도교회

　　　성직 및 신급 : 집사

　　　주소 : 부산시 동구 서동 55번지

피고 : 가라대(만 44세)

　　　소속치리회 : 대한예수교장로회 독도교회

　　　성직 및 신급 : 장로

　　　주소 : 부산시 동구 서동 44번지

피고 : 가라소(만 33세)

　　　소속 치리회 : 대한예수교장로회 독도교회

　　　성직 및 신급 : 서리 집사

　　　주소 : 부산시 동구 서동 33번지

　본 재판 건에 대하여 아래와 같이 피고측 증인을 신청하오니 허락해 주시기를 바랍니다.

− 아래 −

증인 1 : 서상희(만 70세)
　　　소속 치리회 : 무교
　　　성직 및 신급 : 무교
　　　주소 : 부산시 동구 서동 70번지

증인 2 : 서정희(만 75세)
　　　소속 치리회 : 독도 천주교회
　　　성직 및 신급 : 영세
　　　주소 : 부산시 동구 서동 75번지

2005년 6월 5일

신청인 피고 가라대(인)

대한예수교장로회 독도노회 재판국장 귀하

※ 교인이 아니면 교회 재판에서는 증인이 될 수 없으므로(권징 제56
조, 제68조) 재판국 회의록(제3회) 속회록에서 기각되었으니 대조
하여 참고하기 바란다.

18. 원고측 증인 이의 신청서(권징 제56조)   〈별지 #10〉

원고 : 홍길동(만 55세)

　　　소속 치리회 : 대한예수교장로회 독도교회

　　　성직 및 신급 : 집사

　　　주소 : 부산시 동구 서동 55번지

피고 : 가라대(만 44세)

　　　소속 치리회 : 대한예수교장로회 독도교회

　　　성직 및 신급 : 장로

　　　주소 : 부산시 동구 서동 44번지

피고 : 가라소(만 33세)

　　　소속 치리회 : 대한예수교장로회 독도교회

　　　성직 및 신급 : 서리 집사

　　　주소 : 부산시 동구 서동 33번지

　본 재판의 원고측 증인은 아래와 같은 사유로 부적격자이므로 권징 조례 제8장 제56조에 의하여 이의를 신청하오니 허락해 주시기 바랍니다.

- 아래 -

1. 증인 : 증인자(만 60세)

　　　 소속 치리회 : 대한예수교장로회 독도교회

　　　 성직 및 신급 : 서리 집사

　　　 주소 : 부산시 동구 서동 60번지

2. 이유 : 증인은 원고 회사의 직원이므로 원고에게 유리한 증언을 할
　　　 것임.

2005년 6월 5일

신청인 피고 가라대(인)

대한예수교장로회 독도노회 재판국장 귀하

※ 증인 이의 신청은 권징 제57조에 해당되지 않으므로 재판 회의
록 제3회 속회록에서 기각되었으니 대조하여 참고하기 바란다.

19. 피고측 새 증인 신청서　　　　　　　　　　〈별지 #11〉

원고 : 홍길동(만 55세)

소속 치리회 : 대한예수교장로회 독도교회

성직 및 신급 : 집사

주소 : 부산시 동구 서동 55번지

피고 : 가라대(만 44세)

소속 치리회 : 대한예수교장로회 독도교회

성직 및 신급 : 장로

주소 : 부산시 동구 서동 44번지

피고 : 가라소(만 33세)

소속 치리회 : 대한예수교장로회 독도교회

성직 및 신급 : 서리 집사

주소 : 부산시 동구 서동 33번지

본 재판 건에 대하여 아래와 같이 피고측 새 증인을 신청하오니 허락하여 주시기 바랍니다.

– 아래 –

증인 1 : 주니지(만 66세)

소속 치리회 : 대한예수교장로회 대마교회

성직 및 신급 : 세례

주소 : 부산시 동구 대마동 66번지

〈죄증 설명서 ①항 입증〉

증인 2 : 고즈미(만 67세)

　　소속 치리회 : 대한예수교장로회 독도교회

　　성직 및 신급 : 세례

　　주소 : 부산시 동구 대마동 77번지

〈죄증 설명서 ②, ③항 입증〉

2005년 6월 13일

신청인 피고 가라소(인)

대한예수교장로회 독도노회 재판국장 귀하

20. 증인 선서(권징 제62조)　　　　　　　〈별지 #12〉

후일에

산 자와 죽은 자를

심판하시는 하나님 앞에

문답할 것 같이,

지금 알지 못함이 없으사

사람의 마음을 감찰하시는

하나님 앞에서

이 소송 안의 증인으로 출석하였으니

사실대로 직언하며,

사실 전부를 말하며,

사실밖에 덧붙이지 아니하기로 선서하나이다.

2005년 6월 13일

증인 증인자(인)

증인 인순종(인)

증인 주니지(인)

증인 고즈미(인)

대한예수교장로회 독도노회 재판국장 귀하

21. 원고측 증인 1, 2 신문 조서(증인자, 인순종)   〈별지 #13〉

문 : 원고측 증인으로 오신 증인자 씨와 인순종 씨는 원고 홍길동 씨와
    피고 가라대 씨, 가라소 씨와 함께 독도교회를 섬기는 성도들이

지요?

답 : 예.

문 : 증인들은 원고의 주장에 의하면 2004년 11월 6일 오후 2시경 서울 슈퍼 앞에서 홍길동 집사와 가라대 장로 및 가라소 집사가 다투는 것을 보았다는데 사실입니까?

답 : 예.

문 : 그 때 증인들은 주일 예배를 마치고 귀가하던 길이 맞습니까?

답 : 예.

문 : 그 때에 홍길동 집사와 함께 귀가했습니까?

답 : 저희들은 좀 뒤에 갔습니다.

문 : 무슨 일로 좀 뒤에 갔습니까?

답 : 증 집사와 함께 화장실에 갔다가 오느라고 좀 늦었습니다(인순종 답변).

문 : 얼마나 뒤에 갔습니까?

답 : 약 2분 정도 뒤에 갔지요(증인자 답변).

문 : 그 때에 원고의 주장은 피고들이 원고를 구타했다고 하는데 구타하는 것을 보았습니까?

답 : 때리는 것은 못 보았고 가라소 집사님이 홍길동 집사님의 가슴을 잡고 흔드는 것은 보았습니다(증인자 답변).

문 : 피고의 주장은 원고가 넘어지면서 귀를 다쳤다고 하는데 홍길동 집사가 넘어지는 것을 보았습니까?

답 : 세 분 중에 아무도 넘어지는 것은 못 보았습니다.

문 : 원고의 주장은 원고가 피고에게 구타를 당할 때 증인들이 말렸다는데 어떤 광경에서 어떻게 말렸습니까?

답 : 가라소 집사가 홍길동 집사의 가슴을 잡고 있을 때 "한 교회 교인끼리 이러면 안 됩니다!"고 하면서 우리가 양쪽에 서서 가라소 집사가 홍길동 집사의 가슴을 잡고 있는 손을 놓으라고 하면서 떼어 놓았습니다.

문 : 그 때 가라대 장로는 어떻게 하고 있었습니까?

답 : 가라소 집사의 팔을 손으로 잡고 "손을 놓아라!"고 했습니다.

문 : 그 후에 모두 다 함께 갔습니까?

답 : 그 곳에서 각자 가는 길이 다르기 때문에 우리는 홍 집사님과 함께 가고 가 집사님과 가 장로님은 같이 자기의 집 방향으로 갔습니다.

문 : 귀가 하면서 홍 집사가 어디 아프단 말은 하지 않던가요?

답 : 아프단 말은 하지 않고 다리를 좀 절었습니다(증인자 답변).

문 : 어느 쪽 다리를 절던가요?

답 : 왼쪽 다리인 것 같았습니다.

문 : 귀가 아프단 말은 하지 않던가요?

답 : 아니요.

문 : 국원 중에 증인에게 신문하실 분 말씀하세요.

답 : 없습니다(여러 소리로).

문 : 증인으로서 더 할 말이 있으면 말씀하세요.

답 : 우리가 좀 거리가 떨어져 가고 있을 때 가라소 집사가 "너 이 새

끼"라는 말이 들렸는데 좀 민망했습니다.

이상의 공술은 원고측 증인 증인자 집사와 인순종 권사가 대한예수
교장로회 독도노회 재판국에서 진술한 바 틀림없기에 이에 서명 날인
합니다.

2005년 6월 13일

증인 증인자(인)
증인 인순종(인)

22. 원고의 원고측 증인 신문 조서 　　　　　〈별지 #14〉

문 : 증인들은 서울 슈퍼에서 좀 떨어져 있는 곳에서 걸어올 때 가라소
　　집사의 오른 주먹이 머리 위로 올라가는 모습을 본 적이 없습니까?
답 : 조금 떨어져 있었지만 오른팔이 약간 머리 위로 올라갔던 것은 본
　　것 같습니다.
문 : 가 집사와 가 장로가 저의 가슴을 잡고 흔드는 것을 본 적이 있지
　　요?
답 : 예.
문 : 그 때 전봇대와 우리 세 사람과의 사이는 얼마나 되었나요?
답 : 전봇대 쪽이 아니었고 서울 슈퍼 쪽으로 더 가까웠습니다.

문 : 증인들은 본인이 전봇대에 부딪치는 것을 보았습니까?

답 : 아니요.

이상의 공술은 대한예수교장로회 독도노회 재판국에서 진술한 바 틀림없기에 이에 서명 날인합니다.

2005년 6월 13일

원고 홍길동(인)

증인 증인자(인)

증인 인순종(인)

23. 피고의 원고측 증인 신문 조서(인순종)   〈별지 #15〉

문 : 증인 인종순 집사는 원고 홍길동 집사의 회사 직원 맞지요?

답 : 예.

문 : 증인은 그 회사에 몇 년간 근무하셨습니까?

답 : 20년 근무했습니다.

문 : 증인은 원고에게 혜택을 많이 받았겠네요?

답 : 내가 일한 대로 급료를 받았을 뿐입니다.

이상의 공술은 대한예수교장로회 독도노회 재판국에서 진술한 바 틀림없기에 이에 서명 날인합니다.

2005년 6월 13일

피고 가라대(인)

증인 인순종(인)

24. 피고측 증인 1 신문 조서(주니지) 〈별지 #16〉

문 : 증인은 대마교회 성도 주니지 씨 맞지요?

답 : 예.

문 : 세례는 받으셨지요?

답 : 예, 3년 전에 세례를 받았습니다.

문 : 대마교회에서 맡은 직분은 무엇입니까?

답 : 교회 찬양대와 남전도회 총무로 봉사하고 있습니다.

문 : 피고 가라소 씨와는 어떤 관계이십니까?

답 : 동은 달라도 동 경계인 도로의 맞은 편 집에 사는 이웃 청년으로 등산길에서 자주 만나고 서동고등학교 동문 후배입니다.

문 : 2004년 11월 6일 오후 2시경 서울 슈퍼 앞에서 원고 홍길동 씨와 피고 가라소 씨가 다투는 것을 보았습니까?

답 : 예.

문 : 어떻게 해서 그 곳에 오게 되었습니까?

답 : 주일 예배를 마친 후 찬양 연습을 하고 친구와 함께 친구 집에 가면서 그 광경을 보았습니다.

문 : 그 때 가라소 씨가 오른 주먹으로 홍길동 씨의 왼쪽 귀 부분을 구타한 일을 보았습니까?

답 : 때리는 것을 본 일은 없습니다.

문 : 증인은 원고와 피고가 다투는 것을 처음부터 끝까지 다 보았습니까?

답 : 처음에는 보지 못했고 어떤 여자 둘이서 말릴 때부터 보았습니다.

문 : 오늘 어떻게 해서 증인으로 오게 되었습니까?

답 : 가라소 군이 "오늘 교회 재판을 하는데 그 때 그 곳을 지나가면서 보았으니 사실대로 말을 좀 해 달라"고 해서 재판하는 것 구경을 하러 왔다가 현장에서 저를 증인으로 신청하고 또 증인으로 채용하고 묻기에 사실대로 대답한 것입니다.

문 : 증인으로서 할 말 있으면 하세요.

답 : 현명하신 재판장님께 선처를 바랄 뿐입니다.

2005년 6월 13일

증인 주니지(인)

25. 피고측 증인 2 신문 조서(고즈미) <별지 #17>

문 : 증인은 독도교회 성도님 맞지요?

답 : 예.

문 : 교회에서는 무슨 직분을 맡고 계십니까?

답 : 제직회 회계를 맡고 있습니다.

문 : 본 재판국에서 의뢰하여 제출한 가라소 집사의 헌금 내역을 증인
이 뽑아준 거 맞습니까?(별지 #3 도표를 들고 보이면서)

답 : 예, 맞습니다.

문 : 가라소 씨는 6월에 십일조 3만원, 7월에 맥추헌금 1만원, 11월에
추수헌금 2만원, 그것이 6월에서 11월까지 드린 헌금 전부인데
다른 때도 그랬습니까?

답 : 아닙니다. 그 기간에는 그랬지만. 그 전에는 십일조, 감사 헌금,
절기 헌금을 모범적으로 잘 한다고 교인들에게 칭찬을 받은 사람
입니다.

문 : 그런데 왜 6월에서 11월까지는 헌금 실적이 저조한지 혹 아는 바
가 있으면 말씀하세요.

답 : 확실한 것은 모르겠지만 우리 교회는 여유가 좀 있고 자기가 아는
농촌 교회 교역자가 어렵다는 말을 듣고 그 목사님 생활비로 보
낸다는 말이 있는데 잘은 모르겠습니다.

문 : 그래도 된다고 생각하십니까?

답 : 그것은 잘 모르겠습니다.

문 : 헌금은 자기가 출석하는 교회에 해야 되는 것을 모르십니까?

답 : 그런 말은 들었습니다.

문 : 오늘 어떻게 해서 증인으로 오게 되었습니까?

답 : 가라소 군이 저에게 부탁이 있다고 하면서 "교회 재판하는 것 구경도 하고 혹 내가 헌금한 일을 물으면 잘 좀 대답해 달라"고 해서 와 봤더니 현장에서 저를 증인 신청을 하고 재판국에서 받아주셔서 갑자기 증인 선서도 하고 묻는 말에 사실대로 대답했습니다.

문 : 증인으로서 할 말 있으면 하세요.

답 : 예수님도 일흔 번씩 일곱 번이라도 용서하라고 했는데 용서해 주시기 바랍니다.

2005년 6월 13일

증인 고즈미(인)

26. 원고의 피고측 증인 신문 조서(고즈미) 〈별지 #18〉

문 : 증인은 근래에 피고 가라소 씨와 거의 저녁 식사를 같이 했지요?

답 : 그것은 왜 묻습니까?

문 : 그 때마다 식사비는 가라소 씨가 지불했지요?

답 : 그렇습니다! 왜요?(큰소리로)

(국장이 "조용히 하세요!"라고 충고함)

문 : 증인은 교회 회계이시고 본인도 부회계로서 교인들 헌금하는 것을 같이 잘 알 고 있는데 피고 가라소 씨를 무슨 이유로 특별히 두둔합니까?

답 : 두둔한 게 아니고 한 교회 교인으로 재판을 하는 것이 민망할 뿐입니다.

문 : 언제인지는 모르지만 본인과 함께 회계 장부를 정리하면서 "십일조를 농촌교회 목사님에게 자기 마음대로 하면 안 되는데"라는 말을 한 적이 있지요?

답 : 그런 적은 있는 것 같습니다.

문 : 증인은 지난해 11월에 "요즈음 가라소 집사가 갑자기 감사 헌금도 안 하고 절기 헌금도 흉내만 낸다"는 말을 저에게 했지요?

답 : 예.

2014년 6월 13일

원고 홍길동(인)
증인 고즈미(인)

27. 원고 신문 조서 <별지 #19>

문 : 원고는 피고 가라대 장로와 가라소 집사와 함께 독도교회를 섬기
　　는 홍길동 집사님이시지요?

답 : 예.

문 : 원고는 2004년 11월 6일 정기 제직회 시에 가라대 장로가 발언할
　　때에 언쟁한 일이 있습니까?

답 : 없습니다.

문 : 당일 제직회를 마치고 귀가할 때에 동행했던 자는 누구였습니까?

답 : 혼자서 갔습니다.

문 : 그러면 증인들이 원고가 피고에게 구타당할 때 말렸다고 했는데
　　어떻게 된 것입니까?

답 : 증인들은 저와 약 100m 정도 뒤에 오다가 제가 구타당하는 것을
　　보고 뛰어와서 말렸습니다.

문 : 가라소 집사가 주먹으로 귀 부분을 때렸다고 했는데 가라소 집사
　　의 답변은 밀치는 몸싸움을 하다가 원고가 넘어져서 다쳤다고 하
　　니 어떻게 된 것입니까?

답 : 거짓말입니다.

문 : 당시 가라소 집사가 원고를 주먹으로 때렸던 상황을 말씀하세요.

답 : 갑자기 옆 골목에서 걸어 나오면서 "너 이 새끼, 사장이면 다냐?
　　왜 우리 형님이 발언할 때마다 시비냐?"라 하면서 두 손으로 멱
　　살을 잡아 흔들다가 순간적으로 손을 놓더니 오른 주먹으로 저의

왼편을 때렸습니다.

문 : 원고는 가라대 장로가 말리는 척 하면서 구두 발로 다리를 찼다고 했는데 확실한 겁니까?

답 : 무릎 부분을 구두 발로 차였는데 가라대 장로인지 가라소 집사 구두 발인지는 잘 모르겠습니다.

문 : 원고는 피고들이 십일조와 절기 헌금을 하지 않는 일에 무슨 일로 관심을 가졌습니까?

답 : 저는 제직회 부회계로서 장부 정리를 하다 보니 늘 하던 분이 갑자기 안 했기 때문에 기억에 남습니다.

문 : 원고는 피고 가라소 집사가 6월에도 십일조를 3만원 했고 7월에 맥추헌금 1만원을 했고 9월에 추수헌금 2만원을 했는데 왜 십일조와 절기 헌금을 드리지 않았다고 했나요?

답 : 피고가 다른 때는 십일조를 15만원 씩 했는데 6월에 3만원 하고 그 후 11월까지는 한 푼도 안 했기 때문입니다.

문 : 원고는 고삼생 군이 2004년 12월 26일에 버스 안에서 가라대 장로와 가라소 집사를 만났다고 했는데 그 말은 어떻게 전해 들었습니까?

답 : 저는 고등부 3학년 반 교사인데 1월 2일 주일 공과 공부 시간에 고삼생 군이 "장로님 집사님이 주일에 예배드리지 않고 낚시 다녀도 됩니까?"라고 질문을 하기에 공과 공부를 마친 뒤에 따로 불러 물어 본 결과 자세히 말해주어서 알게 되었습니다.

문 : 국원 중에 원고에게 신문하실 분 말씀하세요.

답 : 없습니다.

문 : 원고로서 더 할 말이 있으시면 말씀하세요.

답 : 없습니다.

이상의 공술은 원고가 대한예수교장로회 독도노회 재판국에서 진술한 바 틀림없기에 이에 서명 날인합니다.

2005년 6 월 13일

원고 홍길동(인)

28. 피고 1 신문 조서(가라대)　　　　　　　〈별지 #20〉

문 : 피고는 원고 홍길동 집사와 함께 독도교회를 섬기는 가라대 장로님 맞지요?

답 : 예.

문 : 같이 제소된 가라소 집사는 친동생이지요?

답 : 예.

문 : 장로님은 교육 공무원이시지요?

답 : 예.

문 : 장로님은 2004년 6월부터 11월까지 교회에 십일조 헌금을 하지

않았다는데 사실입니까?

답 : 하지 않는 것이 아니고 무기명으로 했습니다.

문 : 2004년 5월까지는 매월 20만원씩 기명으로 했는데 무슨 이유로 6월부터는 무기명으로 했나요?

답 : 이름을 써서 하니까 자랑하는 것 같아서 무기명으로 했습니다.

문 : 무기명으로 했으면 매월 얼마씩 했나요?

답 : 매월 10만원씩 했습니다.

문 : 6월 이전은 20만원을 했는데 6월부터는 무기명으로 하면서 왜 절반밖에 안했나요?

답 : 농촌 교회에 도와주어야 할 곳이 있어서 나누어서 드렸습니다.

문 : 농촌 교회에는 어떤 명목으로 했나요?

답 : 목사님 생활비 보조로 했습니다.

문 : 십일조를 장로님 마음대로 떼어서 마음대로 보조금으로 보내도 된다고 생각합니까?

답 : 그것은 잘 모르겠습니다.

문 : 지난해 12월 19일과 26일 주일 예배에 참석하지 아니했다는데 사실입니까?

답 : 예.

문 : 피고는 26일 주일 오후 6시 20분경에 시내버스 안에서 같은 교회 학생인 고삼생 군을 만난 적이 있지요?

답 : 예.

문 : 교회에 의무금을 고의로 드리지 아니하거나 주일을 지키지 아니

하면 교회의 직을 면한다는 헌법적 규칙의 내용을 알고 계시지
　　요?

답 : 잘 모르겠습니다.

문 : 12월 26일에는 예배회에 참석치 아니하고 바다낚시를 다녀왔다
　　는데 사실입니까?

답 : 예, 심신이 피곤해서 다녀왔습니다.

문 : 국원 중에 신문하실 분 말씀하세요.

답 : 없습니다.

문 : 피고로서 더 할 말이 있으면 말씀하세요.

답 : 없습니다.

　이상의 공술은 피고 가라대 장로가 대한예수교장로회 독도노회 재
판국에서 진술한 바 틀림없기에 이에 서명 날인합니다.

2005년 6월 13일

피고 가라대(인)

29. 피고 2 신문 조서(가라소) 〈별지 #21〉

문 : 피고는 가라대 장로의 동생으로서 원고 홍길동 집사와 함께 독도
　　교회를 섬기는 가라소 집사님 맞지요?

답 : 예.

문 : 집사님은 교육 공무원으로 재직 중이지요?

답 : 예.

문 : 미안합니다만 매월 급료는 얼마씩을 받으십니까? 대답을 하지 않
　　으셔도 관계 없습니다.

답 : 150만원 정도 받습니다.

문 : 십일조는 어떻게 드려야 한다고 생각하십니까?

답 : 예, 십분의 일을 드려야 하는 줄 알고 있습니다.

문 : 그런데 2004년 6월에는 십일조 3만원을 했지요?

답 : 오래 되어서 잘 모르겠습니다.

문 : 그리고 독도교회 당회장이 보내온 피고의 헌금 현황을 보니 7월
　　부터 11월까지는 십일조를 전혀 하지 아니했던데 무슨 이유라도
　　있습니까?

답 : 형님과 함께 농촌 교회 교역자 생활비로 보냈습니다.

문 : 어느 교회로 보냈습니까?

답 : 그것은 말할 수 없습니다.

문 : 하나님의 교회에 의무적으로 드려야 할 십일조를 자기 마음대로
　　농촌 교회 교역자 생활비조로 보내는 것은 잘못이라는 것은 알고

있지요?

답 : 어쨌든 하나님께 드리면 되는 거 아닙니까?

문 : 지난 12월 19일과 29일 주일에는 교회 예배회에 참석치 아니했지요?

답 : 19일에는 형님이 아파서 병문안했고 26일에는 형님이 마음이 답답하여 바다에 갔다 오겠다고 하시기에 모시고 갔다 왔습니다.

문 : 피고는 12월 26일 오후 6시 20분경에 버스 안에서 고삼생 군을 만난 적이 있지요?

답 : 예.

문 : 그 때 고삼생 군이 "장로님 집사님, 어디에 다녀오십니까?"라고 물었을 때 가 장로님이 뭐라고 대답했지요?

답 : "바다낚시 갔다 온다"고 했습니다.

문 : 헌법적 규칙 제2조 3항에는 "교인은 교회의 경비와 사업비에 대하여 성심 협조하며 자선과 전도 사업과 모든 선한 일에 노력과 금전을 아끼지 않아야 한다"고 했는데 헌금에 그렇게 무성의한 일에 대하여 어떻게 생각하십니까?

답 : 옛날에는 저도 많이 했습니다.

문 : 한 곳만 더 읽어 드립니다. 헌법적 규칙 제2조 5항에 "교회의 직원으로 성일을 범하거나 미신 행위나 음주 흡연 구타하는 등의 행동이나 고의로 교회의 의무금을 드리지 않는 자는 직임을 면함이 당연하고 교인으로 의무를 이행하지 않는 자로 간주한다"고 했는데 이 규정을 어떻게 생각하십니까?

답 : 맘대로 하세요. 나는 이 재판 인정할 수도 없고 판결하는 것도 나하고는 상관이 없습니다.

문 : 원고의 주장은 피고가 원고 홍길동 집사의 왼쪽 귀 부분을 오른 주먹으로 때렸다고 하는데 사실인가요?

답 : 내가 때리는 거 봤습니까? 그렇게 말하게!

문 : 여기 죄증 설명서에 첨부된 서증으로 독도병원장의 4주 진단서와 6주의 진료 확인서가 있는데요.

답 : 그것은 자기가 넘어져서 다친 겁니다.

문 : 그 때 어떻게 넘어졌습니까?

답 : 그건 홍 집사에게 물어보세요.

문 : 국원 중에 신문하실 분 말씀해 주세요.

답 : 없습니다.

문 : 피고로서 더 할 말이 있으면 말씀하세요.

답 : 맘대로 하세요.

이상의 공술은 피고 가라소 집사가 대한예수교장로회 독도노회 재판국에서 진술한 바 틀림없기에 이에 서명 날인합니다.

2005년 6월 13일

피고 가라소(인)

30. 판결문

원고 : 홍길동(만 55세)

    소속 치리회 : 대한예수교장로회 독도교회

    성직 및 신급 : 집사

    주소 : 부산시 동구 서동 55번지

피고 : 가라대(만 44세)

    소속 치리회 : 대한예수교장로회 독도교회

    성직 및 신급 : 장로

    주소 : 부산시 동구 서동 44번지

피고 : 가라소(만 33세)

    소속 치리회 : 대한예수교장로회 독도교회

    성직 및 신급 : 서리 집사

    주소 : 부산시 동구 서동 33번지

주 문

피고 A 가라대 씨를 장로직 "면직"에 처한다.

피고 B 가라소 씨를 "수찬 정지"에 처한다.

이 유

1. 피고 A는 2004년 6월 이전에는 십일조 헌금과 절기 헌금을 성실히 이행했으나 6월부터 11월까지 한 푼도 하지 아니한 것은 고의적으로 의무금을 드리지 않은 것이 인정 되고, 2004년 12월 19일과 26일 주일에 시무 장로로서 주일 예배에 참예치 않은 것과 특히 26일 주일에는 새벽부터 저녁까지 바다낚시를 한 것은 교회 직원으로서 성일을 범한 것이 인정된다.

2. 피고 B는 2004년 11월 6일 오후 2시경 독도교회 후문 서쪽 300m 지점에 있는 서울 슈퍼 앞에서 원고 홍길동 씨를 구타한 것이 인정되고, 2004년 6월 이전에는 십일조 헌금과 절기 헌금을 성실하게 드려 왔으나 6월부터 11월까지에 거의 드리지 않는 것은 고의로 의무금을 드리지 않는 것이 인정되고, 2004년 12월 19일 주일과 26일 주일에 주일 예배에 참석하지 아니함과 특히 26일에는 새벽부터 저녁까지 바다낚시를 한 것은 성일을 범한 것이 인정된다.

3. 피고 B는 2005년 6월 13일 재판국의 신문 과정에서 재판국을 불신하고 재판 결과를 불복하겠다며 행패를 부리는 것은 주 예수 그리스도의 이름과 권위를 훼손한 것이 인정된다.

4. 적용 법조문 : 권징 조례 제1장 제3조, 제6장 제41조, 제7장 제48조, 정치 제13장 제3조, 헌법적 규칙 제2조 5항에 의거

   본 재판국은 주 예수 그리스도의 이름과 그 직권으로 주문과 같이

판결한다.

2005년 6월 13일

대한예수교장로회 독도노회 재판국(관인)

국장 목사 달하나(인)

서기 장로 별다섯(인)

국원 목사 달   둘(인)

목사 달   셋(인)

목사 달   넷(인)

장로 별여섯(인)

장로 별일곱(인)

31. 판결문 송달

대한예수교장로회 독도노회

문서 번호 : 재판 05-3

수 신 : 수신처 참조

발 신 : 독도노회 재판국

제 목 : 재판 결과 통보의 건

은혜 중 평강하심을 기원합니다.

독도노회 재판국(2005년 6월 13일)은 독도교회 당회가 노회에 위탁 판결 청원한 원고 홍길동 씨와 피고 가라대 씨와 가라소 씨에 대한 재판 건의 판결문을 유첨과 같이 송달 통보합니다.

유첨 : 판결문 1부   끝.

2005년 6월 13일

대한예수교장로회 독도노회 재판국(관인)

국장 목사 달하나(인)

서기 장로 별다섯(인)

수신처 : 독도노회 서기, 독도교회 당회장, 원고 홍길동,

피고 가라대, 피고 가라소

※ 노회 회기 중이면 노회가 재판국의 보고를 채용함으로 확정되지만 노회가 폐회된 후 재판국에서 판결한 안건은 공포 때부터 노회의 판결로 인정한다(권징 제121조).

※ 원고와 피고에게는 판결문을 등기 배달 증명으로 보내는 것으로 선고를 대신할 수 있다.

판결문 (유첨)

원고 : 홍길동(만 55세)

    소속 치리회 : 대한예수교장로회 독도교회

    성직 및 신급 : 집사

    주소 : 부산시 동구 서동 55번지

피고 : 가라대(만 44세)

    소속 치리회 : 대한예수교장로회 독도교회

    성직 및 신급 : 장로

    주소 : 부산시 동구 서동 44번지

피고 : 가라소(만 33세)

    소속 치리회 : 대한예수교장로회 독도교회

    성직 및 신급 : 서리 집사

    주소 : 부산시 동구 서동 33번지

주 문

피고 A 가라대 씨를 장로직 "면직"에 처한다.

피고 B 가라소 씨를 "수찬 정지"에 처한다.

이 유

1. 피고 A는 2004년 6월 이전에는 십일조 헌금과 절기 헌금을 성실히 이행했으나 6월부터 11월까지 한 푼도 하지 아니한 것은 고의적으로 의무금을 드리지 않은 것이 인정되고, 2004년 12월 19일과 26일 주일에 시무 장로로서 주일 예배에 참예치 않은 것과 특히 26일 주일에 새벽부터 저녁까지 바다낚시를 한 것은 교회 직원으로서 성일을 범한 것이 인정된다.

2. 피고 B는 2004년 11월 6일 오후 2시경 독도교회 후문 서쪽 300m 지점에 있는 서울 슈퍼 앞에서 원고 홍길동 씨를 구타한 것이 인정되고, 2004년 6월 이전에는 십일조 헌금과 절기 헌금을 성실하게 드려 왔으나 6월부터 11월까지에 거의 드리지 않는 것은 고의로 의무금을 드리지 않는 것이 인정되고, 2004년 12월 19일 주일과 26일 주일에 주일 예배에 참석하지 아니함과 특히 26일에 새벽부터 저녁까지 바다낚시를 한 것은 성일을 범한 것이 인정된다.

3. 피고 B는 2005년 6월 13일 재판국의 신문 과정에서 재판국을 불신하고 재판 결과를 불복하겠다며 행패를 부리는 것은 주 예수 그리스도의 이름과 권위를 훼손한 것이 인정된다.

4. 적용 법조문 : 권징 조례 제1장 제3조, 제6장 제41조, 제7장 제48조, 정치 제13장 제3조, 헌법적 규칙 제2조 5항에 의거

본 재판국은 주 예수 그리스도의 이름과 그 직권으로 주문과 같이

판결한다.

2005년 6월 13일

대한예수교장로회 독도노회 재판국(관인)

국장 목사 달하나(인)

서기 장로 별다섯(인)

국원 목사 달   둘(인)

목사 달   셋(인)

목사 달   넷(인)

장로 별여섯(인)

장로 별일곱(인)

제4절 노회 재판국 회의록

노회 재판국 회의록은 별도로 작성하여 노회 회의록 부록으로 보존하고 노회 회의록과 함께 총회의 검사를 받아야 한다.

1. 독도노회 제1차 재판국 회의록

2005년 5월 5일(목) 오전 8시에 부산시 동구 서동 5번지 노회 회의실에서 재판국원 7인 전원이 출석하여 임시 의장 달하나 목사의 사회로 국원 별다섯 장로로 기도케 한 후 개회하다.
(출석 회원 목사 : 달하나, 달 둘, 달 셋, 달 넷, 장로 : 별다섯, 별여섯, 별일곱)

〈결의 사항〉
1. 아래와 같이 재판국을 조직하다(권징 제117조).
    국장 : 달하나 목사, 서기 : 별다섯 장로
    국원 : (목사) 달 둘, 달 셋, 달 넷, (장로) 달여섯, 달일곱
2. 피고 가라대 씨와 가라소 씨에게 고소장과 죄증 설명서를 송달하고 서류를 받은 날로부터 10일 내로 각각 답변서를 제출토록 하기

로 하다.

3. 국장과 서기에게 위임하여 주님의 교훈하신바 마 18장 15~17절 말씀대로 쌍방이 화해토록 하기로 하다.

4. 고소장을 사본하여 국원들에게 배부하기로 하다.

5. 재판국원 전원이 본 재판 건에 관한 모든 일에 비밀을 유지하기로 하다.

6. 서기가 회의록을 낭독하니 채택하고 별여섯 장로로 기도케 한 후 폐회하니 동일 오전 9시 25분이더라.

2005년 5월 5일

대한예수교장로회 독도노회 재판국

국장 목사 달하나(인)

서기 장로 별다섯(인)

※ 노회가 고소장이나 상소장이나 소원장을 접수하여 재판을 할 때에 노회가 재판회로 변경하여 재판을 할 수도 있고 재판국을 설치하여 위탁하기도 한다.

2. 독도노회 제2차 재판국 회의록

2005년 5월 20일(금) 오전 7시에 부산시 동구 서동 5번지 노회 회의실에서 국장 달하나 목사의 사회로 찬송가 337장을 일동이 제창하고 국원 별여섯 장로로 기도케 한 후 국장이 성경 딤후 2장 4~6절을 봉독하고 "법대로 경기하는 자"라는 제목으로 강론하고 국장이 기도하다.

서기가 회원을 호명하니 7명 중 6명이 출석하여 국장이 개회를 선언하다.

(출석 회원 목사 : 달하나, 달 둘, 달 셋, 달 넷, 장로 : 별다섯, 별여섯, 지참자 : 별 일곱 장로)

〈결의 사항〉

1. 국장과 서기에게 위임한 화해의 건은 절차대로 시행하였으나 화해에 실패하였다는 국장의 구두 보고를 받다.
2. 서기가 접수한 피고의 답변서 별지 #1과 별지 #2를 사본하여 국원들에게 배부하기로 하다.
3. 재판 일정은 국장과 서기에게 위임하기로 하다.
4. 재판 진행 중 신문은 국장에게 기록은 국원 달 넷 목사에게 맡기기로 하다.
5. 원고가 제출한 증인은 그대로 채용하기로 하다.
6. 원고의 증인 고삼생 군은 대입 준비를 하는 학생이므로 서기가 방문하여 진술서를 받아 대체하기로 하다.

7. 원고가 제출한 피고 가라대 씨와 가라소 씨의 십일조 헌금과 절기
   헌금 불이행에 대한 확인을 위하여 독도교회 당회장에게 "서증 제
   출 의뢰서"를 발송하기로 하다.
   [서증 자료 내역 : 2004년 6월 1일부터 11월 30일까지의 가라대 씨
                  와 가라소 씨의 십일조와 절기 헌금 및 무명씨 십
                  일조 현황
   제출 기간 : 2005년 5월 30일까지
   제출처 : 독도노회 재판국(부산시 동구 서동 5번지)]
8. 서기가 회의록을 낭독하니 채택하고 국장이 국원 별일곱 장로로 기
   도케 한 후 폐회하니 동일 오전 8시 30분이더라.

2005년 5월 20일

대한예수교장로회 독도노회 재판국

국장 목사 달하나(인)

서기 장로 별다섯(인)

3. 독도노회 제3차 재판국 회의록

서기가 원고와 피고 및 증인의 참석 여부를 확인하고 방청인은 방청석으로 구분하여 착석토록 안내하다.

2005년 6월 2일(월) 오전 7시에 부산시 동구 서동 5번지 노회 회의실에서 국장 달하나 목사의 사회로 찬송가 217장을 일동이 제창하고 국장이 성경 갈 1장 10절을 봉독한 후 "하나님을 두려워하자"라는 제목으로 강론하고 기도하다.

서기가 회원을 호명하니 국원 7명 전원 출석하여 국장이 개정됨을 선언하다.

(출석 회원 목사 : 달하나, 달 둘, 달 셋, 달 넷, 장로 : 별다섯, 별여섯, 별일곱)

1. 서기가 접수한 별지 #3의 독도교회 당회장이 제출한 피고들의 헌금 내역과 별지 #4의 고삼생 군이 제출한 진술서를 즉석에서 국원들에게 배부하다.
2. 개정 선언(국장)
   "지금은 대한예수교장로회 독도교회가 독도노회에 위탁하고(독도교회 당회 제13회 회의록) 독도노회 제33회 정기 노회에서 재판국을 설치하여 위탁한 독도교회의 사건을 심리하기 위한 재판국이 개정된 것을 선언합니다."
3. 이유 공포(국장)

"우리가 지금부터 독도교회 홍길동 집사가 소송한 재판 건을 심리하게 되었은즉 마땅히 이 일이 심히 신중함을 생각하고 주 예수 그리스도 앞에서 엄숙하게 시무할 것입니다."

5. 고소장 및 죄증 설명서 낭독(서기)

서기가 고소장을 낭독하려 할 때 제출한 피고의 재판 연기 신청서(별지 #6)는 서식은 미비하나 이유가 있다고 인정되므로 2005년 6월 13일(월) 오전 7시에 노회 회의실에서 속회하기로 하고 금일자로 속회 통지서를 발송하기로 하다.

6. 서기가 회의록을 낭독하니 채택한 후 국장이 별다섯 장로로 기도케하고 정회하니 동일 오전 7시 55분이더라.

2005년 6월 2일

대한예수교장로회 독도노회 재판국
국장 목사 달하나(인)
서기 장로 별다섯(인)

4. 독도노회 제3차 재판국 회의록(속회록)

2005년 6월 13일(월) 오전 7시에 부산시 동구 서동 5번지 노회 회의실에서 국장 달하나 목사가 기도한 후 서기가 회원을 호명하니 국원 7명 전원 출석하여 국장이 속회됨을 선언하다.
(출석 회원 목사 : 달하나, 달 둘, 달 셋, 달 넷, 장로 : 별다섯, 별여섯, 별일곱)

1. 서기가 고소장 및 죄증 설명서를 낭독하다.
2. 국장이 원고에게 "송사가 허망하여 원고의 경솔한 심사가 발현되면 형제를 훼방한 죄로 처단할 것입니다"라고 경계하니 원고가 "예"라고 대답하다.
3. 국장이 피고들에게 "방금 낭독한 송사 사실에 대하여 어떻게 생각하느냐?"고 경계하니 "나는 죄가 없습니다"라고 각각 대답하다.
4. 피고가 신청한 피고측 증인 서상희 씨와 서정희 씨에 대한 증인 신청의 건(별지 #7)은, 서상희 씨는 권징 제56조와 제68조에 규정한 바 교인이 아니므로 증인이 될 수 없으며 서정희 씨는 본 교단이 이단으로 규정한 이교도로 증인이 될 수 없음으로 기각하다.
5. 피고가 원고측의 증인 증인자 씨에 대한 증인 이의 신청의 건(별지 #8)은 권징 제57조에 해당되지 아니하므로 기각하다.
6. 피고 가라소 씨가 신청한(별지 #9) 주니지 씨와 고즈미 씨의 새 증인은 그대로 채용하기로 가결하다.

7. 증인 선서

　서기가 재판국원, 증인, 원고, 피고, 방청인들을 자리에서 일어서게 하고 원고측 증인 증인자 씨와 인순종 씨와 피고측 증인 주니지 씨와 고즈미 씨에게 국장이 선창하고 증인들이 복창하여 별지 #10과 같이 선서하다.

8. 국장이 별지 #11과 같이 원고측 증인을 신문하다.

9. 원고가 별지 #12와 같이 원고측 증인을 신문하다.

10. 피고가 별지 #13과 같이 원고측 증인을 신문하다.

11. 국장이 별지 #14와 같이 피고측 증인 주니지 씨를 신문하다.

12. 국장이 별지 #15와 같이 피고측 증인 고즈미 씨를 신문하다.

13. 원고가 별지 #16과 같이 피고측 증인 고즈미 씨를 신문하다.

14. 국장이 별지 #17과 같이 원고를 신문하다.

15. 국장이 별지 #18과 같이 피고 가라대 씨를 신문하다.

16. 국장이 별지 #19와 같이 피고 가라소 씨를 신문하다.

17. 합의

　국장이 원고, 피고, 증인, 방청인을 퇴장케 하고 죄증 설명서 각 항에 대하여 토의 없이 투표하니 피고 가라대 씨에 대하여는 1항 2:5로 무죄, 2항 5:2로 유죄, 3항 4:3으로 유죄로 1개항이 무죄이고 2개항이 유죄이므로 결과는 "유죄"로 결정되고 가라소 씨에 대하여는 1항 7:0으로 유죄, 2항 5:2로 유죄, 3항 4:3으로 유죄로 전항이 유죄이므로 결과는 "유죄"로 결정되다.

　시벌의 칭호(벌의 이름)를 정함에는 토의 후, 피고 가라대 씨에 대하여 투표하니 정직 2표, 면직 4표, 기권 1표로서, "면직"에 처하기로 가결되고 피고 가라소 씨에 대하여 투표하니 수찬 정지 5표, 기권 2표로서 "수찬 정지"에 처하기로 가결하다.

18. 판결문 작성과 노회 보고서를 국장과 서기에게 위임하되 피고 가라소 씨가 재판 현장에서 재판국을 불신하고 재판에 불복하겠다는 태도를 명시하기로 하다.

19. 판결문 작성을 위하여 오전 9시까지 정회하기로 하고 국장 달하나 목사가 기도하고 정회하니 동일 오전 8시 20분이더라.

20. 동일 오전 9시 동 장소에서 국원 달 둘 목사로 기도케 한 후 서기가 회원을 호명하니 전원 출석하여 국장이 속회를 선언하다.

21. 서기가 별지 #20과 같이 국장과 서기가 작성한 판결문을 낭독하니 채택하기로 가결하다.

22. 서기가 별지 #21과 같이 국장과 서기가 작성한 노회 보고서를 낭독하니 채택하기로 가결하다.

23. 별지 #22의 판결문은 신문에 광고하지 않기로 가결하다.

24. 독도교회에 가서 공포하는 일은 독도교회 당회장에게 위임하여 집행하기로 가결하다.

25. 공포

독도노회 서기와 원고, 피고, 독도교회 당회에 판결문을 송달하는 것으로 대행하기로 가결하다.

26. 서기가 회의록을 낭독하니 채택하고 국장이 달 셋 목사로 기도케 한 후 폐정을 선언하니 동일 오전 9시 30분이더라.

2005년 6월 13일

대한예수교장로회 독도노회 재판국

국장 목사 달하나(인)

서기 장로 별다섯(인)

제 2 편
노회 재판

제 2 편 노회 재판

노회가 재판하는 경우에 있어서 당회가 원심인 사건에
서 상소장이나 소원장이 접수된 사건이나 하회(당회)에서
위탁 판결을 청원한 사건과 노회가 원심인 사건의 고소장
이 접수된 사건은 헌의부 보고 시에 재판국을 설치하여 재
판국으로 보내어 재판하게 하거나 본회에서 직할할 수 있
는데 본회에서 직할할 경우는 노회의 행정치리회를 재판회
로 변경하여 재판한다.

그런데 노회를 진행하다 보면 부득이 본회가 기소 위원
을 선정하여 기소케 하고 사건을 접수하여 재판해야 할 경
우도 없지 않다. 이때에도 기소장이 접수되면 노회를 재판
회로 변경하여 재판할 수도 있고 재판국을 설치하여 재판
국에 위탁할 수도 있다.

제1장 치리회가 기소하는 경우

　　노회 회원 중에 범죄 행위가 분명한 데도 고소하는 자가 없고 권징이 필요하다고 인정될 경우에는 노회가 기소 위원을 선정하고 기소장을 작성하여 노회 서기에게 접수하게 한 후 노회를 재판회로 변경하여 재판할 수도 있고 재판국을 설치하여 재판국에 위탁하여 재판 절차에 따라 심리 판결한다. 단, 피기소인이 총대 장로일 경우에는 해 당회에 기소하여 최종심까지 원고가 되게 한다.

제1절 노회 재판회

노회가 재판 건을 직할 처리할 경우에는 고소장(혹은 기소장)이 접
수된 후 재판을 하기 위해서는 행정 치리회를 재판회(권징 치리회)로
변경하여 재판한다.

1. 기소장 표지

기 소 장

원고(기소인) 대한예수교장로회 독도노회

　　　　　　기소 위원 목사 민주당
　　　　　　기소 위원 장로 공화당

피고(피기소인)　정배천

독 도 교 회

2. 기소장(권징 제7조, 제11조, 제12조)

원고(기소인) : 대한예수교장로회 독도노회

　　기소 위원 : 민주당(만 41세)

　　성직 및 신급 : 목사

　　주소 : 부산시 동구 서동 41번지

원고(기소인) : 대한예수교장로회 독도노회

　　기소 위원 : 공화당(만 51세)

　　성직 및 신급 : 장로

　　주소 : 부산시 동구 서동 51번지

피고(피기소인) : 정배천(만 46세)

　　소속 치리회 : 대한예수교장로회 독도노회

　　성직 및 신급 : 목사(서동교회 당회장)

　　주소 : 부산시 동구 서동 46번지

죄 상

1. 피고 서동교회 당회장 정배천 씨는 독도교회 집사 강정구 씨가 이
   명서도 없이 서동교회에 등록하고 2개월 출석한 자를 장로 선택에
   추천하여 피택케 하고, 장로 고시를 추천한 것은 권징 조례 제108

조와 제113조에 위반한 일이며,

2. 피고 정배천 씨는 회장에게 언권을 허락받아 정당한 발언을 하고
   있는 독도교회 한나라 장로에게 갑자기 뛰어나가 노회 회원 전원
   이 목격한 중에 가슴 부분 양복과 넥타이를 두 손으로 잡고 흔들다
   가 밀쳐서 넘어뜨린 일은 공인된 범죄 행위이므로 죄증 설명서를
   첨부하여 기소합니다(헌법적 규칙 제2조 5항).

2006년 4월 18일

독도노회 기소 위원 목사 민주당(인)
독도노회 기소 위원 장로 공화당(인)

대한예수교장로회 독도노회 노회장 귀하

※ 기소장에는 죄를 범했다는 죄상을 밝히 기록한다.
   피고는 권징 제23조 1항(3)에 의거 "고소장이나 죄증 설명서가 양
   식에 위반되거나 헌법 적용이 부적당한 줄로 인정될 때"는 본 노회
   재판회(재판국)에 소원을 제출할 수 있다.

3. 죄증 설명서(권징 제16조, 제17조)

원고(기소인) : 대한예수교장로회 독도노회

     기소 위원 : 민주당(만 41세)

     성직 및 신급 : 목사

     주소 : 부산시 동구 서동 41번지

원고(기소인) : 대한예수교장로회 독도노회

     기소 위원 : 공화당(만 51세)

     성직 및 신급 : 장로

     주소 : 부산시 동구 서동 51번지

피고(피기소인) : 정배천(만 46세)

     소속 치리회 : 대한예수교장로회 독도노회

     성직 및 신급 : 목사(서동교회 당회장)

     주소 : 부산시 동구 서동 46번지

1. 피고는 독도교회 교인인 강정구 집사가 이명서도 없이 2005년 8월 21일 주일에 서동교회에 처음 출석한 것을 교인 등록 카드에 기록케 하고 교회 앞에 새 교인으로 소개한 일과 10월 16일 당회 시에 장로 선택에 추천키로 결의하고 23일에 광고하면서 당회의 추천자에 포함하여 광고하고 30일에 피선되게 한 것은 권징조례 제

108조와 제113조에 규정한 이명자 관리법을 무시하고 독도교회 관할에 속한 강정구 씨를 서동교회 교인인 것처럼 장로 고시 추천까지 한 것은 명백한 불법이며,

2. 2006년 4월 17일 오후 8시경 헌의부 보고 시에 "서동교회 당회장 정배천 목사가 추천 청원한 강정구 씨의 장로 고시 청원의 건은 고시부로 보냄이 가한 줄아오며"라는 보고가 있을 때 독도교회 장로 한나라 씨가 언권을 얻어 발언대에 나아가 발언하면서 "강정구 씨는 독도교회의 집사로 임직 받아 3년이나 된 성도인데 이명서도 없이 서동교회에 출석한 지가 약 8개월 정도 됩니다. 그런데 서동교회 당회가 이명서도 받지 아니하고 등록 운운하면서 서동교회 교인인 것처럼 장로로 선택한 것이나 노회에 장로 고시 청원을 하는 것은 상식에 벗어난 일이요, 특히 당회장으로서 지극히 상식적인 일을 그렇게 해서는 안 됩니다"라고 할 때에 서동교회 당회장 정배천 목사가 갑자기 뛰어나가 발언 중인 한나라 장로의 가슴 부분 양복과 넥타이를 잡고 흔들다가 밀쳐 넘어뜨려서 양복 좌측 호주머니가 찢어지고 좌측 머리 부분이 바닥 모서리에 부딪쳐서 약 3cm나 찢어져 치료를 받게 한 것은 헌법적 규칙 제2조 5항에 금한 구타 행위이며 정치 제19장에 규정한 회장에게 언권도 허락받지 아니하고 발언 중인 회원의 언권을 침해하여 회의 질서를 문란케 한 일입니다.

증인 : 김정수(만 43세)

　　　소속 치리회 : 대한예수교장로회 독도노회

　　　성직 및 신급 : 목사

　　　주소 : 부산시 동구 서동 43번지

증인 : 이수정(만 65세)

　　　소속 치리회 : 대한예수교장로회 남도교회

　　　성직 및 신급 : 장로

　　　주소 : 부산시 동구 남도동 53번지

서증　(1) 진단서 1부(별지 #1)

　　　(2) 진료 확인서 1부(별지 #2)

　　　(물증) 찢어진 양복상의 사진(별지 #3)

　　　　　(찢어진 양복도 제시할 수 있음)　　　끝.

　　　위와 같이 죄증이 확실하기에 이에 설명합니다.

　　　　　　　　　2006년 4월 18일

　　　　　　　　독도노회 기소 위원 목사 민주당(인)

　　　　　　　　독도노회 기소 위원 장로 공화당(인)

대한예수교장로회 독도노회 노회장 귀하

※ 죄증 설명서에는 범죄의 증거를 상세히 기록하는 것이니 범죄의 일
  시, 장소, 정형 등을 6하 원칙에 따라 설명하고 각 조마다 증인의
  성명을 상세히 기록할 것이요 서증과 물증도 제시한다.

                          진단서   〈별지 #1〉

성 명 : 한나라(만 67세)
주 소 : 부산시 동구 서동 67번지
병 명 : 좌측 머리 타박상
진료 기간 : 2주

  위와 같이 진단함.

                        2006년 4월 17일

                                    독도병원장(인)

진료 확인서 〈별지 #2〉

성 명 : 한나라(만 67세)

주 소 : 부산시 동구 서동 67번지

병 명 : 좌측 머리 타박상

진료 기간 : 2006년 4월 17일 응급실에서 좌측 머리 부분이 3cm 정
도 찢어져서 5바늘을 꿰매고 주사 및 약물 치료를 한바 2
주 정도 더 치료가 요구됨.

위와 같이 진료하였음을 확인함.

2006년 4월 17일

독도병원장(인)

(물증) 호주머니 찢어진 양복상의 〈별지 #3〉

4. 판결문 〈별지 #4〉

원고(기소인) : 대한예수교장로회 독도노회

    기소 위원 : 민주당(만 41세)

    성직 및 신급 : 목사

    주소 : 부산시 동구 서동 41번지

원고(기소인) : 대한예수교장로회 독도노회

    기소 위원 : 공화당(만 51세)

    성직 및 신급 : 장로

    주소 : 부산시 동구 서동 51번지

피고(피기소인) : 정배천(만 46세)

    소속 치리회 : 대한예수교장로회 독도노회

    성직 및 신급 : 목사

    주소 : 부산시 동구 서동 46번지

주 문

피고 정배천 씨를 목사직 "정직"에 처한다.

<h1 style="text-align:center">이 유</h1>

1. 피고는 서동교회에서 가까운 독도교회 성도인 강정구 집사가 2005
   년 8월 21일 주일에 서동교회에 처음 출석했을 때 이명서를 가져
   오도록 지도하지 아니하고 등록 카드에 기록하게 하여 교회 앞에
   새 교인이 등록했다고 소개한 것은 권징 조례 제108조에 "교인이
   다른 교회에 이명서를 받은 후에 그 지교회에 가입하기까지는 여
   전히 본회 관할에 속하고"라는 규정을 위반한 것이 인정된다.
2. 피고는 본 교회의 회원도 아닌 자를 피선거권자로 추천하고 장로로
   선택케 하고 노회에 장로 고시 추천을 한 것은 교회의 법질서를 문
   란케 한 죄가 인정된다.
3. 피고는 2006년 4월 17일 오후 8시경에 헌의부 보고 시 발언 중인
   독도교회 한나라 장로에게 갑자기 뛰어나가 발언 중인 한 장로의
   가슴 부분 양복과 넥타이를 두 손으로 잡고 흔들다가 밀어 넘어뜨
   려서 양복 상의의 좌측 호주머니가 찢어지고 좌측 머리가 땅바닥
   에 부딪혀서 약 3cm나 찢어져 피를 흘리고 독도병원에 가서 5바
   늘이나 꿰매는 치료를 받고 2주 진단 결과가 발생한 것은 헌법적
   규칙 제2조 5항에 규정한 구타하는 행동에 해당되며, 목사의 품위
   를 손상하고 회의 질서를 문란케 한 죄가 인정된다.
4. 적용 법조문 : 권징 조례 제1장 제3조, 제6장 제41조, 제11장 제108
   조, 제12장 제113조, 정치 제13장 제1조, 제19장 제2조, 제21장 제1
   조 1항, 헌법적 규칙 제2조 5항에 의거

본 재판회는 주 예수 그리스도의 이름과 그 직권으로 주문과 같이
판결한다.

2006년 4월 18일

대한예수교장로회 독도노회 재판회(관인)

회장 목사 김독도(인)

서기 목사 서기장(인)

5. 판결문 송달

대한예수교장로회 독도노회

문서 번호 : 재판 06-1

수 신 : 수신처 참조

발 신 : 독도노회 재판회

제 목 : 재판 결과 통보의 건

은혜 중 평강하심을 기원합니다.

독도노회 재판회(2006년 4월 18일)는 노회 기소 위원인 원고 민주
당 씨와 공화당 씨가 피고 정배천 씨에 대하여 소송한 재판 건의 판결

문을 유첨과 같이 송달 통보합니다.

유첨 : 판결문 1부   끝.

2006년 4월 18일

대한예수교장로회 독도노회 재판회(관인)

회장 목사 김독도(인)

서기 목사 서기장(인)

수신처 : 원고 민주당, 원고 공화당, 피고 정배천, 독도노회 서기

※ 본서에는 생략하였으나 실제 사건을 처리하는 경우에는 유첨 서류
인 판결문을 반드시 첨부하여 발송하여야 한다.

제2절 독도노회(제70회) 재판회 회의록

1. 독도노회 회의록(속회록)

2006년 4월 17일 오후 7시에 노회장 김독도 목사의 사회로 찬송가 217장을 다같이 부르고 서동교회 당회 서영상 장로로 기도케 한 후 회장이 속회됨을 선언하다.

〈결의 사항〉
1. 유안 건 보고, 유인물과 같이 받기로 가결하다.
2. 공천부 보고, 유인물과 같이 받기로 가결하다.
3. 헌의부 보고
   (1) 대마도노회 노회장 ○○○ 목사가 보내온 ○○○ 목사의 이명서는 정치부로 보내기로 가결하다.
   (2) 서동교회 당회장 정배천 목사가 추천 청원한 강정구 씨의 장로 고시 청원의 건은 반려하기로 가결하다.
4. 서동교회 당회장 정배천 목사가 헌의부 보고 시 발언하고 있는 한나라 장로에게 달려가 가슴을 잡고 흔들다가 밀쳐 넘어뜨린 것은 범죄 행위이므로 노회가 기소 위원을 선정하여 기소케 한 후 본회를 재판회로 변경하여 처리하기로 가결하다.

5. 기소 위원으로 민주당 목사와 공화당 장로를 선정하다.

시간이 되어 노회장이 기도하고 18일 오전 9시까지 정회를 선언하니 동일 오후 9시 3분이더라.

2006년 4월 17일

대한예수교장로회 독도노회
회장 목사 김독도(인)
서기 목사 서기장(인)

2. 독도노회 제1차 재판회 회의록

2006년 4월 18일 오전 9시 노회장 김독도 목사의 사회로 찬송가 364장을 다같이 부르고 장로 부노회장 ○○○ 장로로 기도케 한 후 성경 갈 1장 10절을 봉독하고 "하나님을 기쁘게 하자"라는 제목으로 강론하고 부노회장 ○○○ 목사로 축도케 하다.

서기가 회원을 호명하니 현재 출석 회원으로도 성수가 되므로 회원 호명은 생략하고 회무 처리하기로 가결하다.

〈결의 사항〉

1. 서기가 기소 위원 민주당 목사와 공화당 장로가 제출한 기소장을 접수하였다는 보고를 받고 본 노회 행정회를 재판회로 변경하기로 가결하다.

2. 서기가 준비해 온 기소장을 재판회원들에게 배부하기로 가결하다.

3. 원고측 증인 김정수 목사와 이수정 장로를 채용하기로 가결하다.

4. 서증 별지 #1, #2와 물증 별지 #3을 재판 시에 증거로 제시할 것으로 채용하기로 가결하다.

5. 재판 시간은 10시에 개회하기로 가결하다.

6. 10시까지 정회하기로 가결하고 회장이 ○○○ 장로로 기도케 하고 정회를 선언하니 동일 9시 40분이더라.

2006년 4월 18일

대한예수교장로회 독도노회 재판회
회장 목사 김독도(인)
서기 목사 서기장(인)

3. 독도노회 제2차 재판회 회의록

2006년 4월 18일 오전 10시 독도노회 재판회장 김독도 목사의 사회로 찬송가 337장을 다같이 부르고 ○○○ 장로로 기도케 하다.

서기가 회원을 호명하니 출석부에 표시한 대로 목사 80명, 장로 50명 합계 130명 출석하여 회장이 속회됨을 선언하다.

〈결의 사항〉

1. 개정 선언(회장)

"지금은 대한예수교장로회 독도노회 제70회 노회 시에 정배천 씨의 범죄 사실을 처리하기 위하여 노회가 민주당 목사와 공화당 장로를 기소 위원으로 선정하고 기소 위원이 기소한 사건을 심리하기 위한 재판회가 개정됨을 선언합니다."

2. 이유 공포(회장)

"우리가 지금부터 대한예수교장로회 독도노회 재판회 기소 위원 민주당 목사와 공화당 장로가 기소한 재판 건을 심리하게 되었은 즉 마땅히 이 일이 심히 신중함을 생각하고 주 예수 그리스도 앞에서 엄숙하게 시무할 것입니다."

3. 고소장 및 죄증 설명서 낭독(서기)

서기가 고소장과 죄증 설명서를 낭독하다.

4. 회장이 피고에게 "방금 낭독한 송사 사실에 대하여 어떻게 생각합니까?"라고 경계하니 피고가 "야! 이 ×××들아 총회에서는 이보다 더한 것도 지나가는데 그까짓거를 가지고 죄를 만들어 사람을 잡는 게 어디 있어? 우리 교회는 탈퇴할테니까 네놈들 맘대로 해봐!" 하면서 퇴장하였음.

5. 본건은 피고가 신성한 재판회 석상에서 폭언과 난동을 행하며 교회 탈퇴 운운하며 퇴장까지 하여 주 예수 그리스도의 이름과 그 권위를 훼손하였음이 명백하므로 권징 조례 제7장(즉결 처단의 규례) 제48조에 의거 즉시 처결하기로 가결하다.

6. 합의

회장이 기소인과 증인 방청인을 퇴장케 하고 각 시찰장과 서기를 투표 위원으로 자벽하고 토론 없이 유죄와 무죄를 묻는 투표를 하니 유죄 100표, 무죄 30표로 결과는 "유죄"로 결정되다.

시벌의 칭호(벌의 이름)를 정함에는 토의 후 투표하니 견책 3표, 정직 60표, 수찬 정지 50표, 면직 10표로 목사직 "정직"에 처하기로 가결하다.

7. 판결문 작성은 재판회장과 재판회 서기에게 위임하고 판결문 작성을 위하여 11시 30분까지 정회하기로 가결하고 재판회장이 ○○○ 목사로 기도케 하고 정회하니 11시 5분이더라.

2006년 4월 18일

대한예수교장로회 독도노회 재판회
회장 목사 김독도(인)
서기 목사 서기장(인)

4. 독노회 제3차 재판회 회의록(속회록)

2006년 4월 18일 오전 11시 30분에 독도노회 재판회장 김독도 목사의 사회로 ○○○ 장로로 기도케 하고 재판회가 속회됨을 선언하다.

〈결의 사항〉

1. 재판회 서기가 별지 #4와 같이 판결문을 낭독하니 채택하기로 가결하다.
2. 판결문을 교단 신문에 광고하기로 가결하다.
3. 공포
   서기가 원고(기소인)와 피고(피기소인)와 독도노회 서기에게 판결문을 송달하는 것으로 대행하기로 하다.
4. 서기가 회의록을 낭독하니 채택하고 재판회장이 ○○○ 목사로 기도케 한 후 재판회가 폐정됨을 선언하니 동일 오전 11시 50분이더라.

2006년 4월 18일

대한예수교장로회 독도노회 재판회
회장 목사 김독도(인)
서기 목사 서기장(인)

※ 즉결 처단의 규례는 행정 치리회 석상에서 범죄한 사건을 말하는 것이 아니라 재판국이나 재판회 석상에서 범죄한 사건이나 다른 곳에서 범죄한 것을 재판 석상에서 자백할 때에 심의 없이 판결하는 것이다. 그러므로 행정 치리회 석상에서 범죄한 것이나 예배 시 등에 범죄 사건은 고소장이나 기소장을 접수하여 재판 절차에 따라 심의한 후에 판결해야 한다.

※ 정직된 목사가 상소하면 목사 위임을 해제하지는 못하나(권징 제45조) 책벌은 권징 제100조에 의하여 시행된다.

제2장 개인이 고소하는 경우

　노회 회원 중에 범죄 행위가 분명한 데도 노회가 기소하여 처리하지 아니하거나 범죄자의 범죄 행위를 사사로이 자기만 알고 있을 경우 개인이 노회에 고소하면 노회가 고소장을 접수하여 재판 절차에 따라 심리 판결한다. 단, 피고가 총대 장로일 경우에는 해 당회에 고소하여 최종심까지 원고가 된다.

제1절 노회 재판국

1. 고소장 표지

고 소 장

원고 홍길동

피고 가라대

독 도 노 회

2. 고소장

〈별지 #1〉

원고 : 홍길동(만 55세)

  소속 치리회 : 대한예수교장로회 독도노회

  성직 및 신급 : 목사

  주소 : 부산시 동구 서동 55번지

피고 : 가라대(만 44세)

  소속 치리회 : 대한예수교장로회 독도노회

  성직 및 신급 : 목사

  주소 : 부산시 동구 서동 44번지

죄 상

1. 피고 가라대 목사는 본인이 노회를 마치고 귀가하는 길목에 기다리
   고 있다가 본인이 가까이 갔을 때 갑자기 달려들어 구타하며 폭언
   을 하였습니다(헌규 제2조 5항).

  위와 같은 죄상이 확실하기에 별지 죄증 설명서와 진술서를 첨부하
여 이에 고소합니다.

2005년 3월 1일

원고 홍길동(인)

대한예수교장로회 독도노회 노회장 귀하

3. 죄증 설명서(권징 제16조, 제17조)

원고 : 홍길동(만 55세)

　　　소속 치리회 : 대한예수교장로회 독도노회

　　　성직 및 신급 : 목사

　　　주소 : 부산시 동구 서동 55번지

피고 : 가라대(만 44세)

　　　소속 치리회 : 대한예수교장로회 독도노회

　　　성직 및 신급 : 목사

　　　주소 : 부산시 동구 서동 44번지

1. 2004년 11월 6일 오후 6시경 노회를 마치고 귀가하는 길에 노회 장
　소인 독도교회 후문 서쪽 약 300m 지점 서울 슈퍼 앞 삼거리에 도
　착하자 피고가 갑자기 골목에서 뛰어 나와 피고 가라대 목사가 본
　인에게 달려들면서 "너 이 새끼, 증경 노회장이면 다냐? 내가 노회
　장은 못했지만 너보다 나이가 더 많은데 내가 발언할 때마다 반대

발언을 하며 왜 시비하느냐?"고 하면서 오른편 주먹으로 본인의 왼편 귀 부분을 때려서 4주 이상의 이비인후과 치료를 받았습니다. 그리고 구타를 당하면서 굴러 넘어지고 무릎이 땅바닥에 박힌 돌에 부딪히면서 무릎이 찢어져 치료를 받았습니다. 본인이 구타를 당하고 있을 때 노회를 마치고 귀가하다가 이를 목격하고 말렸던 증인자 장로와 인순종 장로가 그 광경을 보았습니다.

증인 : 증인자(만 60세)

　　　소속 치리회 : 대한예수교장로회 독도교회

　　　성직 및 신급 : 장로

　　　주소 : 부산시 동구 독도동 60번지

증인 : 인순종(만 65세)

　　　소속 치리회 : 대한예수교장로회 서동교회

　　　성직 및 신급 : 장로

　　　주소 : 부산시 동구 서동 65번지

서증　(1) 진단서 1부(별지 #1)

　　　(2) 진료 확인서 1부(별지 #2)　　　　끝.

위와 같이 죄증이 확실하기에 이에 설명합니다.

2005년 3월 1일

원고 홍길동(인)

대한예수교장로회 독도노회 노회장 귀하

진단서   〈별지 #2〉

성 명 : 홍길동

주 소 : 부산시 동구 서동 55번지

병 명 : 고막 파열, 무릎 타박상

진료 기간 : 4주

위와 같이 진단함.

2004년 11월 7일

독도병원장(인)

진료 확인서

성 명 : 홍길동

주 소 : 부산시 동구 서동 55번지

병 명 : 좌측 고막 파열, 좌측 무릎 타박상

진료 기간 : 2004. 11. 7. ~ 2004. 12. 18.

위와 같이 진료하였음을 확인함.

2005년 2월 1일

독도병원장(인)

4. 진술서(권징 제9조, 제10조, 제18조)

본인은 금번 가라대 씨를 피고로 소송을 제기하기 전에 마 18장 15~17절에 말씀한 주님의 명령대로 아래와 같이 권면하였으나 듣지 아니하였기에 진술서를 제출합니다.

〈제1차 단독 권면〉

일시 : 2004년 12월 28일 오전 8시

장소 : 피고 가라대 씨 자택(부산시 동구 서동 44번지)

내용 : "목사님, 저를 구타한 것은 목사님으로서 적절치 않은 일이지
않습니까? 회개하고 사과하시면 저도 고소하지는 않겠습니다"
라고 했더니 목사님께서 "회개는 무슨 회개며 사과는 무슨 사
과, 고소를 하든지 말든지 맘대로 해! 나보다 나이도 적은 것
이"라고 했습니다.

〈제2차 증참 권면〉

일시 : 2004년 12월 30일 오전 8시

장소 : 피고 가라대 씨 자택(부산시 동구 서동 44번지)

내용 : "목사님, 제가 며칠 전에도 와서 말씀드렸지만 저를 구타한 것
은 목사님으로서 적절치 않은 일이지 않습니까? 회개하고 사과
하시면 저도 고소하지는 않겠습니다. 저를 구타할 때에 여기 함
께 오신 증인자 장로님과 인순자 장로님이 보면서 말리지 않았
습니까?"라고 하면서 "증 장로님 인 장로님, 맞지요?"라고 한바
모두 "예"라고 증참까지 했는데도 목사님께서는 "고소를 하든
지 말든지 맘대로 해!"라고 했습니다.

증참인 : 증인자(만 60세)

　　　　소속 치리회 : 대한예수교장로회 독도교회

　　　　성직 및 신급 : 장로

　　　　주소 : 부산시 동구 독도동 60번지

증참인 : 인순종(만 65세)

　　　소속 치리회 : 대한예수교장로회 서동교회

　　　성직 및 신급 : 장로

　　　주소 : 부산시 동구 서동 65번지

이상과 같이 진술합니다.

2005년 3월 1일

진술인 홍길동(인)

대한예수교장로회 독도노회 노회장 귀하

※ 고소인은 권징 제18조대로 반드시 진술서를 첨부해야 하고 고소인
　이 진술서를 제출하지 아니했을 때에는 치리회가 서류의 보완을
　지도해야 하고 진술서를 첨부했다고 할지라도 재판국은 권징 제9
　조대로 반드시 원고와 피고가 화목하여 볼 동안 재판을 열지 말 것
　이요 끝까지 화해를 거부할 때에 재판한다.

5. 재판국 개정 통지서

은혜 중 평강하심을 기원합니다.

　표제의 건에 관하여 아래와 같이 본 재판국을 개정하오니 출석하여
주시기 바랍니다.

- 아래 -

1. 일시 : 2005년 6월 2일(월) 오전 7시
2. 장소 : 독도노회 사무실(부산시 동구 서동 5번지)
3. 유의 사항
　① 출석하실 때에는 반드시 교회 헌법을 휴대하시기 바랍니다.
　② 권징 조례 제4장 제29조의 규정대로 "재판할 때에 처음부터 나
　　중까지 출석하여 전부를 듣지 아니한 회원은 원고 피고와 그 재
　　판회원이 동의 승낙하지 아니하면 그 재판에 대하여 투표권이
　　없고"라 하였은즉, 결석하는 일이 없도록 하시고, 특히 시간을
　　엄수하시기 바랍니다.

2005년 5월 21일

대한예수교장로회 독도노회 재판국(관인)

국장 목사 김독도(인)

서기 장로 가라줌(인)

재판국원 제위 귀하

※ 각자의 성명을 기록하지 않을 때는 '제위'를 넣어야 한다.

6. 원고 소환장

은혜 중 평강하심을 기원합니다.

귀하가 가라대 씨를 피고로 고소한 재판 사건을 심리하고자 아래와 같이 소환합니다.

– 아래 –

1. 일시 : 2005년 6월 2일(월) 오전 7시
2. 장소 : 독도노회 사무실(부산시 동구 서동 5번지)
3. 유의 사항
   ① 귀하는 피고측 증인에 대하여 상당한 이유가 있을 때에는 거부 신청을 할 수 있습니다.
   ② 귀하는 대리인이나 변호인을 신청할 수 있습니다.
   ③ 출석하실 때에는 인장을 지참하시기 바랍니다.

2005년 5월 21일

대한예수교장로회 독도노회 재판국(관인)
국장 목사 김독도(인)
서기 장로 가라중(인)

원고 홍길동 귀하

7. 피고 소환장(권징 제21조~제23조)

은혜 중 평강하심을 기원합니다.
원고 홍길동 씨가 귀하를 고소한 재판 사건을 심리하고자 아래와
같이 소환합니다.

– 아래 –

1. 일시 : 2005년 6월 2일(월) 오전 7시
2. 장소 : 독도노회 사무실(부산시 동구 서동 5번지)
3. 유의 사항
   ① 귀하는 무죄를 증거하기 위하여 증인을 신청할 수 있습니다.
   ② 귀하는 원고측 증인에 대하여 상당한 이유가 있을 때에는 거부

신청을 할 수 있습니다.

③ 귀하는 대리인이나 변호인을 신청할 수 있습니다.

④ 출석하실 때에는 인장을 지참하시기 바랍니다.

⑤ 별첨과 같이 고소장과 죄증 설명서를 송부하오니 피고가 원할 경우 고소장을 받은 날로부터 10일 내로 독도노회 재판국 서기에게 죄증 설명서 각 항에 대한 답변서를 제출하시기 바랍니다.

유첨 (1) 고소장 1부

    (2) 죄증 설명서 1부

    (3) 진술서 1부 　끝.

2005년 5월 21일

대한예수교장로회 독도노회 재판국(관인)

국장 목사 김독도(인)

서기 장로 가라중(인)

피고 가라대 귀하

고 소 장

원고 홍길동

피고 가라대

독 도 노 회

원 본 대 조 필	독도노회 재판국(관인)
	국장 목사 김독도(인)
	서기 장로 가라중(인)

고소장 (유첨 1)

원고 : 홍길동(만 55세)

　　　소속 치리회 : 대한예수교장로회 독도노회

　　　성직 및 신급 : 목사

　　　주소 : 부산시 동구 서동 55번지

피고 : 가라대(만 44세)

　　　소속 치리회 : 대한예수교장로회 독도노회

　　　성직 및 신급 : 목사

　　　주소 : 부산시 동구 서동 44번지

죄 상

1. 피고 가라대 목사는 본인이 노회를 마치고 귀가하는 길목에 기다리고 있다가 본인이 가까이 갔을 때 갑자기 달려들어 구타하며 폭언을 하였습니다(헌규 제2조 5항).

　위와 같은 죄상이 확실하기에 별지 죄증 설명서와 진술서를 첨부하여 이에 고소합니다.

2005년 3월 1일

원고 홍길동(인)

대한예수교장로회 독도노회 노회장 귀하

죄증 설명서 (유첨 2)

원고 : 홍길동(만 55세)

　소속 치리회 : 대한예수교장로회 독도노회

　성직 및 신급 : 목사

　주소 : 부산시 동구 서동 55번지

피고 : 가라대(만 44세)

　소속 치리회 : 대한예수교장로회 독도노회

　성직 및 신급 : 목사

　주소 : 부산시 동구 서동 44번지

1. 2004년 11월 6일 오후 6시경 노회를 마치고 귀가하는 길에 노회 장
　소인 독도교회 후문 서쪽 약 300m 지점 서울 슈퍼 앞 삼거리에 도
　착하자 피고가 갑자기 골목에서 뛰어 나와 피고 가라대 목사가 본
　인에게 달려들면서 "너 이 새끼, 증경 노회장이면 다냐? 내가 노회
　장은 못했지만 너보다 나이가 더 많은데 내가 발언할 때마다 반대

발언을 하며 왜 시비하느냐?"고 하면서 오른편 주먹으로 본인의 왼편 귀 부분을 때려서 4주 이상의 이비인후과 치료를 받았습니다. 그리고 구타를 당하면서 굴러 넘어지며 무릎이 땅바닥에 박힌 돌에 부딪히면서 무릎이 찢어져 치료를 받았습니다. 본인이 구타를 당하고 있을 때 노회를 마치고 귀가하다가 이를 목격하고 말렸던 증인자 장로와 인순종 장로가 그 광경을 보았습니다.

증인 : 증인자(만 60세)

　　소속 치리회 : 대한예수교장로회 독도교회

　　성직 및 신급 : 장로

　　주소 : 부산시 동구 독도동 60번지

증인 : 인순종(만 65세)

　　소속 치리회 : 대한예수교장로회 서동교회

　　성직 및 신급 : 장로

　　주소 : 부산시 동구 서동 65번지

서증　1) 진단서 1부(별지 #1)

　　　2) 진료 확인서 1부(별지 #2)　　　　　끝.

위와 같이 죄증이 확실하기에 이에 설명합니다.

2005년 3월 1일

원고 홍길동(인)

대한예수교장로회 독도노회 노회장 귀하

※ 본서에는 생략하였으나 실제 사건을 처리하는 경우에는 서증 진단
서와 진료 확인서 사본을 반드시 첨부하여 발송해야 한다.

진술서 (유첨 3)

본인은 금번 가라대 씨를 피고로 소송을 제기하기 전에 마 18장
15~17절에 말씀한 주님의 명령대로 아래와 같이 권면하였으나 듣지
아니하였기에 진술하나이다.

〈제1차 단독 권면〉
일시 : 2004년 12월 28일 오전 8시
장소 : 피고 가라대 씨 자택(부산시 동구 서동 44번지)
내용 : "목사님, 저를 구타한 것은 목사님으로서 적절치 않은 일이지
　　　않습니까? 회개하고 사과하시면 저도 고소하지는 않겠습니다"
　　　라고 했더니 목사님께서 "회개는 무슨 회개며 사과는 무슨 사
　　　과, 고소를 하든지 말든지 맘대로 해! 나보다 나이도 적은 것

이"라고 했습니다.

〈제2차 증참 권면〉

일시 : 2004년 12월 30일 오전 8시

장소 : 피고 가라대 씨 자택(부산시 동구 서동 44번지)

내용 : "목사님, 제가 며칠 전에도 와서 말씀드렸지만 저를 구타한 것
은 목사님으로서 적절치 않은 일이지 않습니까? 회개하고 사과
하시면 저도 고소하지는 않겠습니다. 저를 구타할 때에 여기 함
께 오신 증인자 장로님과 인순자 장로님이 보면서 말리지 않았
습니까?"라고 하면서 "증 장로님 인 장로님, 맞지요?"라고 한바
모두 "예"라고 증참까지 했는데도 목사님께서는 "고소를 하
든지 말든지 맘대로 해!"라고 했습니다.

증참인 : 증인자(만 60세)

　　　소속 치리회 : 대한예수교장로회 독도교회

　　　성직 및 신급 : 장로

　　　주소 : 부산시 동구 독도동 60번지

증참인 : 인순종(만 65세)

　　　소속 치리회 : 대한예수교장로회 서동교회

　　　성직 및 신급 : 장로

　　　주소 : 부산시 동구 서동 65번지

이상과 같이 진술합니다.

2005년 3월 1일

진술인 홍길동(인)

대한예수교장로회 독도노회 노회장 귀하

8. 증인 소환장(권징 제68조)

원고 : 홍길동(만 55세)

       소속 치리회 : 대한예수교장로회 독도노회

       성직 및 신급 : 목사

       주소 : 부산시 동구 서동 55번지

피고 : 가라대(만 44세)

       소속 치리회 : 대한예수교장로회 독도노회

       성직 및 신급 : 목사

       주소 : 부산시 동구 서동 44번지

본 재판 사건에 귀하를 원고측 증인으로 아래와 같이 소환합니다.

- 아래 -

1. 일시 : 2005년 6월 2일(월) 오전 7시
2. 장소 : 독도노회 사무실(부산시 동구 서동 5번지)
3. 유의 사항
  ① 인장을 지참하시기 바랍니다.
  ② 교인은 "아무 교회 교인 중 누구를 막론하고 증인 소환을 받고
    출석하지 아니하거나, 혹 출석하였을지라도 증언하기를 불응하
    면 그 형편대로 거역하는 행위를 징벌할 것이다"라는 권징 조례
    제68조의 규정을 따라, 소환한 대로 출석하고 증언할 의무가
    있사오니, 특히 유의하시기 바랍니다.

2005년 5월 21일

대한예수교장로회 독도노회 재판국(관인)
국장 목사 김독도(인)
서기 장로 가라중(인)

증인 증인자 귀하
증인 인순종 귀하

9. 소환 연기 신청서 〈별지 #4〉

수 신 : 독도노회 재판국장
참 조 : 재판국 서기
제 목 : 소환 연기 신청의 건

2005년 5월 21일자 귀 소환장에 대하여 아래와 같은 일신상의 이유로 연기하고자 하오니 허락하여 주시기를 바랍니다.

– 아래 –

1. 부친상으로 재판 대비 관계가 미비 되었기 때문임.
2. 10일 이상 연기 바람.

2005년 5월 23일

독도노회 가라대 목사(인)

※ 소환 연기 신청은 법에 없는 것이므로 효력이 없는 서류이다. 따라서 소환 연기 신청서를 제출했다고 해도 재판에 출석하지 아니하면 불출석으로 처리되어 불이익을 당할 뿐이다. 따라서 대리인이나 변호인이 출석토록 해야 한다.

10. 소환 연기 신청 안내문

대한예수교장로회 독도노회

문서 번호 : 재판 05-2

수 신 : 가라대 장로(피고)

발 신 : 독도노회 재판국

제 목 : 소환 연기 신청에 대한 안내의 건

은혜 중 평강하심을 기원합니다.

귀하께서 2005. 5. 23. 등기 배달 증명으로 본 재판국에 보내신 "소환 연기 신청"(별지 #4)의 건은 불가함을 알려드립니다.

귀하께서는 2005. 6. 2. 재판 장소에 본인이 출석하지 못할 경우에 권징 조례 제4장 제23조에 의거 대리인을 보내어 신청하실 수 있습니다.

귀하께서 위의 일을 행하지 않으면 권징 조례 제4장 제22조에 따라 3일 정도 여유를 두고 재차 소환할 것이며, 그 소환장에 대하여 천연적 고장이 없이 출석하지 아니하면 권징 조례 제34조, 제39조, 제47조에 의해 궐석한 대로 판결할 것입니다.

2005년 5월 28일

대한예수교장로회 독도노회 재판국(관인)

국장 목사 김독도(인)

서기 장로 가라중(인)

※ 소환 연기 신청은 법에 없는 것이므로 어떤 효력도 없으나 피고의
오해가 없도록 재판국에서 안내해 준 것일 뿐이다.

11. 재판 연기 신청서(권징 제20조)　　　　　〈별지 #5〉

수신 : 재판국장 귀하

　본인 등은 본 재판의 준비 부족으로 인하여 재판 연기 신청하오니
허락하여 주시기 바랍니다.

2005년 6월 2일

피고 가라대 목사(인)

※ 재판 연기 신청은 재판에 관계된(서식 3) 서식대로 해야 한다. 그러
나 본건은 서식에 어긋난 서류이지만 오해가 없도록 하기 위하여
재판국 회의록(제3회)과 같이 접수하여 이유 있다고 인정하고 처

리하였음을 일러둔다.

12. 재판국 속회 통지서

은혜 중 평강하심을 기원합니다.

표제의 건에 관하여 아래와 같이 본 재판국을 개정하오니 출석하여
주시기 바랍니다.

– 아래 –

1. 일시 : 2005년 6월 13일(월) 오전 7시
2. 장소 : 노회 회의실(부산시 동구 서동 5번지)
3. 유의 사항

① 출석하실 때에는 반드시 교회 헌법을 휴대하시기 바랍니다.

② 권징 조례 제4장 제29조의 규정대로 "재판할 때에 처음부터 나
중까지 출석하여 전부를 듣지 아니한 회원은 원고 피고와 그 재
판회원이 동의 승낙하지 아니하면 그 재판에 대하여 투표권이
없고"라고 하였은즉, 결석하는 일이 없도록 하시며, 특히 시간
을 엄수하시기 바랍니다.

2005년 6월 2일

대한예수교장로회 독도노회 재판국(관인)

국장 목사 김독도(인)

서기 장로 가라중(인)

재판국원 제위 귀하

13. 원고 재도 소환장

은혜 중 평강하심을 기원합니다.

귀하가 가라대 씨를 피고로 고소한 재판 사건을 심리코자 아래와

같이 소환합니다.

– 아래 –

1. 일시 : 2005년 6월 13일(월) 오전 7시

2. 장소 : 독도노회 사무실(부산시 동구 서동 5번지)

3. 유의 사항

① 출석하실 때에는 반드시 교회 헌법을 휴대하시기 바랍니다.

② 권징 조례 제4장 제29조의 규정대로 "재판할 때에 처음부터 나

중까지 출석하여 전부를 듣지 아니한 회원은 원고 피고와 그 재

판회원이 동의 승낙하지 아니하면 그 재판에 대하여 투표권이

없고"라고 하였은즉, 결석하는 일이 없도록 하시고, 특히 시간을 엄수하시기 바랍니다.

2005년 6월 2일

대한예수교장로회 독도노회 재판국(관인)
회장 목사 김독도(인)
서기 장로 가라중(인)

원고 홍길동 귀하

14. 피고 재도 소환장

은혜 중 평강하심을 기원합니다.
원고 홍길동 씨가 귀하를 고소한 재판 사건을 심리하고자 아래와 같이 소환합니다.

– 아래 –

1. 일시 : 2005년 6월 13일(월) 오전 7시
2. 장소 : 독도노회 사무실(부산시 동구 서동 5번지)

3. 유의 사항

    ① 귀하는 귀하의 무죄를 증거하기 위하여 증인을 신청할 수 있습니다.

    ② 귀하는 원고측 증인에 대하여 상당한 이유가 있을 때에는 거부신청을 할 수 있습니다.

    ③ 귀하는 대리인이나 변호인을 신청할 수 있습니다.

    ④ 출석하실 때에는 인장을 지참하시기 바랍니다.

2005년 6월 2일

대한예수교장로회 독도노회 재판국(관인)

국장 목사 김독도(인)

서기 장로 가라중(인)

피고 가라대 귀하

15. 증인 재도 소환장

원고 : 홍길동(만 55세)

    소속 치리회 : 대한예수교장로회 독도노회

    성직 및 신급 : 목사

주소 : 부산시 동구 서동 55번지

피고 : 가라대(만 44세)

　　소속 치리회 : 대한예수교장로회 독도노회

　　성직 및 신급 : 목사

　　주소 : 부산시 동구 서동 44번지

본 재판 사건에 귀하를 원고측 증인으로 아래와 같이 소환합니다.

– 아래 –

1. 일시 : 2005년 6월 13일(월) 오전 7시
2. 장소 : 독도노회 사무실(부산시 동구 서동 5번지)
3. 유의 사항
　① 인장을 지참하시기 바랍니다.
　② 교인은 "아무 교회 교인 중 누구를 막론하고 증인 소환을 받고
　　출석하지 아니하거나, 혹 출석하였을지라도 증언하기를 불응하
　　면 그 형편대로 거역하는 행위를 징벌할 것이다"라는 권징 조례
　　제68조의 규정을 따라, 소환한 대로 출석하고 증언할 의무가 있
　　사오니, 특히 유의하시기 바랍니다.

2005년 6월 2일

대한예수교장로회 독도노회 재판국(관인)

국장 목사 김독도(인)

서기 장로 가라중(인)

증인 증인자 귀하

증인 인순종 귀하

16. 피고측 증인 신청서   〈별지 #6〉

피고 : 가라대(만 44세)

    소속 치리회 : 대한예수교장로회 독도노회

    성직 및 신급 : 목사

    주소 : 부산시 동구 서동 44번지

    본 재판 건에 대하여 아래와 같이 피고의 증인을 신청하오니 허락해 주시기를 바랍니다.

– 아래 –

증인 1 : 서상희(만 70세)

    소속 치리회 : 무교

성직 및 신급 : 무교

주소 : 부산시 동구 서동 70번지

증인 2 : 서정희(만 75세)

　소속 치리회 : 독도 천주교회

　성직 및 신급 : 영세

　주소 : 부산시 동구 서동 75번지

증인 3 : 주니지(만 55세)

　소속 치리회 : 대마교회

　성직 및 신급 : 세례

　주소 : 부산시 동구 서동 55번지

2005년 6월 5일

신청인 피고 가라대(인)

대한예수교장로회 독도노회 재판국장 귀하

※ 교인이 아니면 교회 재판에서는 증인이 될 수 없으므로(권징 제56
　조, 제68조) 재판국 회의록(제3회) 속회록에서 기각되었으니 대조
　하여 참고하기 바란다.

17. 원고측 증인 이의 신청서(권징 제56조) 〈별지 #9〉

원고 : 홍길동(만 55세)

　　　소속 치리회 : 대한예수교장로회 독도노회

　　　성직 및 신급 : 목사

　　　주소 : 부산시 동구 서동 55번지

피고 : 가라대(만 44세)

　　　소속 치리회 : 대한예수교장로회 독도노회

　　　성직 및 신급 : 목사

　　　주소 : 부산시 동구 서동 44번지

　본 재판의 원고측 증인은 아래와 같은 사유로 부적격자이므로 권징
조례 제8장 제56조에 의하여 이의를 신청하오니 허락하여 주시기 바
랍니다.

– 아래 –

1. 성명 : 증인자(만 60세)

　　　소속 치리회 : 대한예수교장로회 독도교회

　　　성직 및 신급 : 장로

　　　주소 : 부산시 동구 서동 60번지

2. 이유 : 증인은 원고와 평소에 친한 관계이므로 원고에게 유리한 증
      언을 할 것임.

2005년 6월 5일

신청인 피고 가라대(인)

대한예수교장로회 독도노회 재판국장 귀하

※ 증인 이의 신청은 권징 제57조에 해당되지 않으므로 재판 회의록
   제3회 속회록에서 기각되었으니 대조하여 참고하기 바란다.

18. 증인 선서(권징 제62조)   〈별지 #8〉

후일에
산 자와 죽은 자를
심판하시는 하나님 앞에
문답할 것 같이,
지금 알지 못함이 없으사
사람의 마음을 감찰하시는
하나님 앞에서

이 소송 안의 증인으로 출석하였으니

사실대로 직언하며,

사실 전부를 말하며,

사실밖에 덧붙이지 아니하기로 선서하나이다.

2005년 6월 13일

증인 증인자(인)

증인 인순종(인)

증인 주니지(인)

대한예수교장로회 독도노회 재판국장 귀하

19. 원고측 증인 1, 2 신문 조서(증인자, 인순종)　　〈별지 #9〉

문 : 원고측 증인으로 오신 증인자 씨와 인순종 씨는 원고 홍길동 씨와
　　 피고 가라대 씨와 함께 독도노회를 섬기는 장로님들이지요?

답 : 예.

문 : 증인들은 원고의 주장에 의하면 2004년 11월 6일 오후 6시경 서
　　 울 슈퍼 앞에서 홍길동 목사를 가라대 목사가 구타하는 것을 보
　　 았다는데 사실입니까?

답 : 예.

문 : 그 때 증인들은 노회를 마치고 귀가하던 길이 맞습니까?

답 : 예.

문 : 그 때에 홍길동 목사와 함께 귀가했습니까?

답 : 저희들은 좀 뒤에 갔습니다.

문 : 무슨 일로 좀 뒤에 갔습니까?

답 : 다른 장로님들과 이야기를 하고 화장실에 갔다가 왔습니다(인순종 답변).

문 : 얼마나 뒤에 갔습니까?

답 : 약 5분 정도 뒤에 간 것 같습니다(증인자 답변).

문 : 그 때에 원고의 주장은 피고가 구타했다고 하는데 구타하는 것을 보았습니까?

답 : 멀리서 보니까 가 목사님이 홍 목사님의 왼쪽 뺨을 오른쪽 주먹으로 때리니까 넘어져서 구르다가 일어나니까 가 목사님이 홍 목사님의 가슴을 잡고 흔드는 것은 보고 뛰어가서 말렸습니다(증인자 답변).

문 : 피고의 주장은 원고가 넘어지면서 다리를 다쳤다고 하는데 홍 목사가 넘어지는 것을 보았습니까?

답 : 왼쪽 뺨을 맞고 넘어지는 것은 멀리서 보았습니다.

문 : 원고의 주장은 원고가 피고에게 구타를 당할 때 증인들이 말렸다는데 어떤 광경에서 어떻게 말렸습니까?

답 : 가라대 목사가 홍길동 목사의 가슴을 잡고 있을 때 손을 놓으라고 하면서 떼어 놓았습니다.

문 : 그 때 가라대 목사는 어떻게 하고 있었습니까?

답 : "나는 너 이 새끼 때린 일이 없으니 뒤집어 씌우지 마!" 하면서 자기의 집 방향으로 갔습니다.

문 : 귀가하면서 홍 목사가 어디 아프단 말은 하지 않던가요?

답 : 아프단 말은 하지 않고 다리를 좀 절었습니다(증인자 답변).

문 : 어느 쪽 다리를 절던가요?

답 : 왼쪽 다리인 것 같았습니다.

문 : 귀가 아프단 말은 하지 않던가요?

답 : 아프단 말은 하지 않고 왼손으로 왼쪽 귀를 누르고 있었습니다.

문 : 국원 중에 증인에게 신문하실 분 말씀하세요.

답 : 없습니다(여러 소리로).

문 : 증인으로서 더 할 말이 있으면 말씀하세요.

답 : 가 목사님이 홍 목사님에게 "너 이 새끼" 하는 말이나 목사를 구타하는 일은 지나가는 사람들 보기에도 좀 민망했습니다.

이상의 공술은 원고측 증인 증인자, 인순종 장로가 대한예수교장로회 독도노회 재판국에서 진술한 바 틀림없기에 이에 서명 날인합니다.

2005년 6월 13일

증인 증인자(인)

증인 인순종(인)

20. 피고의 원고측 증인 신문 조서(인순종) 〈별지 #10〉

문 : 증인 인종순 장로님은 원고 홍길동 목사와 고향 친구 맞지요?

답 : 예.

문 : 증인은 홍길동 목사와 초등학교와 중학교 동창생 맞지요?

답 : 예.

문 : 증인은 원고에게 밥도 많이 얻어먹었겠네요.

답 : 장로가 밥을 사야지 어떻게 목사님께 밥을 얻어먹습니까?

이상의 공술은 대한예수교장로회 독도노회 재판국에서 진술한 바 틀림없기에 이에 서명 날인합니다.

2005년 6월 13일

피고 가라대(인)

증인 인순종(인)

21. 피고측 증인 신문 조서(주니지) <별지 #11>

문 : 증인은 대마교회 성도 주니지 씨 맞지요?

답 : 예.

문 : 세례는 받으셨지요?

답 : 예, 3년 전에 세례를 받았습니다.

문 : 대마교회에서 맡은 직분은 무엇입니까?

답 : 교회 찬양대와 남전도회 총무로 봉사하고 있습니다.

문 : 피고 가라대 씨와는 어떤 관계이십니까?

답 : 동은 달라도 동 경계인 도로의 맞은 편 집에 사는 이웃 청년으로 등산길에서 자주 만나고 서동고등학교 동문 후배입니다.

문 : 2004년 11월 6일 오후 6시경 서울 슈퍼 앞에서 원고 홍길동 씨와 피고 가라소 씨가 다투는 것을 보았습니까?

답 : 예.

문 : 어떻게 해서 그 곳에 오게 되었습니까?

답 : 직장에서 퇴근하면서 그곳을 지나가다가 그 광경을 보았습니다.

문 : 그 때 가라대 씨가 오른 주먹으로 홍길동 씨의 왼쪽 귀 부분을 구타한 일을 보았습니까?

답 : 때리는 것을 본 일은 없습니다.

문 : 증인은 원고와 피고가 다투는 것을 처음부터 끝까지 다 보았습니까?

답 : 처음에는 보지 못했고 어떤 남자 둘이서 말릴 때부터 보았습니다.

문 : 오늘 어떻게 해서 증인으로 오게 되었습니까?

답 : 가라대 목사님이 "오늘 교회 재판을 하는데 그 때 그 곳을 지나가면서 보았으니 사실대로 말을 좀 해 달라"고 해서 재판하는 거 구경도 좀 하고 싶어서 왔다가 현장에서 저를 증인으로 신청하고 또 증인으로 채용하고 묻기에 사실대로 대답한 것입니다.

문 : 증인으로서 할 말 있으면 하세요.

답 : 현명하신 재판장님께 선처를 바랄 뿐입니다.

이상의 공술은 대한예수교장로회 독도노회 재판국에서 진술한 바 틀림없기에 이에 서명 날인합니다.

2005년 6월 13일

증인 주니지(인)

22. 원고 신문 조서 〈별지 #12〉

문 : 원고는 피고 가라대 목사와 함께 독도노회를 섬기는 홍길동 목사님이시지요?

답 : 예.

문 : 원고는 2004년 11월 6일 정기 노회 시에 가라대 목사가 발언할

때에 언쟁한 일이 있습니까?

답 : 없습니다.

문 : 당일 노회를 마치고 귀가할 때에 동행했던 자는 누구였습니까?

답 : 혼자서 갔습니다.

문 : 그러면 증인들이 원고가 피고에게 구타당할 때 말렸다고 했는데 어떻게 된 겁니까?

답 : 증인들은 저와 약 100m 정도 뒤에 오다가 제가 구타당하는 것을 보고 뛰어와서 "그러지 말라"고 했습니다.

문 : 가라대 목사가 주먹으로 귀 부분을 때렸다고 했는데 가라대 목사의 답변은 밀치는 몸싸움을 하다가 원고가 넘어져서 다쳤다고 하니 어떻게 된 겁니까?

답 : 그것은 거짓말입니다.

문 : 당시 가라대 목사가 원고를 주먹으로 때렸던 상황을 말씀하세요.

답 : 갑자기 옆 골목에서 걸어 나오면서 "너 이 새끼, 증경 노회장이면 다냐? 왜 내가 발언할 때마다 시비냐?" 하면서 두 손으로 멱살을 잡아 흔들다가 순간적으로 손을 놓더니 오른 주먹으로 저의 왼편 귀를 때렸습니다.

문 : 국원 중에 원고에게 신문하실 분 말씀하세요.

답 : 없습니다.

문 : 원고로서 더 할 말이 있으시면 말씀하세요.

답 : 없습니다.

이상의 공술은 원고가 대한예수교장로회 독도노회 재판국에서 진술한 바 틀림없기에 이에 서명 날인합니다.

2005년 6월 13일

원고 홍길동(인)

23. 피고 신문 조서 〈별지 #13〉

문 : 피고는 원고 홍길동 목사와 함께 독도노회를 섬기는 가라대 목사님 맞지요?

답 : 예.

문 : 피고는 원고의 왼쪽 귀를 오른쪽 주먹으로 때렸다고 하는데 맞습니까?

답 : 그런 일은 없습니다.

문 : 그러면 여기(보이면서) 진단서와 진료 확인서를 당일에 가서 치료한 후 받았다고 하는데 일자도 같은 날입니다. 어떻게 된 겁니까?

답 : 그것은 알 바가 아닙니다.

문 : 그러면 진단서가 가짜란 말입니까?

답 : 왜 그런 것을 나에게 묻습니까?

문 : 홍 목사님께 사과하고 용서를 구하시지요.

답 : 그럴 생각 없습니다.

문 : 국원 중에 신문하실 분 말씀하세요.

답 : 없습니다.

문 : 피고로서 더 할 말이 있으면 말씀하세요.

답 : 없습니다.

이상의 공술은 피고 가라대 목사가 대한예수교장로회 독도노회 재판국에서 진술한 바 틀림없기에 이에 서명 날인합니다.

2005년 6월 13일

피고 가라대(인)

24. 판결문   〈별지 #14〉

원고 : 홍길동(만 55세)

　　소속 치리회 : 대한예수교장로회 독도노회

　　성직 및 신급 : 목사

　　주소 : 부산시 동구 서동 55번지

피고 : 가라대(만 44세)

    소속 치리회 : 대한예수교장로회 독도노회

    성직 및 신급 : 목사

    주소 : 부산시 동구 서동 44번지

주 문

피고 가라대 씨를 목사직 "면직"에 처한다.

이 유

1. 피고는 원고를 구타하여 왼쪽 귀의 고막에 손상을 입히고 무릎 부상과 함께 2004년 11월 7일부터 12월 18일까지 병원에서 치료받은 것이 인정된다.
2. 피고는 원고측의 증인과 독도병원장이 발급한 진단서와 진료 확인서가 일치하게 구타한 것이 확실함에도 불구하고 재판정 앞에서 구타하지 아니했다고 거짓 증거한 것이 인정된다.
4. 적용 법조문 : 권징 조례 제1장 제3조, 제6장 제41조, 정치 제15장 제10조, 헌법적 규칙 제2조 5항에 의거

    본 재판국은 주 예수 그리스도의 이름과 그 직권으로 주문과 같이 판결한다.

2005년 6월 13일

대한예수교장로회 독도노회 재판국(관인)

국장 목사 김독도(인)

서기 장로 가라중(인)

국원 목사 김대길(인)

국원 목사 김대중(인)

국원 목사 가라소(인)

국원 장로 정대성(인)

국원 장로 정인성(인)

25. 판결문 송달

대한예수교장로회 독도노회

문서 번호 : 재판 05-4

수 신 : 수신처 참조

발 신 : 독도노회 재판국

제 목 : 재판 결과 통보의 건

은혜 중 평강하심을 기원합니다.

독도노회 재판국(2005년 6월 13일)은 원고 홍길동 씨가 피고 가라대 씨에 대하여 소송한 재판 건의 판결문을 유첨과 같이 송달 통보합니다.

유첨 : 판결문 1부   끝.

2005년 6월 13일

대한예수교장로회 독도노회 재판국(관인)

국장 목사 김독도(인)

서기 장로 가라중(인)

수신처 : 원고 홍길동, 피고 가라대, 독도노회 서기

※ 본서에는 생략하였으나 실제 사건을 처리하는 경우에는 유첨 서류
인 판결문을 반드시 첨부하여 발송하여야 한다.

제2절 노회 재판국 회의록

노회 재판국 회의록은 별도로 작성하여 노회 회의록 부록으로 보존하고 노회 회의록과 함께 총회의 검사를 받아야 한다.

1. 독도노회 제1차 재판국 회의록

2005년 5월 5일(목) 오전 8시에 부산시 동구 서동 5번지 노회 사무실에서 재판국원 전원이 출석하여 소집장 김독도 목사의 사회로 소집장이 임시 서기로 가라중 장로를 자벽하고 회원 김대길 목사로 기도케한 후 개회하다.

(출석 회원 목사 : 김독도, 김대길, 김대중, 가라소, 장로 : 가라중, 정대성, 정인성)

〈결의 사항〉

1. 아래와 같이 재판국을 조직하다.

   회장 : 김독도 목사, 서기 : 가라중 장로

   회원 : (목사) 김대길, 김대중, 가라소, (장로) 가라중, 정대성 정인성

2. 피고 가라대 씨에게 별지 #1의 고소장과 죄증 설명서를 송달하고 서류를 받은 날로부터 10일 내로 답변서를 제출토록 하기로 하다.

3. 회장과 서기에게 위임하여 주님의 교훈하신바 마 18장 15~17절대로 쌍방이 화해토록 하기로 하다.

4. 고소장을 사본하여 회원들에게 배부하기로 하다.

5. 재판국원 전원이 본 재판 건에 관한 모든 일에 비밀을 유지하기로 하다.

6. 폐회하기로 결의하고 서기가 회의록을 낭독하니 채택하고 김대중 목사로 기도케 한 후 국장이 폐회를 선언하니 동일 오전 9시 25분이더라.

2005년 5월 5일

대한예수교장로회 독도노회 재판국

국장 목사 김독도(인)

서기 장로 가라중(인)

2. 독도노회 제2차 재판국 회의록

2005년 5월 20일(금) 오전 7시에 부산시 동구 서동 5번지 노회 사무실에서 국장 김독도 목사의 사회로 찬송가 337장을 일동이 제창하고 국원 김대길 목사로 기도케 한 후 국장이 성경 딤후 2장 4~6절을 봉독하고 "법대로 경기하는 자"라는 제목으로 강론하고 국장이 기도하다.

서기가 회원을 호명하니 국원 전원이 출석하여 국장이 개회를 선언하다.

(출석 회원 목사 : 김독도, 김대길, 김대중, 가라소, 장로 : 가라중, 정대성, 정인성)

〈결의 사항〉

1. 국장과 서기에게 위임한 화해의 건은 절차대로 시행하였으나 화해에 실패하였다는 국장의 구두 보고를 받다.
3. 재판 일정은 국장과 서기에게 위임하기로 하다.
4. 재판 진행 중 신문은 국장에게, 기록은 국원 김대길 목사에게 맡기기로 하다.
5. 원고가 제출한 증인은 그대로 채용하기로 하다.
6. 서기가 회의록을 낭독하니 채택하고 국장이 국원 정대성 장로로 기도케 한 후 폐회하니 동일 오전 8시 30분이더라.

2005년 5월 20일

대한예수교장로회 독도노회 재판국

국장 목사 김독도(인)

서기 장로 가라중(인)

3. 독도노회 제3차 재판국 회의록

서기가 원고와 피고 및 증인의 참석 여부를 확인하고 방청인은 방청석으로 구분하여 착석토록 안내하다.

2005년 6월 2일(월) 오전 7시에 부산시 동구 서동 5번지 노회 사무실에서 국장 김독도 목사의 사회로 찬송가 217장을 일동이 제창하고 국장이 성경 갈 1장 10절을 봉독한 후 "하나님을 두려워하자"라는 제목으로 강론하고 기도하다.

서기가 국원을 호명하니 국원 7명 전원이 출석하여 국장이 개정됨을 선언하다.

(출석 회원 목사 : 김독도, 김대길, 김대중, 가라소, 장로 : 가라중, 정대성, 정인성)

〈결의 사항〉

1. 개정 선언(국장)

"지금은 본 노회의 원고 홍길동 씨가 피고 가라대 씨를 고소한 재판 사건을 심리하기 위한 재판국이 개정된 것을 선언합니다."

2. 이유 공포(국장)

   "우리가 지금부터 홍길동 목사가 소송한 재판 건을 심리하게 되었
   은즉 마땅히 이 일이 심히 신중함을 생각하고 주 예수 그리스도 앞
   에서 엄숙하게 시무할 것입니다."

3. 고소장 및 죄증 설명서 낭독(서기)

   서기가 별지 #1의 고소장을 낭독하려 할 때 제출한 피고의 재판 연
   기 신청서(별지 #5)는 서식은 미비하나 이유가 있다고 인정되므로
   2005년 6월 13일(월) 오전 7시에 노회 사무실에서 속회하기로 하
   고 금일자로 속회 통지서를 발송하기로 하다.

4. 서기가 회의록을 낭독하니 채택한 후 회장이 기도하고 정회하니 동
   일 오전 7시 55분이더라.

2005년 6월 2일

대한예수교장로회 독도노회 재판국

국장 목사 김독도(인)

서기 장로 가라중(인)

4. 독도노회 제3차 재판국 회의록(속회록)

2005년 6월 13일(월) 오전 7시에 부산시 동구 서동 5번지 노회 사무실에서 국장 김독도 목사가 기도한 후 서기가 국원을 호명하니 국원 7명 전원이 출석하여 국장이 제3회 재판국 개정이 속회됨을 선언하다. (출석 회원 목사 : 김독도, 김대길, 김대중, 가라소, 장로 : 가라중, 정대성, 정인성)

〈결의 사항〉

1. 서기가 고소장 및 죄증 설명서를 낭독하다.
2. 국장이 원고에게 "송사가 허망하여 원고의 경솔한 심사가 발현되면 형제를 훼방한 죄로 처단할 것입니다"라고 경계하니 원고가 "예"라고 대답하다.
3. 국장이 피고에게 "방금 낭독한 송사 사실에 대하여 어떻게 생각하느냐?"고 경계하니 "나는 죄가 없습니다"라고 대답하다.
4. 피고가 신청한 별지 #6의 피고측 증인 중 서상희 씨는 권징 제56조와 제68조에 규정한바 교인이 아니므로 증인이 될 수 없으며 서정희 씨는 본 교단이 이단으로 규정한 이교도인이라 증인이 될 수 없으므로 기각하고 주니지 씨는 대마교회 성도이므로 증인으로 채택하다.
5. 피고가 원고측의 증인 증인자 씨에 대한 증인 이의 신청의 건(별지 #7)은 권징 제57조에 해당되지 아니하므로 기각하다.

6. 증인 선서

　서기가 재판국원, 증인, 원고, 피고, 방청인들을 자리에서 일어서게
하고 원고측 증인 증인자, 인순종 씨와 피고측 증인 주니지 씨에게
회장이 선창하고 증인들 이 복창하여 별지 #8과 같이 선서하다.

7. 국장이 별지 #9와 같이 원고측 증인을 신문하다.

8. 피고가 별지 #10과 같이 원고측 증인을 신문하다.

9. 국장이 별지 #11과 같이 피고측 증인 주니지 씨를 신문하다.

10. 국장이 별지 #12와 같이 원고를 신문하다.

11. 국장이 별지 #13과 같이 피고 가라대 씨를 신문하다.

12. 합의

　국장이 원고, 피고, 증인, 방청인을 퇴장케 하고 죄증 설명서 각 항
에 대하여 토의 없이 투표하니 1항 4:3로 유죄, 2항 3:5로 유죄로
결과는 "유죄"로 결정되다.

　시벌의 칭호(벌의 이름)를 정함에는 토의 후, 투표하니 정직 1표,
면직 4표, 기권 2표로서 "면직"에 처하기로 가결되다.

13. 판결문 작성은 국장과 서기에게 위임하다.

14. 판결문 작성을 위하여 오전 9시까지 정회하기로 하고 국장이 정인
성 장로로 기도케 하고 정회하니 동일 오전 8시 20분이더라.

15. 동일 오전 9시 동 장소에서 국장이 회원 가라소 장로로 기도케 한
후 서기가 국원을 호명하니 전원 출석하여 국장이 속회를 선언하
다.

16. 서기가 별지 #14과 같이 국장과 서기가 작성한 판결문을 낭독하니

채택하기로 가결하다.

18. 판결문을 신문에 광고하지 않기로 가결하다.

19. 공포

독도노회 서기와 원고와 피고에게 판결문을 송달하는 것으로 대행

하기로 가결하다.

20. 서기가 회의록을 낭독하니 채택하고 국장이 김대길 목사로 기도

케 한 후 폐정을 선언하니 동일 오전 9시 30분이더라.

2005년 6월 13일

대한예수교장로회 독도노회 재판국

국장 목사 김독도(인)

서기 장로 가라중(인)

제3장 상소 건에 대한 재판

　노회가 상소장을 접수하면 헌의부 보고 시에 노회가 직할 처리하든
지 재판국을 설치하여 재판국에 위탁하여 처리하게 하든지 노회 결의
에 따라 처리한다.

제1절 상소 절차

1. 상소 통지서

은혜 중 평강하심을 기원합니다.

○○○○년 ○○월 ○○일자로 본인에 대한 귀 재판국의 판결은 심히 부당하므로 권징 조례 제9장 제96조에 의거 관계 서류를 첨부하여 노회에 상소함을 통지합니다.

유첨   (1) 상소장 1부
　　　(2) 상소 이유 설명서 1부　　끝.

2005년 6월 20일

상소인(원심 피고) 가라순(인)

대한예수교장로회 독도교회 당회장 귀하

상소장 (유첨 1)

상 소 인(원심 피기소인) : 가라순

  소속 치리회 : 대한예수교장로회 독도교회

  성직 및 신급 : 서리 집사

  주소 : 부산시 동구 서동 44번지

피상소인(원심 기소인) : 대한예수교장로회 독도교회 당회

  기소 위원 : 홍길동

  성직 및 신급 : 장로

  주소 : 부산시 동구 서동 55번지

1. 원심 판결 주문 : 피고 가라순 씨를 "수찬 정지"에 처한다.
2. 원심 판결 일시 : ○○○○년 ○○월 ○○일
3. 원심 재판회 : 대한예수교장로회 독도교회 재판회

   회장 목사 김독도

   서기 장로 가라중

상소 취지

원래 본인을 고소한 자도 없는데 당회가 고소할 장로를 정하여 기소인이라는 용어를 붙여서 주일 오후에 딸아이의 생일이라서 외식 한번 시키고 선물로 옷 하나 사 주고, 교회에서 찬송가만 부르는 것보다 다른 교회처럼 복음송도 부르면 좋겠다고 한 것을 가지고 트집을 잡아 벌을 주었습니다. 다른 교회는 주일에 식당에서 밥 사 먹으면서 장로님들이 당회도 하고 춤을 추면서 복음송을 불러도 벌 주었다는 말 들어보지 못했는데 저는 억울합니다.

이상과 같은 취지로 상소 이유 설명서를 첨부하여 이에 상소합니다.

○○○○년 ○○월 ○○일

상소인 가라순 (인)

대한예수교장로회 독도노회 노회장 귀하

상소 이유 설명서 (유첨 2)

상 소 인(원심 피기소인) : 가라순

      소속 치리회 : 대한예수교장로회 독도교회

      성직 및 신급 : 서리 집사

      주소 : 부산시 동구 서동 44번지

피상소인(원심 기소인) : 대한예수교장로회 독도교회 당회

      기소 위원 : 홍길동

      성직 및 신급 : 장로

      주소 : 부산시 동구 서동 55번지

상소 이유

1. 원래 본인을 고소한 사람도 없는데 당회에서 고소할 사람을 만들어서 억지로 고소하게 하였습니다.
2. 이웃에 있는 백동교회는 주일에 장로님들이 식당에서 밥 사 먹으면서 당회도 하는데 본인은 오랜만에 딸아이 생일에 외식 한번 시킨 것으로 벌을 주는 것은 억울합니다.
3. 이웃에 있는 백동교회에서는 주일 예배 시간에 교인들이 일어서서 춤을 추면서 복음송을 신나게 부르는 것을 알고 우리 교회도 복음송을 부르면 좋겠다고 한 것을 가지고 벌을 주는 것은 억울합니다.

이와 같은 백동교회의 일들을 김금옥 씨가 저와 함께 목격한 증인입니다.

증인 : 김금옥(만 30세)

　　　소속 치리회 : 대한예수교장로회 독도교회

　　　성직 및 신급 : 세례

　　　주소 : 부산시 동구 서동 30번지

이상과 같이 상소 이유가 확실하므로 이에 설명합니다.

○○○○년 ○○월 ○○일

상소인 가라순 (인)

대한예수교장로회 독도노회 노회장 귀하

2. 상소장 표지

상 소 장

상소인(원심 피기소인) 가라순

피상소인(원심 기소인) 대한예수교장로회 독도교회 당회

기소 위원 홍길동

독 도 교 회

※ 상소장과 소원장에는 행정 지도를 위한 당회장, 시찰장, 노회장 등의 경유 인을 받지 않는다.

※ 총회 사무국에서 2014년 현재 상소장과 소원장에 경유 인이 없는 서류에 대하여 접수를 거부하는 행정으로 교인의 정당한 권리를 박탈하는 일은 조속히 시정해야 한다(신현만 한기승 공저,『목회현장에서 꼭 필요한 교회법률상식』pp.139~141 참조).

3. 상소장(권징 제94조~제101조)

상 소 인(원심 피기소인) : 가라순

    소속 치리회 : 대한예수교장로회 독도교회

    성직 및 신급 : 서리 집사

    주소 : 부산시 동구 서동 44번지

피상소인(원심 기소인) : 대한예수교장로회 독도교회 당회

    기소 위원 : 홍길동

    성직 및 신급 : 장로

    주소 : 부산시 동구 서동 55번지

1. 원심 판결 주문 : 피고 가라순 씨를 "수찬 정지"에 처한다.

2. 원심 판결 일시 : ○○○○년 ○○월 ○○일

3. 원심 재판회 : 대한예수교장로회 독도교회 재판회

　　　　 회장 목사 김독도

　　　　 서기 장로 가라중

상소 취지

원래 본인을 고소한 자도 없는데 당회가 고소할 장로를 정하여 기소인이라는 용어를 붙여서 주일 오후에 딸아이의 생일이라서 외식 한 번 시키고 선물로 옷 하나 사 주고, 교회에서 찬송가만 부르는 것보다 다른 교회처럼 복음송도 부르면 좋겠다고 한 것을 가지고 트집을 잡아 벌을 주었습니다. 다른 교회는 주일에 식당에서 밥 사 먹으면서 장로님들이 당회도 하고 춤을 추면서 복음송을 불러도 벌 주었다는 말 들어보지 못했는데 저는 억울합니다.

이상과 같은 취지로 상소 이유 설명서를 첨부하여 이에 상소합니다.

　　　　　　ㅇㅇㅇㅇ년 ㅇㅇ월 ㅇㅇ일

상소인 가라순 (인)

대한예수교장로회 독도노회 노회장 귀하

4. 상소 이유 설명서

상 소 인(원심 피기소인) : 가라순

      소속 치리회 : 대한예수교장로회 독도교회

      성직 및 신급 : 서리 집사

      주소 : 부산시 동구 서동 44번지

피상소인(원심 기소인) : 대한예수교장로회 독도교회 당회

      기소 위원 : 홍길동

      성직 및 신급 : 장로

      주소 : 부산시 동구 서동 55번지

상소 이유

1. 원래 본인을 고소한 사람도 없는데 당회에서 고소할 사람을 만들어
   서 억지로 고소하게 하였습니다.
2. 이웃에 있는 백동교회는 주일에 장로님들이 식당에서 밥 사 먹으면
   서 당회도 하는데 본인은 오랜만에 딸아이 생일에 외식 한번 시킨
   것으로 벌을 주는 것은 억울합니다.
3. 이웃에 있는 백동교회에서는 주일 예배 시간에 교인들이 일어서서
   춤을 추면서복음송을 신나게 부르는 것으로 알고 우리 교회도 복음
   송을 부르면 좋겠다고 한것을 가지고 벌을 주는 것은 억울합니다.

이와 같은 백동교회의 일들을 김금옥 씨가 저와 함께 목격한 증인입니다.

증인 : 김금옥(만 30세)
      소속 치리회 : 대한예수교장로회 독도교회
      성직 및 신급 : 세례
      주소 : 부산시 동구 서동 30번지

이상과 같이 상소 이유가 확실하므로 이에 설명합니다.

상소인 가라순 (인)

대한예수교장로회 독도노회 노회장 귀하

제2절 하회 서기가 상회 서기에게 교부한 재판 관계 서류

1. 재판 사건 진행 전말서

1. 2006년 1월 29일 오후 4시에 대한예수교장로회 독도교회(이하 독도교회라 칭함) 당회실에서 당회장 김독도 목사의 사회로 당회원 5인 중 5인 전원이 출석하여 제25회 독도교회 당회가 개회되다.
   (출석 당회원 목사 : 김독도, 장로 : 홍길동, 가라대, 가라중, 가라소)
2. 당회의 모든 안건을 처리한 후에 평소에 서리 집사 가라순 씨가 우리 교회는 예배 시간에 복음송을 부르지 않고 찬송가만 부르는 일로 불평을 하면서 이 교회는 재미없는 교회라고 교회를 비방했다는 말들이 자자했던 사건을 처리하자는 제의가 있어 장시간 토의한 후 교회를 비방하면서 자기가 전도한 김금옥 씨에게 서동교회로 함께 가자고 충동한 일 외에 기타 여죄까지 탐문하여 당회가 기소하여 재판하기로 가결하다.
3. 기소 위원으로 홍길동 장로를 선정하다.
4. 제25회 당회에서 기소 위원으로 선정된 홍길동 장로가 제출한 별지 #1의 기소장을 접수하다.
5. 본 당회를 재판회로 변경하다.
6. 재판회원들에게 기소장을 복사하여 배부하다.

7. 원고측의 증인 증인자, 인순종, 김갑순, 김금옥, 이영자 씨를 채용하다.

8. 재판 일자는 2006년 3월 25일(토) 오후 2시로 정하고 3월 7일에 증인과 피고에게 등기 배달 증명으로 소환장을 발송하기로 하다.

9. 피고에게는 소환장을 발송할 때 고소장과 죄증 설명서를 첨부하고 증인을 신청할 수 있음을 알리고 3월 18일(토)까지 원고의 죄증 설명서에 대한 답변서를 제출토록 하다.

10. 피고가 제출한 별지 #2의 답변서를 복사하여 회원에게 배부하기로 하다.

11. 재판 진행 중 신문은 회장에게 맡기고, 신문의 기록은 회원 중 가라소 장로에게 맡기기로 하다.

12. 2006년 3월 25일 오후 2시에 재판회장이 재판회가 개정됨을 선언한 후 이유를 공포하고 서기가 기소장과 죄증 설명서를 낭독한 후 재판회장이 피고에게 "방금 낭독한 송사 사실을 어떻게 생각하십니까?"라고 경계하니 피고 가라순 씨가 "이런것도 죄가 됩니까?"라고 반문하다.

13. 서기가 재판회원, 증인, 원고, 피고, 방청인들을 자리에서 일어서게 하고 원고측 증인 증인자 씨와 인순종 씨와 김갑순 씨와 김금옥 씨와 이영자 씨에게 회장이 선창하고 증인들이 복창하여 별지 #3과 같이 증인 선서하다.

14. 회장이 별지 #4와 같이 원고측 증인 증인자 씨와 인순종 씨를 신문하다.

15. 회장이 별지 #5와 같이 원고측 증인 김갑순 씨를 신문하다.

16. 회장이 별지 #6과 같이 원고측 증인 김금옥 씨를 신문하다.

17. 회장이 별지 #7과 같이 원고측 증인 이영자 씨를 신문하다.

18. 회장이 별지 #8과 같이 원고를 신문하다.

19. 회장이 별지 #9과 같이 피고를 신문하다.

20. 회장이 원고, 피고, 증인, 방청인을 퇴장케 하고 죄증 설명서 각 항에 대하여 토의 없이 투표하니 1항 4:0으로 유죄, 2항 3:1로 유죄로 전항이 유죄이므로 결과는 "유죄"로 결정되다.
    시벌의 칭호(벌의 이름)를 정함에는 토의 후 투표하니 견책 1표, 정직 1표, 수찬 정지 2표로서 "수찬 정지"에 처하기로 하다.

21. 판결문을 서기가 별지 #10과 같이 작성하여 낭독하니 채택하기로 가결하다.

22. 공포는 서기가 원고와 피고에게 판결문을 송달하는 것으로 대행하고 권징 조례 제36조대로 주일 예배 시간에 교회 앞에 광고하기로 하다.

23. ○○○○년 ○○월 ○○일 피고 가라순 씨가 본 당회의 ○○ ○○년 ○○월 ○○일에 재판한 판결에 불복하고 노회 서기에게 상소 통지서가 송달되다.

24. ○○○○년 ○○월 ○○일 권징 조례 제9장 제96조에 의거 본건 재판 관계 서류인 재판 사건 진행 전말서, 상소 통지서, 상소장, 상소 이유 설명서와 본 재판회에 접수된 기소장, 죄증 설명서 및 재판 회의록 사본을 노회 서기에게 교부함.

2. 재판 관계 서류

(1) 기소장 〈별지 #1〉

원고(기소인) : 대한예수교장로회 독도교회 당회

    기소 위원 : 홍길동(만 55세)

    성직 및 신급 : 장로

    주소 : 부산시 동구 서동 55번지

피고(피기소인) : 가라순(만 44세)

    소속 치리회 : 대한예수교장로회 독도교회

    성직 및 신급 : 서리 집사

    주소 : 부산시 동구 서동 44번지

죄 상

1. 피고 가라순 씨는 주일 오후 시간에 식당에 가서 음식을 사 먹은 후 백화점에 가서 쇼핑을 하고 의류와 부식을 매입했습니다(예배 모범 제1장 3항, 헌규 제4조 5항 위반).

2. 피고는 예배 시간에 찬송가만 부르고 복음송은 부르지 않는다고 불평을 하면서 이 교회는 재미도 없고 은혜도 없는 교회이니 복음송을 재미있게 인도하는, 내가 옛날에 다녔던 이웃 교회로 옮기자고

교인들을 충동하였습니다(예배 모범 제4장 3항, 헌규 제4조 2항 위반).

이와 같은 죄상이 확실하기에 별지 죄증 설명서를 첨부하여 이에 기소합니다.

○○○○년 ○○월 ○○일

대한예수교장로회 독도교회 당회

기소 위원 홍길동(인)

대한예수교장로회 독도교회 당회장 귀하

(2) 죄증 설명서

원고(기소인) : 대한예수교장로회 독도교회 당회

     기소 위원 : 홍길동(만 55세)

     성직 및 신급 : 장로

     주소 : 부산시 동구 서동 55번지

피고(피기소인) : 가라순(만 44세)

     소속 치리회 : 대한예수교장로회 독도교회

성직 및 신급 : 서리 집사

주소 : 부산시 동구 서동 44번지

1. 피고 가라순 씨는 2006년 1월 15일 주일 오후 2시에 부산시 동구
서동 사거리 태백산 식당에서 아들과 딸을 동행하여 식사를 하고
있는 현장을 찬양 연습을 하고 귀가하는 증인자 집사와 인순종 권
사가 보았고, 오후 6시에는 부산시 동구 서동 현대백화점에서 옷
가지와 부식을 사 들고 나오는 것을 저녁 예배를 드리기 위하여 교
회로 가던 김갑순 권사가 보았다고 합니다.

증인 : 증인자(만 60세)

　　　소속 치리회 : 대한예수교장로회 독도교회

　　　성직 및 신급 : 서리 집사

　　　주소 : 부산시 동구 서동 60번지

증인 : 인순종(만 65세)

　　　소속 치리회 : 대한예수교장로회 독도교회

　　　성직 및 신급 : 권사

　　　주소 : 부산시 동구 서동 65번지

증인 : 김갑순(만 50세)

　　　소속 치리회 : 대한예수교장로회 서동교회

성직 및 신급 : 권사

주소 : 부산시 동구 서동 50번지

2. 피고는 평소에 예배 시간 중 복음송을 부르지 아니하고 찬송가만 부르니까 재미도 없고 은혜도 없다고 불평을 해 오던 중 2006년 1월 15일 주일 예배를 마친 후 화장실에서 자기가 전도하여 세례 교인이 된 김금옥 씨에게 주일 예배 시간에도 복음송을 재미있게 인도하는 서동교회로 같이 교회를 옮기자고 하는 말을 화장실 안에서 용변을 보던 이영자 권사가 들었다고 합니다.

증인 : 김금옥(만 30세)

소속 치리회 : 대한예수교장로회 독도교회

성직 및 신급 : 세례

주소 : 부산시 동구 서동 30번지

증인 : 이영자(만 48세)

소속 치리회 : 대한예수교장로회 독도교회

성직 및 신급 : 권사

주소 : 부산시 동구 서동 48번지

위와 같이 죄증이 확실하기에 이에 설명합니다.

○○○○년 ○○월 ○○일

독도교회 당회 기소 위원 홍길동(인)

대한예수교장로회 독도교회 당회장 귀하

(3) 재판회 개회 통지서

은혜 중 평강하심을 기원합니다.

표제의 건에 관하여 아래와 같이 본 재판회를 개회하오니 출석하여
주시기 바랍니다.

– 아래 –

1. 일시 : 2006년 3월 25일(토) 오후 2시
2. 장소 : 독도교회 당회실(부산시 동구 서동 5번지)
3. 유의 사항
   ① 출석하실 때에는 반드시 교회 헌법을 지참하시기 바랍니다.
   ② 권징 조례 제29조의 규정대로 "재판할 때에 처음부터 나중까지
      출석하여 전부를 듣지 아니한 회원은 원고 피고와 그 재판회원
      이 동의 승낙하지 아니하면 그 재판에 대하여 투표권이 없고"라
      하였은즉, 결석하는 일이 없도록 하시고, 특히 시간을 엄수하시

기 바랍니다.

2006년 3월 7일

대한예수교장로회 독도교회 재판회(관인)

회장 목사 김독도(인)

서기 장로 가라중(인)

재판회원 제위 귀하

(4) 원고(기소인) 소환장

은혜 중 평강하심을 기원합니다.

귀하가 가라순 씨를 피고로 기소한 재판 사건을 심리하고자 아래와 같이 소환합니다.

– 아래 –

1. 일시 : 2006년 3월 25일(토) 오후 2시
2. 장소 : 독도교회 당회실(부산시 동구 서동 5번지)
3. 유의 사항

① 귀하는 피고측 증인에 대하여 상당한 이유가 있을 때에는 거부

신청을 할 수 있습니다.

② 귀하는 대리인이나 변호인을 신청할 수 있습니다.

③ 출석하실 때에는 인장을 지참하시기 바랍니다.

2006년 3월 7일

대한예수교장로회 독도교회 재판회(관인)

회장 목사 김독도(인)

서기 장로 가라중(인)

원고 홍길동 귀하

(5) 피고(피기소인) 소환장

은혜 중 평강하심을 기원합니다.

원고 홍길동 씨가 귀하를 기소한 재판 사건을 심리하고자 아래와
같이 소환합니다.

– 아래 –

1. 일시 : 2006년 3월 25일(토) 오후 2시

2. 장소 : 독도교회 당회실(부산시 동구 서동 5번지)

3. 유의 사항

① 귀하는 귀하의 무죄를 증거하기 위하여 증인을 신청할 수 있습니다.

② 귀하는 원고측 증인에 대하여 상당한 이유가 있을 때에는 거부 신청을 할 수 있습니다.

③ 귀하는 대리인이나 변호인을 신청할 수 있습니다.

④ 출석하실 때에는 인장을 지참하시기 바랍니다.

⑤ 별첨과 같이 고소장과 죄증 설명서를 첨부하오니 귀하가 원할 경우 3월 18일(토)까지 독도교회 재판회 서기에게 답변서를 미리 제출할 수 있습니다.

유첨 (1) 기소장 1부
        (2) 죄증 설명서 1부   끝.

2006년 3월 7일

대한예수교장로회 독도교회 재판회(관인)
회장 목사 김독도(인)
서기 장로 가라중(인)

피고 가라순 귀하

기 소 장

원고(기소인) 대한예수교장로회 독도교회 당회

기소 위원 홍길동

피고(피기소인) 가라순

독 도 교 회

| 원 본 대 조 필 | 독도교회 재판회(관인) |
| 회장 목사 김독도(인) |
| 서기 장로 가라중(인) |

기소장 (유첨 1)

원고(기소인) : 대한예수교장로회 독도교회 당회

　　기소 위원 : 홍길동(만 55세)

　　성직 및 신급 : 장로

　　주소 : 부산시 동구 서동 55번지

피고(피기소인) : 가라순(만 44세)

　　소속 치리회 : 대한예수교장로회 독도교회

　　성직 및 신급 : 서리 집사

　　주소 : 부산시 동구 서동 44번지

죄 상

1. 피고 가라순 씨는 주일 오후 시간에 식당에 가서 음식을 사 먹은 후 백화점에 가서 쇼핑을 하고 의류와 부식을 매입했습니다(예배 모범 제1장 3항, 헌규 제4조 5항).
2. 피고는 예배 시간에 찬송가만 부르고 복음송은 부르지 않는다고 불평을 하면서 이 교회는 재미도 없고 은혜도 없는 교회이니 복음송을 재미있게 인도하는, 내가 옛날에 다녔던 이웃 교회로 옮기자고 교인들을 충동하였습니다(예배 모범 제4장 3항, 헌규 제4조 2항).
이와 같은 죄상이 확실하기에 별지 죄증 설명서를 첨부하여 이에 기소합니다.

○○○○년 ○○월 ○○일

대한예수교장로회 독도교회 당회

기소 위원 홍길동(인)

대한예수교장로회 독도교회 당회장 귀하

죄증 설명서 (유첨 2)

원고(기소인) : 대한예수교장로회 독도교회

　　　기소 위원 : 홍길동(만 55세)

　　　성직 및 신급 : 장로

　　　주소 : 부산시 동구 서동 55번지

피고(피기소인) : 가라순(만 44세)

　　　소속치 리회 : 대한예수교장로회 독도교회

　　　성직 및 신급 : 서리 집사

　　　주소 : 부산시 동구 서동 44번지

1. 피고 가라순 씨는 2006년 1월 15일 주일 오후 2시에 부산시 동구 서동 사거리 태백산 식당에서 아들과 딸을 동행하여 식사하는 것을 찬양 연습을 하고 귀가 하는 증인자 집사와 인순종 권사가 보았고 오후 6시에는 부산시 동구 서동 현대백화점에서 옷가지와 부식을 사 들고 나오는 것을 저녁 예배를 드리기 위하여 교회로 가던 김갑순 권사가 보았다고 합니다.

증인 : 증인자(만 60세)

    소속 치리회 : 대한예수교장로회 독도교회

    성직 및 신급 : 서리 집사

    주소 : 부산시 동구 서동 60번지

증인 : 인순종(만 65세)

    소속 치리회 : 대한예수교장로회 독도교회

    성직 및 신급 : 권사

    주소 : 부산시 동구 서동 65번지

증인 : 김갑순(만 50세)

    소속 치리회 : 대한예수교장로회 서동교회

    성직 및 신급 : 권사

    주소 : 부산시 동구 서동 50번지

2. 피고는 평소에 예배 시간 중 복음송을 부르지 아니하고 찬송가만
   부르니까 재미도 없고 은혜도 없다고 불평을 해 오던 중 2006년 1
   월 15일 주일 예배를 마친 후 화장실에서 자기가 전도하여 세례 교
   인이 된 김금옥 씨에게 주일 예배 시간에도 복음송을 재미있게 인
   도하는 서동교회로 같이 교회를 옮기자고 하는 말을 화장실 안에
   서 용변을 보던 이영자 권사가 들었다고 합니다.

증인 : 김금옥(만 30세)

   소속 치리회 : 대한예수교장로회 독도교회

   성직 및 신급 : 세례

   주소 : 부산시 동구 서동 30번지

증인 : 이영자(만 48세)

   소속 치리회 : 대한예수교장로회 독도교회

   성직 및 신급 : 권사

   주소 : 부산시 동구 서동 48번지

위와 같이 죄증이 확실하기에 이에 설명합니다.

○○○○년 ○○월 ○○일

독도교회 당회 기소 위원 홍길동(인)

대한예수교장로회 독도교회 당회장 귀하

(6) 증인 소환장

은혜 중 평강하심을 기원합니다.

본 재판 사건에 귀하를 원고측 증인으로 아래와 같이 소환합니다.

– 아래 –

1. 일시 : 2006년 7월 25일(화) 오후 2시
2. 장소 : 독도교회 당회실(부산시 동구 서동 5번지)
3. 유의 사항

① 인장을 지참하시기 바랍니다.

② 교인은 "아무 교회 증인 중 누구를 막론하고 증인 소환을 받고
출석하지 아니하거나, 혹 출석하였을지라도 증언하기를 불응하
면 그 형편대로 거역하는 행위를 징벌할 것이다"라는 권징 조례
제68조의 규정을 따라, 소환한 대로 출석하고 증언할 의무가 있
사오니, 특히 유의하시기 바랍니다.

2006년 3월 7일

대한예수교장로회 독도교회 재판회(관인)

회장 목사 김독도(인)

서기 장로 가라중(인)

증인 증인자 귀하

증인 인순종 귀하

증인 김갑순 귀하

증인 김금옥 귀하

증인 이영자 귀하

(7) 답변서 〈별지 #2〉

수 신 : 독도교회 재판회장

참 조 : 재판회 서기

제 목 : 기소장에 대한 답변의 건

재판회의 요청에 의거 원고의 죄증 설명서에 대한 답변입니다.

1. 1월 15일 주일에 태백산 식당에서 식사를 한 것은 그 날이 딸의 생
   일이라서 외식을 처음으로 한 것이고 현대 백화점에서 옷을 산 것
   은 딸 생일 선물로 옷 한벌 사 주었고 백화점 들린 차에 채소 몇 가
   지 사 온 것뿐입니다.
2. 다른 교회는 예배 시간에 복음송을 많이 부르는데 우리 교회는 찬

송가만 부르니 조금 딱딱한 것 같아서 우리 교회도 복음송을 불렀
으면 좋겠다고 말한 것뿐입니다.

이상과 같은 사소한 일로 재판을 하는 것은 이해가 안 됩니다.

2006년 3월 25일

피기소인 독도교회 가라순(인)

대한예수교장로회 독도교회 재판회장 귀하

(8) 증인 선서 　　　　　　　　〈별지 #3〉

후일에
산 자와 죽은 자를
심판하시는 하나님 앞에
문답할 것 같이,
지금 알지 못함이 없으사
사람의 마음을 감찰하시는
하나님 앞에서
이 소송 안의 증인으로 출석하였으니
사실대로 직언하며,

사실 전부를 말하며,

사실밖에 덧붙이지 아니하기로 선서하나이다.

2006년 3월 25일

증인 증인자(인)

증인 인순종(인)

증인 김갑순(인)

증인 김금옥(인)

증인 이영자(인)

대한예수교장로회 독도교회 재판회장 귀하

(9) 원고측 증인 1, 2 신문 조서(증인자, 인순종) 〈별지 #4〉

문 : 원고측 증인으로 오신 증인자 씨와 인순종 씨는 원고 홍길동 씨와
 피고 가라순 씨와 함께 독도교회를 섬기는 성도들이지요?

답 : 예.

문 : 증인 증인자 씨는 증인 인순종 권사와 평소에 자주 만나십니까?

답 : 서로 앞뒷집에 사니까 외출할 때나 교회에 올 때도 함께 다닐 때
 가 많습니다.

문 : 증인들은 1월 15일 주일 오후 2시에 피고가 태백산 식당에서 식

사하는 것을 어떻게 보았습니까?

답 : 교회에서 주일 예배 후에 찬양 연습 마치고 집에 가면서 우리 둘
이서 함께 보았습니다(인순종 답변).

문 : 증인들은 식당 안에는 뭐 하러 들어갔습니까?

답 : 태백산 식당은 벽이 유리로 되어 있기 때문에 도로에서 지나가면
서도 식당 내부가 보입니다(증인자 답변).

문 : 증인들이 볼 때 피고가 식사하던 위치는 어디였던가요?

답 : 맨 안쪽 줄의 오른쪽 마지막 식탁이었습니다(두 사람 같이 답변).

문 : 증인으로서 할 말 있으면 말씀하세요.

답 : 없습니다.

이상의 공술은 원고측 증인 증인자 집사와 인순종 권사가 대한예수
교장로회 독도교회 당회 재판회에서 진술한 바 틀림없기에 이에 서명
날인합니다.

2006년 3월 25일

증인 증인자(인)

증인 인순종(인)

(10) 원고측 증인 3 신문 조서(김갑순)　　　〈별지 #5〉

※ 회장이 "이웃 교회 권사님을 이런 자리에 오시도록 해서 죄송하게 생각합니다.

　　권사님, 와 주셔서 감사합니다"라고 인사한 후 신문하다.

문 : 원고측 증인 김갑순 씨는 서동교회 권사님이시지요?

답 : 예.

문 : 증인은 피고 가라순 집사와 섬기는 교회가 다른데 어떻게 알고 지내십니까?

답 : 한 동네 사니까 잘 압니다.

문 : 증인이 독도교회 홍길동 장로님은 어떻게 아십니까?

답 : 홍길동 장로님은 제가 다니는 공장의 사장님이십니다.

문 : 증인은 피고가 1월 15일 주일 오후 6시에 현대백화점에서 의류와 부식을 사 들고 나오는 것을 보았습니까?

답 : 예.

문 : 증인이 그 때 피고와 인사를 했습니까?

답 : 예.

문 : 당시 피고는 증인에게 무슨 말을 하던가요?

답 : "오늘이 딸 생일이라서 옷 한 가지 사 준다"고 했습니다.

문 : 부식은 무엇을 샀던가요?

답 : 오이, 호박, 당근 같은 채소류였습니다.

문 : 증인이 홍길동 장로님과는 어떤 계기로 이 사실을 말씀했나요?

답 : 공장에서 장로님이 직원 예배 때에 "주일은 시장을 보면 안 된다"고 하시기에 예배 마친 후에 장로님께 "가라순 집사는 주일에 옷가지와 부식을 사 오던데 그것은 어떻게 되는 것입니까?"하고 질문을 했습니다.

문 : 그 때 장로님이 뭐라 하시던가요?

답 : "법적으로 안 된다"고 하셨습니다.

문 : 증인으로서 할 말이 있으면 하세요.

답 : 없습니다.

　　이상의 공술은 원고측 증인 김갑순 씨가 대한예수교장로회 독도교회 당회 재판회에서 진술한 바 틀림없기에 이에 서명 날인합니다.

2006년 3월 25일

증인 김갑순(인)

(11) 원고측 증인 4 신문 조서(김금옥)　　　　〈별지 #6〉

문 : 증인 김금옥 씨는 가라순 집사가 전도해서 우리 교회 나오시게 되었지요?

답 : 예.

문 : 교회에 출석하신 지는 얼마나 되었습니까?

답 : 딱 1년 반 되었습니다.

문 : 우리 교회에 오셔서 학습 받고 세례도 받으셨지요?

답 : 예.

문 : 평소에 피고와는 자주 교제를 하십니까?

답 : 저를 교회에 가자고 전도하고 데리고 오기는 했지만 자주 만나지는 않았고 한 구역 식구인 인순종 권사님께 성경 이야기를 많이 듣고 자주 만납니다.

문 : 인 권사님과는 어떤 연유로 자주 만납니까?

답 : 저하고 한 공장에 다니니까 함께 가고 함께 오지요.

문 : 1월 15일 주일 예배 마친 후 화장실에서 피고 가라순 집사를 만난 일이 있습니까?

답 : 예.

문 : 그 때 가 집사가 증인에게 무슨 말을 하던가요?

답 : "순이 엄마, 찬송도 재미있게 부르고 이 교회보다 더 큰 서동교회로 나하고 함께 가자"고 했습니다.

문 : 순이는 누구입니까?

답 : 우리 딸입니다.

문 : 함께 가자고 해서 뭐라 했습니까?

답 : 나는 가고 싶지 않다고 했습니다.

문 : 증인으로 더 할 말이 있으면 하세요.

답 : 없습니다.

이상의 공술은 원고측 증인 김금옥 씨가 대한예수교장로회 독도교회 당회 재판회에서 진술한 바 틀림없기에 이에 서명 날인합니다.

2006년 3월 25일

증인 김금옥(인)

(12) 원고측 증인 5 신문 조서(이영자)   〈별지 #7〉

문 : 권사님은 1월 15일 주일 예배 후에 화장실에 가신 일이 있지요?

답 : 예.

문 : 그 때 권사님이 화장실 안에서 용변을 볼 때 화장실 문 바로 옆에서 피고가 김금옥 씨에게 대화하는 것을 들었지요?

답 : 예.

문 : 그 때의 대화의 내용을 자세히 좀 말씀하세요.

답 : 들으려고 들은 게 아니라 나는 미리 와서 용변을 보고 있는데 화장실 밖에 문을 열고 둘이서 들어오더니 내가 들어있는 화장실 문 바로 옆에서 내가 화장실 안에 있는지도 모르고 가 집사가 순이 엄마에게 속삭이는 말로 "순이 엄마는 내가 전도해서 교회 나오게 했는데 이제 세례도 받고 했으니 복음송을 재미있게 부르는 서동교회로 나하고 같이 가자"고 하였습니다.

문 : 그 때 김금옥 씨는 무어라고 하던가요?

답 : "나는 가고 싶지 않다"고 했습니다.

문 : 증인으로서 더 할 말이 있으면 하세요.

답 : 없습니다.

이상의 공술은 원고측 증인 이영자 씨가 대한예수교장로회 독도교회 당회 재판회에서 진술한 바 틀림없기에 이에 서명 날인합니다.

2006년 3월 25일

증인 이영자(인)

(13) 원고 신문 조서 〈별지 #8〉

문 : 원고는 평소에도 피고가 교회에 대하여 불평하는 말을 들은 적이 있습니까?

답 : 예, "우리 교회는 왜 예배 시간에 복음송은 안 부르고 찬송가만 부릅니까"라고 질문을 받은 적이 있습니다.

문 : 그 때 장로님은 뭐라고 했습니까?

답 : "예배 모범에 예배 시간에는 찬송가만 부르도록 되어 있다"고 말해 주었습니다.

문 : 장로님은 증인들과 어떤 관계이십니까?

답 : 모두다 우리 교회 교인이고 저의 회사의 직원들이니까 자주 대화

를 하고 김갑순 권사는 서동교회 교인이지만 우리 회사에 오래 근무를 해서 잘 알고 지내는 분입니다.

문 : 장로님은 증인자 씨와 인순종 씨에게 피고가 태백산 식당에서 주일에 식사한 것을 보았다는 내용을 어떻게 해서 알게 되었나요?

답 : 예, 지난 3월 16일에 일을 마치고 증 집사와 인 권사와 서동교회 김 권사를 데리고 태백산 식당에서 저녁 식사를 대접했는데 그 때 증 집사와 인 권사가 어제 가 집사가 바로 옆자리에서 식사하는 것을 예배 마치고 집에 가면서 보았다고 해서 알았고 바로 이어서 김갑순 권사는 "그래요, 어제 저녁에 내가 저녁 예배드리러 가는데 현대백화점에서 옷가지와 부식도 사 들고 나오던데요" 해서 모두 알게 되었습니다.

문 : 장로님은 피고가 김금옥 씨와 화장실에서 은밀한 대화를 하면서 서동교회로 가자고 제의했다는 말은 어떻게 알게 되었습니까?

답 : 예, 지난 주일 저녁 예배를 마친 후 이영자 권사가 저를 좀 보자고 하면서 가 집사가 김금옥 씨를 데레고 서동교회로 가자고 말하더라고 해서 자세히 좀 말하라고 했더니 상세하게 이야기해 주셔서 알게 되었고 집에 가서 김금옥 씨에게 전화로 물었더니 사실이라고 대답을 해 주어서 알게 되었습니다.

문 : 회원 중에 원고에게 신문하실 분 말씀하세요.

답 : 없습니다.

문 : 원고로서 말씀하실 것 있으면 말씀하세요.

답 : 없습니다.

이상의 공술은 원고 홍길동 장로가 대한예수교장로회 독도교회 당
회 재판회에서 진술한 바 틀림없기에 이에 서명 날인합니다.

2006년 3월 25일

원고 홍길동(인)

(14) 피고 신문 조서 〈별지 #9〉

문 : 피고는 우리 독도교회를 섬기는 서리 집사님 맞지요?

답 : 예.

문 : 우리 교회 출석하신 지 몇 년이나 되었습니까?

답 : 3년 되었습니다.

문 : 가족 중에 교회는 혼자만 나오시지요?

답 : 예, 지금은 저 혼자만 교회 다니고 앞으로는 남편과 아들과 딸도
　　나올 겁니다.

문 : 세례는 언제 받았습니까?

답 : 2년 전에 우리 교회에서 받았습니다.

문 : 서리 집사 임명은 금년에 처음으로 받았지요?

답 : 예.

문 : 집사님은 평소에 "우리 교회는 예배 시간에 복음송은 부르지 않
　　고 찬송가만 부르니까 재미가 없다"고 말한 적이 있습니까?

답 : 예.

문 : 혹 "예배 시간에는 찬송가만 불러야 한다"는 말을 들은 적이 있습니까?

답 : 홍 장로님에게 들은 적이 있습니다.

문 : 지난 주일 예배 후에 화장실에서 김금옥 씨에게 서동교회로 교회를 옮기자고 제안한 일이 있습니까?

답 : 예.

문 : 김금옥 씨가 뭐라고 하던가요?

답 : 자기는 가고 싶지 않다고 했습니다.

문 : 피고의 지금 생각은 어떻습니까?

답 : 아직 생각 중입니다.

문 : 지난 주일 낮 2시에는 태백산 식당에서 아이들과 함께 음식을 사 먹고 저녁에는 현대백화점에서 의류와 부식을 사 왔다는데 맞습니까?

답 : 예, 딸 생일이라서 외식 한번 시켜주고 옷 하나 사 준 것뿐입니다.

문 : 그 때 현대백화점에서 옷을 사 가지고 나올 때 서동교회 김갑순 권사를 만났습니까?

답 : 예.

문 : 피고는 답변서에 집사님이 한 말과 행동이 정당한 것처럼 답변에 임했는데 지금은 어떻게 생각합니까?

답 : 잘 모르겠습니다.

문 : 예배 모범 제4장에는 "공식 예배 때 찬송은 찬송가에 한하여" 한

다고 했고, 헌법적 규칙 제4조에는 "주일에 음식을 사 먹거나 모
든 매매하는 일을 하지 말며"라고 했는데 피고는 지금도 피고의
한 일들이 정당하다고 생각합니까?

답 : 잘못했습니다.

문 : 피고로서 할 말 있으면 하세요.

답 : 없습니다.

이상의 공술은 피고 가라순 씨가 대한예수교장로회 독도교회 당회
재판회에서 진술한 바 틀림없기에 이에 서명 날인합니다.

2006년 3월 25일

피고 가라순(인)

(15) 판결문   〈별지 #10〉

원고 : 대한예수교장로회 독도교회 당회

　　　기소 위원 : 홍길동(만 55세)

　　　성직 및 신급 : 장로

　　　주소 : 부산시 동구 서동 55번지

피고 : 가라순(만 44세)

　　　소속 치리회 : 대한예수교장로회 독도교회

성직 및 신급 : 서리 집사

주소 : 부산시 동구 서동 44번지

주 문

피고 가라순 씨를 "수찬 정지"에 처한다.

이 유

1. 피고는 헌법적 규칙 제4조 5항에 "주일에는 음식을 사 먹거나 모든 매매하는 일을 하지 말며"라고 한 교회법을 위반하고 2006년 1월 15일 주일 오후 2시에 태백산 식당에서 음식을 사 먹은 일과 동일 오후 6시에 현대백화점에서 의류와 부식을 매입한 것이 인정된다.

2. 피고는 예배 모범 제4장 3항에 "공식 예배 때에 찬송은 찬송가에 한하여 찬송한다"고 규정한 교회 헌법을 따르지 않고 오히려 복음 송 즉 신앙 간증 및 복음 전파를 위한 노래(사람 들으라는 노래)를 하나님을 대상으로 하는 예배 시간에 부르지 않는다고 교회와 목 사를 비방하고 2006년 1월 15일 주일 예배 후에 화장실에서 자기 가 전도하여 세례 교인이 된 김금옥 씨와 대화하면서 이웃 교회로 옮기자는 제안으로 김금옥 씨에게 시험을 받게 한 일과 피고도 불 법으로 교회를 이탈하려 했던 것과 교회 제직 회원으로 주일 저녁 찬양 예배에 불참한 것이 인정된다.

3. 적용 법조문 : 권징 조례 제1장 제3조, 제6장 제41조, 예배 모범 제
   1장 3항, 제4장 3항, 헌법적 규칙 제4조 2,5항에 의거

   본 당회 재판회는 주 예수 그리스도의 이름과 그 직권으로 주문과
같이 판결한다.

○○○○년 ○○월 ○○일

대한예수교장로회 독도교회 재판회(관인)
회장 목사 김독도(인)
서기 장로 가라중(인)

(16) 독도교회 당회록, 재판회 회의록

1) 독도교회 당회록(제25회)

   2006년 1월 29일(일) 오후 4시에 당회실에서 당회장 김독도 목사
의 사회로 찬송가 217장을 다같이 부른 후 성경 고전 4장 1절을 봉독
하고 "그리스도의 일군"이라는 제목으로 강론하고 당회장이 기도하
다.
   서기가 회원을 호명하니 당회원 5명 중 5명이 출석하여 회장이 제
25회 당회가 개회됨을 선언하다.

〈결의 사항〉

1. 본 교회에 출석하는 소년소녀 가장 3명을 돕기 위하여 2월 5일 주일에 광고하고 12일 주일에 헌금하여 구제부로 하여금 균등히 분배하여 전달케 하기로 가결하다.

2. 평소에 예배 시간에 복음송을 부르지 않고 찬송가만 부르는 일로 불평을 하면서 이 교회는 재미없는 교회라고 교회를 비방했던 가라순 집사가 1월 15일 주일에는 김금옥 씨에게 주일 예배 시간에도 복음송을 부르는 서동교회로 가자고 충동한 일에 대하여 기타 여죄까지 탐문하여 당회가 기소하여 재판하기로 가결하다.

3. 기소 위원으로 홍길동 장로를 선정하다.

4. 폐회하기로 가결하고 서기가 회의록을 낭독하니 채택한 후 당회장이 가라대 장로로 기도케 하고 폐회하니 동일 오후 5시 30분이더라.

2006년 1월 29일

당회장 목사 김독도(인)
서 기 장로 가라중(인)

2) 독도교회(제26회) 제1차 재판회 회의록

2006년 3월 5일(일) 오후 4시에 당회실에서 당회장 김독도 목사의 사회로 찬송가 431장을 다같이 부른 후 회장이 가라소 장로로 기도케 한 후 성경 갈 1장 10절을 봉독하고 "그리스도의 종"이라는 제목으로 강론하고 기도하다.

서기가 회원을 호명하니 회원 5명 전원이 출석하여 회장이 개회됨을 선언하다.

〈결의 사항〉
1. 제25회 당회에서 기소 위원으로 선정된 홍길동 장로가 제출한 별지 #1의 기소장을 접수하기로 가결하다.
2. 본 당회를 재판회로 변경하기로 가결하다.
3. 재판회원들에게 기소장을 복사하여 배부하다.
4. 원고측의 증인 증인자, 인순종, 김갑순, 김금옥, 이영자 씨를 채용하기로 가결하다.
5. 재판 일자는 2006년 3월 25일(토) 오후 2시로 정하고 3월 7일에 증인과 피고에게 등기 배달 증명으로 소환장을 발송하기로 가결하다.
6. 피고에게는 소환장을 발송할 때 고소장과 죄증 설명서를 첨부하고 증인을 신청할 수 있음을 알리고 3월 18일(토)까지 원고의 죄증 설명서에 대한 답변서를 제출토록 하기로 가결하다.
7. 폐회하기로 가결하고 서기가 회의록을 낭독하니 채택한 후 재판회장이 회원 가라소 장로로 기도케 하고 폐회하니 동일 오후 6시이더라.

2006년 3월 25일

대한예수교장로회 독도교회 당회 재판회

회장 목사 김독도(인)

서기 장로 가라중(인)

3) 독도교회(제26회) 제2차 재판회 회의록

2006년 3월 18일(토) 오후 7시에 당회실에서 재판회장 김독도 목사의 사회로 찬송가 337장을 다같이 부른 후 회원 가라소 장로로 기도케 하다.

서기가 회원을 호명하니 회원 4명 전원이 출석하여 회장이 개회됨을 선언하다.

(출석 회원 목사 : 김독도, 장로 : 가라대, 가라중, 가라소)

〈결의 사항〉

1. 피고가 제출한 별지 #2의 답변서를 복사하여 회원에게 배부하기로 하다.

2. 재판 진행 중 신문은 회장에게 맡기고 신문의 기록은 회원 중 가라소 장로에게 맡기기로 가결하다.

3. 폐회하기로 가결하고 서기가 회의록을 낭독하니 채택한 후 회장이 가라대 장로로 기도케 하고 폐회하니 동일 오후 8시 30분이더라.

2006년 3월 18일

대한예수교장로회 독도교회 재판회

회장 목사 김독도(인)

서기 장로 가라중(인)

4) 독도교회(제26회) 제3차 재판회 회의록

2006년 3월 25일(토) 오후 2시에 당회실에서 재판회장 김독도 목사의 사회로 찬송가 217장을 다같이 부른 후 회장이 성경 딤전 2장 5절을 봉독하고 "법대로 경기하는 자"라는 제목으로 강론한 후 기도하다.

서기가 회원을 호명하니 회원 4명 전원이 출석하여 회장이 개정됨을 선언하다.

(출석 회원 목사 : 김독도, 장로 : 가라대, 가라중, 가라소)

〈결의 사항〉

1. 개정 선언(회장)

"지금은 대한예수교장로회 독도교회 제25회 당회에서 가라순 씨의 범죄 사실을 처리하기 위하여 당회가 홍길동 장로를 기소 위원으로 선정하고 제26회 당회에서 기소장을 접수한 본건을 심리하기 위하여 재판회가 개정된 것을 선언합니다."

2. 이유 공포(회장)

"우리가 지금부터 독도교회 홍길동 장로가 기소한 재판 건을 심리하게 되었은즉 마땅히 이 일이 심히 신중함을 생각하고 주 예수 그리스도 앞에서 엄숙하게 시무할 것입니다."

3. 고소장 및 죄증 설명서 낭독(서기)

   서기가 고소장과 죄증 설명서를 낭독하다.

4. 회장이 피고에게 "방금 낭독한 송사 사실에 대하여 어떻게 생각하
   십니까?"라고 경계하니 "이런 것도 죄가 됩니까?"라고 반문하다.

5. 증인 선서

   서기가 재판회원, 증인, 원고, 피고, 방청인들을 자리에서 일어서
   게 하고 원고측 증인 증인자 씨와 인순종 씨와 김갑순 씨와 김금
   옥 씨와 이영자 씨에게 회장이 선창하고 증인들이 복창하여 별지
   #3과 같이 선서하다.

6. 회장이 별지 #4와 같이 원고측 증인 증인자 씨와 인순종 씨를 신문
   하다.

7. 회장이 별지 #5와 같이 원고측 증인 김갑순 씨를 신문하다.

8. 회장이 별지 #6과 같이 원고측 증인 김금옥 씨를 신문하다.

9. 회장이 별지 #7과 같이 원고측 증인 이영자 씨를 신문하다.

10. 회장이 별지 #8과 같이 원고를 신문하다.

11. 회장이 별지 #9과 같이 피고를 신문하다.

12. 합의

    회장이 원고, 피고, 증인, 방청인을 퇴장케 하고 죄증 설명서 각 항
    에 대하여 토의 없이 투표하니 1항 4:0으로 유죄, 2항 3:1로 유죄
    로 전항이 유죄이므로 결과는 "유죄"로 결정되다.

    시벌의 칭호(벌의 이름)를 정함에는 토의 후 투표하니 견책 1표, 정

직 1표, 수찬 정지 2표로서 "수찬 정지"에 처하기로 결정되었음을
회장이 선언하다.
13. 판결문을 서기가 별지 #10과 같이 작성하여 낭독하니 채택하기로
가결하다.
14. 공포
서기가 원고와 피고에게 판결문을 송달하는 것으로 공포를 대행하
고 권징 조례 제36조대로 주일 예배 시간에 교회 앞에 광고하기로
가결하다.
15. 폐정하기로 가결하고 서기가 회의록을 낭독하니 채택한 후 회장
이 기도하고 폐정를 선언하니 동일 오후 6시 10분이더라.

2006년 3월 25일

대한예수교장로회 독도교회 재판회
회장 목사 김독도(인)
서기 장로 가라중(인)

제3절 상소 건에 대한 독도노회 재판국의 재판

1. 상소인(원심 피기소인) 소환장

은혜 중 평강하심을 기원합니다.

귀하가 상소한 재판 사건을 심리코자 아래와 같이 소환합니다.

– 아래 –

1. 일시 : 2006년 12월 12일 오전 7시
2. 장소 : 독도노회 사무실(부산시 동구 서동 5번지)
3. 유의 사항
   ① 귀하는 대리인이나 변호인을 신청할 수 있습니다.
   ② 출석하실 때에는 인장을 지참하시기 바랍니다.

2006년 11월 20일

대한예수교장로회 독도노회 재판국장(관인)
회장 목사 달하나(인)
서기 목사 달 둘(인)

상소인 가라순 귀하

2. 피상소인(원심 기소인) 소환장(권징 제21조∼제23조)

은혜 중 평강하심을 기원합니다.

상소인 가라순 씨가 제출한 상소 건을 심리하고자 아래와 같이 소
환합니다.

– 아래 –

1. 일시 : 2006년 12월 12일(토) 오전 7시
2. 장소 : 독도노회 사무실(부산시 동구 서동 5번지)
3. 유의 사항

　① 귀하는 대리인이나 변호인을 신청할 수 있습니다.

　② 출석하실 때에는 인장을 지참하시기 바랍니다.

　③ 별첨과 같이 상소장과 상소 이유 설명서를 첨부하오니 귀하가

　　원할 경우 재판국 서기에게 답변서를 미리 제출할 수 있습니다.

유첨　(1) 상소장 1부

　　　(2) 상소 이유 설명서 1부　　끝.

2006년 11월 20일

대한예수교장로회 독도노회 재판국(관인)

회장 목사 달하나(인)

서기 목사 달　둘(인)

피상소인 홍길동 귀하

〈상소장 표지〉

상 소 장

상소인(원심 피기소인) 가라순

피상소인(원심 기소인) 대한예수교장로회 독도교회 당회

기소 위원 홍길동

독 도 교 회

원 본 대 조 필	독도노회 재판국(관인)
	서기 목사 달둘(인)

상소장 (유첨 1)

상 소 인(원심 피기소인) : 가라순

       소속 치리회 : 대한예수교장로회 독도교회

       성직 및 신급 : 서리 집사

       주소 : 부산시 동구 서동 44번지

피상소인(원심 기소인) 대한예수교장로회 독도교회 당회

       기소 위원 : 홍길동

       성직 및 신급 : 장로

       주소 : 부산시 동구 서동 55번지

1. 원심 판결 주문 : 피고 가라순 씨를 "수찬 정지"에 처한다.

2. 원심 판결 일시 : ○○○○년 ○○월 ○○일

3. 원심 재판회 : 대한예수교장로회 독도교회 재판회

       회장 목사 김독도

       서기 장로 가라중

상소 취지

원래 본인을 고소한 자도 없는데 당회가 고소할 장로를 정하여 기소인이라는 용어를 붙여서 주일 오후에 딸아이의 생일이라서 외식 한

번 시키고 선물로 옷 하나 사 주고, 교회에서 찬송가만 부르는 것보다 다른 교회처럼 복음송도 부르면 좋겠다고 한 것을 가지고 트집 잡아 벌을 주었습니다. 다른 교회는 주일에 식당에서 밥 사 먹으면서 장로 님들이 당회도 하고 춤을 추면서 복음송을 불러도 벌 주었다는 말 들 어보지 못했는데 저는 억울합니다.

이상과 같은 취지로 상소 이유 설명서를 첨부하여 이에 상소합니다.

○○○○년 ○○월 ○○일

상소인 가라순 (인)

대한예수교장로회 독도노회 노회장 귀하

상소 이유 설명서 (유첨 2)

상 소 인(원심 피기소인) : 가라순

　　　소속 치리회 : 대한예수교장로회 독도교회

　　　성직 및 신급 : 서리 집사

　　　주소 : 부산시 동구 서동 44번지

피상소인(원심 기소인) : 대한예수교장로회 독도교회 당회

　　　기소 위원 : 홍길동

　　　성직 및 신급 : 장로

　　　주소 : 부산시 동구 서동 55번지

상소 이유

1. 원래 본인을 고소한 사람도 없는데 당회에서 고소할 사람을 만들어서 억지로 고소하게 하였습니다.
2. 이웃에 있는 백동교회는 주일에 장로님들이 식당에서 밥 사 먹으면서 당회도 하는데 본인은 오랜만에 딸아이 생일에 외식 한번 시킨 것으로 벌을 주는 것은 억울합니다.
3. 이웃에 있는 백동교회에서는 주일 예배 시간에 교인들이 일어서서 춤을 추면서 복음송을 신나게 부르는데 본인은 우리 교회도 복음송을 부르면 좋겠다고 한 것을 가지고 벌을 주는 것은 억울합니다.

　이와 같은 백동교회의 일들을 김금옥 씨가 저와 함께 목격한 증인입니다.

증인 : 김금옥(만 30세)

　　　소속 치리회 : 대한예수교장로회 독도교회

　　　성직 및 신급 : 세례

　　　주소 : 부산시 동구 서동 30번지

이상과 같이 상소 이유가 확실하므로 이에 설명합니다.

○○○○년 ○○월 ○○일

상소인 가라순(인)

대한예수교장로회 독도노회 노회장 귀하

3. 상소인 신문 조서 〈별지 #1〉

문 : 상소인은 독도교회를 섬기는 서리 집사님 맞지요?

답 : 예.

문 : 독도교회에 출석하신 지 몇 년이나 되었습니까?

답 : 3년 되었습니다.

문 : 가족 중에 교회는 혼자만 나오시지요?

답 : 예, 지금은 저 혼자만 교회 다니고 앞으로는 남편과 아들과 딸도
　　 나올 겁니다.

문 : 세례는 언제 받았습니까?

답 : 2년 전에 우리 교회에서 받았습니다.

문 : 서리 집사 임명은 금년에 처음으로 받았지요?

답 : 예.

문 : 집사님은 평소에 "독도교회가 예배 시간에 복음송은 부르지 않고 찬송가만 부르니까 재미가 없다"고 말한 적이 있습니까?

답 : 예.

문 : 혹 "예배 시간에는 찬송가만 불러야 한다"는 말을 들은 적이 있습니까?

답 : 홍 장로님에게 들은 적이 있습니다.

문 : 주일 예배 후에 화장실에서 김금옥 씨에게 서동교회로 교회를 옮기자고 제안한 일이 있습니까?

답 : 예.

문 : 김금옥 씨가 뭐라고 하던가요?

답 : 자기는 가고 싶지 않다고 했습니다.

문 : 상소인의 지금 생각은 어떻습니까?

답 : 아직 생각 중입니다.

문 : 주일 예배 후에 태백산 식당에서 아이들과 함께 음식을 사 먹고 저녁에는 현대백화점에서 의류와 부식을 사 왔다는데 그런 일이 있습니까?

답 : 예, 딸 생일이라서 외식 한번 시켜주고 옷 하나 사 준 것뿐입니다.

문 : 그 때 현대백화점에서 옷을 사 가지고 나올 때 서동교회 김갑순 권사를 만났습니까?

답 : 예.

문 : 상소인은 주일에 외식을 하고 물품을 매매하는 것쯤은 정당한 것처럼 재판국에 답변한 것으로 알고 있는데 지금은 어떻게 생각합

니까?

답 : 잘 모르겠습니다.

문 : 예배 모범 제4장에는 "공식 예배 때 찬송은 찬송가에 한하여" 한다고 했고, 헌법적 규칙 제4조에는 "주일에 음식을 사 먹거나 모든 매매하는 일을 하지 말며"라고 했는데 상소인은 지금도 그것이 정당하다고 생각합니까?

답 : 잘 모르겠습니다.

문 : 상소인으로서 할 말 있으면 하세요.

답 : 없습니다.

　이상의 공술은 상소인 가라순 씨가 대한예수교장로회 독도노회 당회 재판국에서 진술한 바 틀림없기에 이에 서명 날인합니다.

2006년 12월 12일

상소인 가라순(인)

4. 피상소인 신문 조서　　　　　　　　　　　　　　〈별지 #2〉

문 : 피상소인은 평소에도 상소인이 교회에 대하여 불평하는 말을 들은 적이 있습니까?

답 : 예, "우리 교회는 왜 예배 시간에 복음송은 안 부르고 찬송가만

부릅니까?"라고 질문을 받은 적이 있습니다.

문 : 그 때 장로님은 뭐라고 했습니까?

답 : 예배 모범에 예배 시간에는 찬송가만 부르도록 되어 있다고 말해
주었습니다.

문 : 장로님은 원심 재판에서의 증인들과 어떤 관계이십니까?

답 : 모두다 우리 교회 교인이고 저의 회사의 직원들이니까 자주 대화
를 하고 김갑순 권사는 서동교회 교인이지만 우리 회사에 오래
근무를 해서 잘 알고 지내는 분입니다.

문 : 장로님은 증인자 씨와 인순종 씨에게 상소인이 태백산 식당에서
주일에 식사한 것을 어떻게 해서 알게 되었나요?

답 : 예, 지난 3월 16일에 일을 마치고 증 집사와 인 권사와 서동교회
김 권사를 데리고 태백산 식당에서 저녁 식사를 대접했는데 그
때 증 집사와 인 권사가 어제 가 집사가 바로 옆자리에서 식사하
는 것을 예배 마치고 집에 가면서 보았다고 해서 알았고 바로 이
어서 김갑순 권사는 "그래요, 어제 저녁에 내가 저녁 예배드리러
가는데 현대백화점에서 옷가지와 부식도 사 들고 나오던데요"
해서 모두 알게 되었습니다.

문 : 장로님은 상소인이 김금옥 씨와 화장실에서 은밀한 대화를 하면
서 서동교회로 가자고 제의했다는 말은 어떻게 알게 되었습니
까?

답 : 예, 지난 주일 저녁 예배를 마친 후 이영자 권사가 저를 좀 보자고
하면서 가 집사가 김금옥 씨를 데리고 서동교회로 가자고 말하더

라고 해서 자세히 좀 말하라고 했더니 상세하게 이야기 해 주서
서 알게 되었고 집에 가서 김금옥 씨에게 전화로 물었더니 사실
이라고 대답을 해 주어서 알게 되었습니다.

문 : 회원 중에 피상소인에게 신문하실 분 말씀하세요.

답 : 없습니다.

문 : 피상소인으로서 말씀하실 것 있으면 말씀하세요.

답 : 없습니다.

이상의 공술은 피상소인 홍길동 장로가 대한예수교장로회 독도노
회 재판국에서 진술한 바 틀림없기에 이에 서명 날인합니다.

2006년 12월 12일

원고 홍길동(인)

5. 판결문 〈별지 #3〉

상 소 인(원심 피기소인) : 가라순

　　　소속 치리회 : 대한예수교장로회 독도교회

　　　성직 및 신급 : 서리 집사

　　　주소 : 부산시 동구 서동 44번지

피상소인(원심 기소인) : 대한예수교장로회 독도교회 당회

    기소 위원 : 홍길동

    성직 및 신급 : 장로

    주소 : 부산시 동구 서동 55번지

주 문

독도교회 원심 피고 가라순 씨의 상소 건은 "기각"한다.

이 유

1. 교인의 범죄 사실이 확인되었는 데도 고소하는 자가 없으면 치리회가 기소하여 재판하는 것은 법이 정한(권징 제7조) 바이므로 상소 이유가 되지 않는다.

2. 상소인은 헌법적 규칙 제4조 5항에 "주일에는 음식을 사 먹거나 모든 매매하는 일을 하지 말며"라고 한 교회법을 위반하고 2006년 1월 15일 주일 오후 2시에 태백산 식당에서 음식을 사 먹은 일과 동일 오후 6시에 현대백화점에서 의류와 부식을 매입한 것이 인정된다.

3. 상소인은 예배 모범 제4장 3항에 "공식 예배 때에 찬송은 찬송가에 한하여 찬송한다"고 규정한 교회 헌법을 따르지 않고 오히려 총회의 검증을 받지 아니한 복음송을 선호하면서 교회와 목사를 비방

하고, 2006년 1월 15일 주일 예배 후에 화장실에서 자기가 전도하여 세례 교인이 된 김금옥 씨와 대화하면서 이웃 교회로 옮기자는 제안으로 김금옥 씨에게 시험을 받게 한 일과 피고도 불법으로 교회를 이탈하려 했던 것과 교회 제직 회원으로 주일 저녁 찬양 예배에 불참한 것이 인정된다.

3. 적용 법조문 : 권징 조례 제1장 제3조, 제6장 제41조, 제7조, 예배 모범 제1장 3항, 제4장 3항, 헌법적 규칙 제4조 2,5항에 의거

본 재판국는 주 예수 그리스도의 이름과 그 직권으로 주문과 같이 판결한다.

○○○○년 ○○월 ○○일

대한예수교장로회 독도노회 재판국(관인)

회장 목사 달하나(인)

서기 목사 달 　둘(인)

목사 달 　셋(인)

목사 달 　넷(인)

장로 별하나(인)

장로 별 　둘(인)

장로 별 　셋(인)

6. 판결문 송달

대한예수교장로회 독도노회

문서 번호 : 재판 06-2
수 신 : 수신처 참조
발 신 : 독도노회 재판국
제 목 : 재판 결과 통보의 건

은혜 중 평강하심을 기원합니다.

독도노회 재판국(2006년 12월 28일)은 상소인 홍길동 씨가 독도교
회 당회 기소 위원인 홍길동 씨에 대하여 상소한 재판 건의 판결문을
유첨과 같이 송달 통보합니다.

유첨 : 판결문 1부   끝.

2006년 12월 28일

대한예수교장로회 독도노회 재판국(관인)
국장 목사 달하나(인)
서기 목사 달 둘(인)

수신처 : 상소인 가라순, 피상소인 홍길동, 독도노회 서기,
독도교회 당회

※ 본서에는 생략하였으나 실제 사건을 처리하는 경우에는 유첨 서류
인 판결문을 반드시 첨부하여 발송하여야 한다.

제4절 독도노회 재판국 회의록

1. 독도노회 회의록(제70회) 속회록

○○○○년 ○○월 ○○일 오후 2시에 노회장 김독도 목사의 사회로 찬송가 205장을 다같이 부른 후 ○○○장로로 기도케 한 후 성경 히 13장 8절을 봉독하고 "그리스도의 성품"이라는 제목으로 강론하고 기도하다.

서기가 성수됨을 확인하니 회장이 속회를 선언하다.

〈결의 사항〉

1. 전도부 보고, 별지와 같이 받기로 가결하다.

2. 사회부 보고, 별지와 같이 받기로 가결하다.

3. 정치부 완전 보고

   (1) 대마 노회장 ○○○ 목사가 보내온 박성기 목사의 이명 이래의 건은 받기로 가결하다.

   (2) 장용기 목사가 청원한 ○○○ 노회로의 이명 청원의 건은 허락하기로 가결하다.

   (3) 독도교회 가라순 씨가 제출한 상소의 건은 재판국원 7인을 선정하여 위임하기로 가결하고 투표하니 목사 달하나, 달 둘, 달 셋, 달 넷, 달다섯, 장로 별 하나, 별 둘, 별 셋, 별 넷이더라.

4. 서기가 이명 이래한 박성기 목사를 호명하고 이거한 장용기 목사에게 인사하게 하니 인사하다.
5. 고시부 보고, 별지와 같이 받기로 가결하다.

– 중략 –

6. 시간이 되어 찬송가 431장을 다같이 부른 후 회장이 성경 롬 8장 28절을 봉독하고 달하나 장로로 기도케 하고 저녁 7시까지 정회를 선언하니 동일 오후 5시 15분이더라.

2006년 10월 10일

노회장 목사 김독도(인)
서 기 목사 서기장(인)

2. 독도노회 제1차 재판국 회의록

2006년 11월 18일 오후 7시 소집장 달하나 목사의 사회로 찬송가 340장을 다같이 부른 후 성경 갈 1장 10절을 봉독하고 기도하다.
임시 서기로 달다섯 목사를 선정하고 임시 서기가 국원을 호명하니 국원 7명 중 전원 출석하여 국장이 개회됨을 선언하다.

(출석 회원 목사 : 달하나, 달 둘, 달 셋, 달 넷, 장로 : 별하나, 별 둘, 별 셋)

〈결의 사항〉

1. 재판국을 아래와 같이 조직하다.

   국장 : 달하나 목사, 서기 : 달 둘 목사

   국원 (목사) : 달 셋, 달 넷, (장로) : 별하나, 별 둘, 별 셋

2. 재판 일자는 12월 12일 오전 7시, 장소는 노회 사무실로 정하고, 소환장은 11월 20일에 발송하기로 가결하다.

4. 폐회하기로 가결하다.

5. 서기가 회의록을 낭독하니 채택하고 국장이 달 둘 목사로 기도케 하고 마치니 동일 오후 8시 10분이더라.

2006년 11월 18일

대한예수교장로회 독도노회 재판국

국장 목사 달하나(인)

서기 목사 달 둘(인)

3. 독도노회 제2차 재판국 회의록

2006년 12월 12일 오전 7시 재판국장 달하나 목사의 사회로 찬송가 30장을 다같이 부른 후 성경 롬 8장 28절을 봉독하고 기도하다.

서기가 국원을 호명하니 국원 7명 중 전원 출석하여 국장이 대한예수교장로회 독도노회 재판국이 개정됨을 선언하다.

(출석 회원 목사 : 달하나, 달 둘, 달 셋, 달 넷, 장로 : 별하나, 별 둘, 별 셋)

〈결의 사항〉

1. 개정 선언(국장)

    "지금은 대한예수교장로회 독도노회가 위임한 독도교회 가라순 씨가 제출한 상소 건을 처리하기 위하여 대한예수교장로회 독도노회 제70회기 재판국이 개정된 것을 선언합니다."

2. 이유 공포(국장)

    "우리가 지금부터 독도교회 가라순 씨가 제출한 상소 건을 심리하게 되었은즉 마땅히 이 일이 심히 신중함을 생각하고 주 예수 그리스도 앞에서 엄숙하게 시무할 것입니다"(권징 제20조).

3. 서기가 상소장 및 상소 이유 설명서를 낭독하다.

4. 상소인 신문

    국장이 별지 #1과 같이 상소인 가라순 씨를 신문하다.

5. 국장이 별지 #2와 같이 피상소인 홍길동 장로를 신문하다.

6. 합의

   국장이 상소인과 피상소인을 퇴장케 하고 토의 없이 상소 이유 설명서의 각 항에 대하여 투표하니 제1항 이유 없음 7표, 이유 있음 0표로 이유 없음, 제2항 5:2로 이유 없음, 제3항 6:1로 이유 없음이므로 결과는 "기각"하기로 가결하다.
7. 판결문 작성과 노회 보고서 작성은 국장과 서기에게 위임하기로 가결하다.
8. 판결문 작성은 국장과 서기에게 위임하기로 가결하다.
9. 국장과 서기에게 위임한 판결문을 채택하기 위하여 12월 28일 7시 동 장소에서 개정하기로 하고 폐정하기로 가결하다.
10. 서기가 회의록을 낭독하니 채택하고 국장이 달 셋 목사로 기도케 하고 폐정을 선언하니 동일 오전 9시 10분이더라.

2006년 12월 12일

대한예수교장로회 독도노회 재판국
국장 목사 달하나(인)
서기 목사 달 둘(인)

4. 독도노회 제3차 재판국 회의록

2006년 12월 28일 오전 7시 국장 달하나 목사의 사회로 성경 딤후 2장 5~6절을 봉독하고 기도하다.

서기가 회원을 호명하니 국원 7명 전원 출석하여 국장이 대한예수교장로회 독도노회 재판국이 개회됨을 선언하다.

(출석 회원 목사 : 달하나, 달 둘, 달 셋, 달 넷, 장로 : 별하나, 별 둘, 별 셋)

〈결의 사항〉

1. 서기가 별지 #3과 같이 판결문을 낭독하니 채용하기로 가결하다.
2. 판결문을 독도노회 서기와 독도교회 당회, 상소인과 피상소인에게 서기가 등기 배달 증명으로 발송하여 송달하기로 하고 국장이 대한예수교장로회 독도교회 가라순 씨가 상소한 재판 사건이 종결됨을 선언하다.
4. 폐회 가결하고 서기가 회의록을 낭독하니 채택하고 국장이 기도하고 마치니 동일 오전 8시이더라.

2006년 12월 28일

대한예수교장로회 독도노회 재판국

국장 목사 달하나(인)

서기 목사 달　둘(인)

제4장 소원 건에 대한 재판

노회가 소원장을 접수하면 헌의부 보고 시에 노회가 직할 처리하든지 재판국을 설치하여 재판국에 위탁하여 처리하게 하든지 노회에서 결의한다.

제1절 소원 절차

1. 소원 통지서

은혜 중 평강하심을 기원합니다.

2006년 10월 27일 오후 2시에 산해교회가 장로도 아닌 노랭이 씨를 시무 장로라고 교회와 노회를 속이고 조직 교회인 것처럼 고즈미 씨를 담임 목사로 위임한 것은 불법 부당한 일이므로 권징 조례 제84조에 의하여 노회에 소원함을 통지합니다.

2006년 11월 4일

대한예수교장로회 산해교회
소원인 집사 김독도(인)

대한예수교장로회 산해교회 당회장 귀하
대한예수교장로회 독도노회 노회장 귀하

2. 소원장 표지

소 원 장

소 원 인   김독도

피소원인   대한예수교장로회 산해교회

당회장 목사 주니지

산 해 교 회

※ 상소장과 소원장에는 행정 지도를 위한 당회장, 시찰장, 노회장 등의 경유 인을 받지 않는다.

※ 총회 사무국에서 2014년 현재 상소장과 소원장에 경유 인이 없는 서류에 대하여 접수를 거부하는 행정으로 상소인과 소원인의 정당한 권리를 박탈하는 일은 조속히 시정해야 한다(신현만 한기승 공저,『목회현장에서 꼭 필요한 교회법률상식』pp.139~141 참조).

3. 소원장

소 원 인 : 김독도(만 50세)

　　　　　소속 치리회 : 대한예수교장로회 산해교회

　　　　　성직 및 신급 : 집사

　　　　　주소 : 부산시 동구 서동 5번지

피소원인 : 대한예수교장로회 산해교회 당회장 주니지

　　　　　소속 치리회 : 대한예수교장로회 독도노회

　　　　　성직 및 신급 : 목사

　　　　　주소 : 경남 대마도시 동구 서동 4번지

소원 사유

　산해교회가 장로가 아닌 노랭이 씨를 시무 장로라고 교회와 노회를 속이고 조직 교회인 것처럼 고즈미 씨를 담임 목사로 위임 예식을 거행한 것은 불법 부당한 일이므로 시정을 원하며 소원합니다.

2006년 11월 4일

소원인 김독도(인)

대한예수교장로회 독도노회 노회장 귀하

4. 소원 이유 설명서

소 원 인 : 김독도(만 50세)
　　　　　소속 치리회 : 대한예수교장로회 산해교회
　　　　　성직 및 신급 : 집사
　　　　　주소 : 부산시 동구 서동 5번지

피소원인 : 대한예수교장로회 산해교회 당회장 주니지
　　　　　소속 치리회 : 대한예수교장로회 독도노회

성직 및 신급 : 목사

주소 : 경남 대마도시 동구 서동 4번지

　2006년 10월 27일 오후 2시에 산해교회가 장로가 아닌 노랭이 씨를 시무 장로인 것처럼 교회와 노회를 속이고 고즈미 씨를 담임 목사로 위임한 것은 헌법을 위반한 불법 부당한 일입니다. 그 이유로

1. 노랭이 씨는 독도교회 장로로서 별지 #1과 같이 2005년 5월 5일에 장로 사직서를 독도교회 당회에 제출하였고 독도교회 당회는 2005년 7월 7일에 별지 #2와 같이 장로 사직서를 수리하였으므로 장로가 아닌 자이며,

2. 노랭이 씨는 장로직에서 사직된 후 다시 장로로 임직한 일이 없으며,

3. 노랭이 씨는 독도교회가 산해교회로 이명서를 발급한 일이 없고 오히려 별지 #3과 같이 2006년 8월 30일 현재까지 독도교회 제3구역에 속한 교인이기 때문입니다.

서증　(1) 사직서(별지 #1)

　　　(2) 독도교회 당회록(제47회) 사본(별지 #2)

　　　(3) 독도교회 구역 편성표 사본(별지 #3)

　　　(4) 목사 위임 예식 순서지(별지 #4)　　　　　끝.

위와 같이 소원 이유를 설명합니다.

2006년 11월 4일

소원인 김독도(인)

대한예수교장로회 독도노회 노회장 귀하

사직서　　　　　　　〈별지 #1〉

성 명 : 노랭이
직 분 : 장로

위 본인은 가정 사정과 개인적인 사정으로 장로직을 사직하고자 하오니 선처해 주시기를 바랍니다.

2005년 5월 5일

대한예수교장로회 독도교회
장로 노랭이(인)

독도교회 당회장 귀하

독도교회 당회록(제47회) 사본   〈별지 #2〉

　주후 2005년 7월 7일 오후 7시 당회장 김독도 목사의 사회로 찬송가 443장을 다같이 부른 후 회장이 성경 계 2장 10절을 봉독하고 "충성"이라는 제목으로 강론하고 기도하다.

　서기가 회원을 호명하니 5명 중 4명이 출석하여 회장이 개회됨을 선언하다.

(결석자 : 노랭이 장로)

〈결의 사항〉

1. ○○○ 집사가 제출한 집사 시무 사임서는 반려하기로 가결하다.

2. ○○○ 권사가 제출한 권사 사임서는 반려하기로 가결하다.

3. 노랭이 장로가 제출한 장로직 사임서는 받기로 가결하다.

4. 폐회하기로 가결하고 서기가 회록을 낭독하니 채택한 후 당회장이 가라대 장로로 기도케 하고 폐회를 선언하니 동일 오후 8시 10분 이더라.

2005년 7월 7일

당회장 목사 김독도(인)

서　기 장로 가라중(인)

독도교회 구역 편성표 사본 　　〈별지 #3〉

〈2006년도 독도교회 요람 구역 편성〉

제3구역 구역장 ○○○ 권찰 ○○○				
◎ ○○○	(123-4567)	○○○	○○○	
◎ ○○○	(123-5678)	○○○		
◎ ○○○	(123-6789)	○○○	○○○	○○○
◎ 노랭이	(123-7890)	한사랑	노상희	노상락

　위와 같이 노랭이 씨는 2006년 3월 첫 주부터 본 교회에 출석은 하지 않고 있지만 2006년 8월 30일 현재까지 본 교회 제3구역 교인으로 교회 요람에 편성되어 있음.

2005년 8월 15일

대한예수교장로회 독도교회

당회장 목사 김독도(인)

서 기 장로 가라중(인)

목사 위임 예식 순서지 〈별지 #4〉

〈목사 위임 예식 순서〉

찬송	323장	다같이
기도		○○○ 목사
성경	마 25:21	사회자
설교	충성된 종	○○○ 목사

– 생략 –

공포 ································· ○○○ 목사

"내가 교회의 머리 되신 주 예수 그리스도의 이름과 노회의 권위

로 목사 고즈미 씨를 본 교회 목사로 위임됨을 공포하노라."

– 생략 –

축도 ································· ○○○ 목사

제2절 하회 서기가 상회 서기에게 교부한 재판 관계 서류

1. 목사 위임에 대한 소원 관계 전말서

1. 2006년 9월 1일(월) 오후 2시에 대한예수교장로회 독도노회 제89회 제1차 임시 노회 시에 산해교회 당회장이 타 노회로 이명을 함으로 산해교회는 임시 목사가 시무하고 있기 때문에 주니지 목사를 당회장으로 파송하다.

2. 산해교회의 당회장으로 파송을 받은 주니지 목사는 산해교회를 임시 목사로 시무하고 있는 고즈미 목사의 요청으로 9월 7일 오후 예배를 인도하고 이어서 임시 당회(조직 교회의 임시 당회가 아니라 미조직 교회 당회록을 칭함)를 고즈미 목사와 노랭이 장로와 함께 모이다.

3. 산해교회에 노랭이 장로가 있으므로 9월 14일에 고즈미 씨의 위임목사 청빙을 위한 공동의회를 광고하고 21일 주일 예배 후에 공동의회를 하여 10월 정기 노회 시에 목사 위임 청빙을 하고 27일에 위임 예식을 거행하기로 하다.

4. 가을 정기 노회에 위임 목사 청빙서가 접수되어 노회는 서류만 보고 청빙을 허락하다.

5. 9월 27일에 산해교회의 당회장이자 시찰장인 주니지 목사의 주관으로 고즈미 씨를 산해교회의 위임 목사로 위임 예식을 거행하다.

6. 2006년 11월4일 산해교회 당회장 앞으로 고즈미 목사의 위임 예식
에 대한 소원 통지서가 접수되다.

7. ○○○○년 ○○월 ○○일 소원인 김독도 씨가 고즈미 씨의 산
해교회 목사 위임 예식에 불복하고 권징 조례 제9장 제84조에 의
거 본건 위임 예식 사건 진행 전말서, 소원 통지서, 소원장, 소원
이유 설명서의 사본을 산해교회 당회장(미조직 교회는 당회 서기
가 없으므로 당회장이 제출함) 주니지 목사가 노회 서기에게 교부
하다.

2. 산해교회 임시 당회록

2006년 9월 7일 오후 3시에 당회장 주니지 목사가 순회하여 주일
찬양 예배를 인도한 후 아래와 같은 안건을 처리하다.

(1) 2006년 9월 21일에 산해교회의 임시 목사인 고즈미 목사의 위임
목사 청빙을 위한 공동의회를 하기로 하다.

(2) 2006년 9월 14일에 산해교회의 임시 목사인 고즈미 목사의 위임
목사 청빙을 위한 공동의회를 21일 시행함을 광고하기로 하다.

(3) 산해교회의 임시 목사인 고즈미 목사의 위임 목사 청빙 청원서를
10월 정기 노회 시에 제출하기로 하다.

(4) 9월 27일에 위임 예식을 거행하기로 하다.

이상과 같은 안건을 처리하고 당회장이 기도하고 마치니 동일 오후 3시 40분이더라.

2006년 9월 7일

대한예수교장로회 산해교회

당회장 목사 주니지(인)

3. 소원 관계 서류

(1) 소원 통지서

은혜 중 평강하심을 기원합니다.

2006년 10월 27일 오후 2시에 산해 교회가 장로도 아닌 노랭이 씨를 시무 장로라고 교회와 노회를 속이고 조직 교회인 것처럼 고즈미 씨를 담임 목사로 위임한 것은 불법 부당한 일이므로 권징 조례 제84조에 의하여 노회에 소원함을 통지합니다.

2006년 11월 4일

대한예수교장로회 산해교회

소원인 집사 김독도(인)

대한예수교장로회 산해교회 당회장 귀하
대한예수교장로회 독도노회 노회장 귀하

소 원 장

소 원 인   김독도

피소원인   대한예수교장로회 산해교회

당회장 목사 주니지

산 해 교 회

(3) 소원장

소 원 인 : 김독도(만 50세)
　　　　소속 치리회 : 대한예수교장로회 산해교회
　　　　성직 및 신급 : 집사
　　　　주소 : 부산시 동구 서동 5번지

피소원인 : 대한예수교장로회 산해교회 당회장 주니지
　　　　소속 치리회 : 대한예수교장로회 독도노회
　　　　성직 및 신급 : 목사
　　　　주소 : 경남 대마도시 동구 서동 4번지

소원 사유

　산해교회가 장로가 아닌 노랭이 씨를 시무 장로라고 교회와 노회를 속이고 조직교회인 것처럼 고즈미 씨를 담임 목사로 위임 예식을 거행한 것은 불법 부당한 일이므로 시정을 원하며 소원합니다.

2006년 11월 4일

소원인 김독도(인)

대한예수교장로회 독도노회 노회장 귀하

(4) 소원 이유 설명서

소 원 인 : 김독도(만 50세)

　　　　　소속 치리회 : 대한예수교장로회 산해교회

　　　　　성직 및 신급 : 집사

　　　　　주소 : 부산시 동구 서동 5번지

피소원인 : 대한예수교장로회 산해교회 당회장 주니지

　　　　　소속 치리회 : 대한예수교장로회 독도노회

　　　　　성직 및 신급 : 목사

　　　　　주소 : 경남 대마도시 동구 서동 4번지

　2006년 10월 27일 오후 2시에 산해 교회가 장로가 아닌 노랭이 씨를 시무 장로인 것처럼 교회와 노회를 속이고 고즈미 씨를 담임 목사로 위임한 것은 헌법을 위반한 불법 부당한 일입니다. 그 이유로

1. 노랭이 씨는 독도교회 장로로서 별지 #1과 같이 2005년 5월 5일에 장로 사직서를 독도교회 당회에 제출하였고 독도교회 당회는 2005년 7월 7일에 별지 #2와 같이 장로 사직서를 수리하였으므로 장로가 아닌 자이며,

2. 노랭이 씨는 장로직에서 사직된 후 다시 장로로 임직한 일이 없으며,

3. 노랭이 씨는 독도교회가 산해교회로 이명서를 발급한 일이 없고 오히려 별지 #3과 같이 2006년 8월 30일 현재까지 독도교회 제3구역에 속한 교인이기 때문입니다.

서증 1) 사직서(별지 #1)
　　 2) 독도교회(제47회) 당회록 사본(별지 #2)
　　 3) 독도교회 구역 편성표 사본(별지 #3)
　　 4) 목사 위임 예식 순서지(별지 #4)　　　　　 끝.

위와 같이 소원 이유를 설명합니다.

2006년 11월 4일

소원인 김독도(인)

대한예수교장로회 독도노회 노회장 귀하

사직서 〈별지 #1〉

성 명 : 노랭이
직 분 : 장로

　위 본인은 가정 사정과 개인적인 사정으로 장로직을 사직하고자 하
오니 선처해 주시기를 바랍니다.

2005년 5월 5일

대한예수교장로회 독도교회

장로 노랭이(인)

독도교회 당회장 귀하

독도교회 당회록(제47회) 사본 〈별지 #2〉

주후 2005년 7월 7일 오후 7시 당회장 김독도 목사의 사회로 찬송가 443장을 다같이 부른 후 회장이 성경 계 2장 10절을 봉독하고 "충성"이라는 제목으로 강론하고 기도하다.

서기가 회원을 호명하니 5명 중 4명이 출석하여 회장이 개회됨을 선언하다.

(결석자 : 노랭이 장로)

〈결의 사항〉

1. ○○○ 집사가 제출한 집사 시무 사임서는 반려하기로 가결하다.

2. ○○○ 권사가 제출한 권사 사임서는 반려하기로 가결하다.

3. 노랭이 장로가 제출한 장로직 사임서는 받기로 가결하다.

4. 폐회하기로 가결하고 서기가 회록을 낭독하니 채택한 후 당회장이 가라대 장로로 기도케 하고 폐회를 선언하니 동일 오후 8시 10분 이더라.

2005년 7월 7일

당회장 목사 김독도(인)
서 기 장로 가라중(인)

독도교회 구역 편성표 사본 〈별지 #3〉

〈2006년도 독도교회 요람 구역 편성〉

제3구역 구역장 ○○○ 권찰 ○○○				
◎ ○○○	(123-4567)	○○○	○○○	
◎ ○○○	(123-5678)	○○○		
◎ ○○○	(123-6789)	○○○	○○○	○○○
◎ 노랭이	(123-7890)	한사랑	노상희	노상락

위와 같이 노랭이 씨는 2006년 3월 첫 주부터 본 교회에 출석은 하지 않고 있지만 2006년 8월 30일 현재까지 본 교회 제3구역 교인으로 교회 요람에 편성되어 있음.

2005년 8월 15일

대한예수교장로회 독도교회
당회장 목사 김독도(인)
서 기 장로 가라중(인)

목사 위임 예식 순서지 〈별지 #4〉

〈목사 위임 예식 순서〉

찬송 .... 323장 .... 다같이
기도 .... ○○○ 목사
성경 .... 마 25:21 .... 사회자
설교 .... 충성된 종 .... ○○○ 목사

– 생략 –

공포 .... ○○○ 목사

"내가 교회의 머리 되신 주 예수 그리스도의 이름과 노회의 권위
로 목사 고즈미 씨를 본 교회 목사로 위임됨을 공포하노라."

– 생략 –

축도 .... ○○○ 목사

제3절 소원 건에 대한 독도노회 재판국의 재판

1. 소원인 소환장

은혜 중 평강하심을 기원합니다.

귀하가 소원한 재판 사건을 심리하고자 아래와 같이 소환합니다.

– 아래 –

1. 일시 : 2007년 5월 23일(월) 오후 2시
2. 장소 : 독도노회 사무실(부산시 동구 서동 5번지)
3. 유의 사항

   ① 귀하는 대리인이나 변호인을 신청할 수 있습니다.

   ② 출석하실 때에는 인장을 지참하시기 바랍니다.

2007년 5월 5일

대한예수교장로회 독도노회 재판국장(관인)

재판국장 목사 김철수(인)

서   기 목사 박영수(인)

소원인 김독도 귀하

2. 피소원인 소환장

은혜 중 평강하심을 기원합니다.

소원인 김독도 씨가 제출한 소원 건을 심리하고자 아래와 같이 소환합니다.

– 아래 –

1. 일시 : 2007년 5월 23일(월) 오후 2시
2. 장소 : 독도노회 사무실(부산시 동구 서동 5번지)
3. 유의 사항

    ① 귀하는 대리인이나 변호인을 신청할 수 있습니다.

    ② 출석하실 때에는 인장을 지참하시기 바랍니다.

    ③ 별첨과 같이 소원장과 소원 이유 설명서를 첨부하오니 귀하가 원할 경우 재판국 서기에게 답변서를 미리 제출할 수 있습니다.

유첨 (1) 소원장 1부

      (2) 소원 이유 설명서 1부   끝.

2007년 5월 5일

대한예수교장로회 독도노회 재판국(관인)

회장 목사 김철수(인)

서기 목사 박영수(인)

피소원인 대한예수교장로회 산해교회

당회장 주니지 귀하

소 원 장

소 원 인   김독도

피소원인   대한예수교장로회 산해교회

당회장 목사 주니지

산 해 교 회

원 본 대 조 필	독도노회 재판국(관인)
	서기 목사 박영수(인)

소원장 (유첨 1)

소 원 인 : 김독도(만 50세)

　　　　소속 치리회 : 대한예수교장로회 산해교회

　　　　성직 및 신급 : 집사

　　　　주소 : 부산시 동구 서동 5번지

피소원인 : 대한예수교장로회 산해교회 당회장 주니지

　　　　소속 치리회 : 대한예수교장로회 독도노회

　　　　성직 및 신급 : 목사

　　　　주소 : 경남 대마도시 동구 서동 4번지

소원 사유

산해교회가 장로가 아닌 노랭이 씨를 시무 장로라고 교회와 노회를 속이고 조직 교회인 것처럼 고즈미 씨를 담임 목사로 위임 예식을 거행한 것은 불법 부당한 일이므로 시정을 원하며 소원합니다.

2006년 11월 4일

소원인 김독도(인)

대한예수교장로회 독도노회 노회장 귀하

소원 이유 설명서 (유첨 2)

소 원 인 : 김독도(만 50세)

　　　　소속 치리회 : 대한예수교장로회 산해교회

　　　　성직 및 신급 : 집사

　　　　주소 : 부산시 동구 서동 5번지

피소원인 : 대한예수교장로회 산해교회 당회장 주니지

　　　　소속 치리회 : 대한예수교장로회 독도노회

　　　　성직 및 신급 : 목사

　　　　주소 : 경남 대마도시 동구 서동 4번지

　2006년 10월 27일 오후 2시에 산해 교회가 장로가 아닌 노랭이 씨를 시무 장로인 것처럼 교회와 노회를 속이고 고즈미 씨를 담임 목사로 위임한 것은 헌법을 위반한 불법 부당한 일입니다. 그 이유로

1. 노랭이 씨는 독도교회 장로로서 별지 #1과 같이 2005년 5월 5일에 장로 사직서를 독도교회 당회에 제출하였고 독도교회 당회는 2005년 7월 7일에 별지 #2와 같이 장로 사직서를 수리하였으므로 장로가 아닌 자이며,

2. 노랭이 씨는 장로직에서 사직된 후 다시 장로로 임직한 일이 없으며,

3. 노랭이 씨는 독도교회가 산해교회로 이명서를 발급한 일이 없고 오히려 별지 #3과 같이 2006년 8월 30일 현재까지 독도교회 제3구역에 속한 교인이기 때문입니다.

서증   1) 사직서(별지 #1)
      2) 독도교회 당회록(제47회) 사본(별지 #2)
      3) 독도교회 구역 편성표 사본(별지 #3)
      4) 목사 위임 예식 순서지(별지 #4)   끝.

위와 같이 소원 이유를 설명합니다.

2006년 11월 4일

소원인 김독도(인)

대한예수교장로회 독도노회 노회장 귀하

※ 본서에는 생략하였으나 실제 노회 사건을 처리하는 경우에는 서증인 사직서와 독도교회 당회록(제47회) 사본, 독도교회 구역 편성표 사본, 목사 위임 예식 순서지를 반드시 첨부하여 발송하여야 한다.

3. 참고인 1 소환장 (고즈미)

은혜 중 평강하심을 기원합니다.

소원인 김독도 씨가 제출한 소원 건을 심리하고자 아래와 같이 소환합니다.

– 아래 –

1. 일시 : 2007년 5월 23일(월) 오후 2시
2. 장소 : 독도노회 사무실(부산시 동구 서동 5번지)
3. 유의 사항

출석하실 때에는 인장을 지참하시기 바랍니다.

2007년 5월 5일

대한예수교장로회 독도노회 재판국(관인)

회장 목사 김철수(인)

서기 목사 박영수(인)

고즈미 목사 귀하

4. 참고인 2 소환장(노랭이)

은혜 중 평강하심을 기원합니다.

소원인 김독도 씨가 제출한 소원 건을 심리하고자 아래와 같이 소환합니다.

– 아래 –

1. 일시 : 2007년 5월 23일(월) 오후 2시
2. 장소 : 독도노회 사무실(부산시 동구 서동 5번지)
3. 유의 사항

출석하실 때에는 인장을 지참하시기 바랍니다.

2007년 5월 5일

대한예수교장로회 독도노회 재판국(관인)

회장 목사 김철수(인)

서기 목사 박영수(인)

노랭이 성도 귀하

5. 소원인 신문 조서

문 : 소원인은 산해교회를 섬기는 김독도 집사님 맞지요?

답 : 예.

문 : 산해교회에 출석하신 지는 몇 년이나 되었습니까?

답 : 6년 되었습니다.

문 : 가족 중에 조부는 장로님이시고 부친은 목사님이라고 들었는데 맞습니까?

답 : 예.

문 : 부친은 어느 교회에 시무하십니까?

답 : 서울노회 새서울교회를 시무하십니다.

문 : 부친께서 노회와 총회에서도 중책을 맡고 계셨지요?

답 : 예, 노회장과 정치부장, 교육부장, 고시부장 등을 역임하셨고 총회 정치부장과 재판국장을 역임하셨습니다.

문 : 금번 소원장을 제출할 때에 부친의 자문을 받으셨나요?

답 : 예.

문 : 본 소원에 대하여 부친께서 뭐라고 하시던가요?

답 : "헌법에 어긋난 일은 당장은 아무 일 없어 보여도 훗날 언젠가는 알게 되어 교회에 큰 시험이 오게 되니까 속히 바로 잡는 것이 최선이다"라고 하셨습니다.

문 : 노랭이 씨가 장로 사직된 것은 어떻게 아셨습니까?

답 : 예, 독도교회 장로님 중에 아버님 친구 한 분이 계시는데 그 장로

님께 들었습니다.

문 : 서증들 중에 독도교회에 관한 내용들은 그 장로님께 부탁해서 준비했습니까?

답 : 예.

문 : 위임 예식을 하기 전에 왜 고즈미 목사님께 이의를 제기하시지 않았습니까?

답 : 노랭이 씨가 장로 사직된 것을 목사 위임 예식을 행한 후에 알게 되었습니다.

문 : 노랭이 씨가 산해교회에 출석한 지는 언제부터입니까?

답 : 예, 약 3년 전부터입니다.

문 : 그동안에 노랭이 씨가 장로 취임이나 장로 임직을 하지 않은 것은 집사님도 알고 계셨겠네요?

답 : 예.

문 : 그런데 왜 고즈미 목사님께 장로 취임을 하지도 않고 위임 예식을 하려고 하느냐고 이의를 제기하지 않았습니까?

답 : 노랭이 씨가 우리 교회에 오신 뒤부터 목사님과 성도들 모두 장로님이라고 부르고 우리 교회 목사님이 개척 교회를 해서 처음으로 장로님이 오셨으니까 위임 예식을 하면 되는 줄로 알았습니다.

문 : 그러면 다른 교회에서 오신 장로님은 취임식을 해야 한다는 것은 언제 알았습니까?

답 : 지난번 아버님 생신에 가서 아버님께서 말씀해 주셔서 알았습니다.

문 : 국원 중에 묻고 싶은 말씀이 있으면 말씀하십시오.

답 : 없습니다(여러 국원).

문 : 소원인으로서 할 말 있으면 하세요.

답 : 없습니다.

이상의 공술은 소원인으로서 대한예수교장로회 독도노회 재판국에서 진술한 바 틀림없기에 이에 서명 날인합니다.

2007년 5월 23일

소원인 김독도(인)

6. 피소원인 신문 조서(주니지) 〈별지 #6〉

문 : 피소원인은 산해교회 고즈미 목사 위임 예식을 하던 당시의 노회가 파송한 산해교회 당회장 주니지 목사님이시지요?

답 : 예.

문 : 산해교회 당회장은 얼마 동안을 했나요?

답 : 3개월입니다.

문 : 소원인의 진술에 의하면 노랭이 씨가 장로도 아니라고 하는데 어떻게 장로도 아닌 노랭이 씨를 장로라고 생각하고 공동의회와 노

회에 목사 위임 허락 청원까지 하여 위임 예식을 했습니까?

답 : 저는 고즈미 목사님을 믿고 장로 이명서를 가지고 온 장로님인줄 알았습니다.

문 : 목사님은 언제부터 당회장으로 파송을 받았습니까?

답 : 지난 9월 1일 임시 노회 시에 산해교회 당회장인 ○○○ 목사님의 사임서와 이명서를 허락하면서 제가 산해교회 당회장으로 파송되었습니다.

문 : 공동의회는 언제 했습니까?

답 : 예, 지난 9월 1일에 파송을 받고 9월 7일 주일 오후 예배 후에 당회를 하면서 14일에 광고하고 21일에 공동의회를 하고 10월 정기 노회에 청빙 청원하고 27일에 위임 예식을 하기로 결의한 대로 9월 21일에 공동의회를 하였습니다.

문 : 위임 예식은 언제 했습니까?

답 : 10월 13일(월) 정기 노회에서 허락을 받고 10월 27일(월)에 위임 예식을 하였습니다.

문 : 위임 예식에 대한 일자와 예식을 주관하는 것은 노회가 위임한 위임국장이 하는 것인데 왜 당회장이 날짜와 예식까지 주관하였습니까?

답 : 다른 교회들도 시찰장이 하기에 제가 시찰장이면서 당회장이기 때문에 그렇게 하였습니다.

문 : 노회 허락도 받기 전에 당회장이 위임 예식 일자까지 당회록에 기록을 해도 되는 겁니까?

답 : 잘 몰라서 그랬습니다. 죄송합니다.

문 : 지금도 노랭이 씨가 장로라고 생각되십니까?

답 : 소원 건이 발생한 후에는 아니라고 생각합니다.

문 : 할 말이 있으면 말씀하세요.

답 : 저의 불찰로 교회와 노회에 물의를 일으켜 죄송하게 생각합니다.

문 : 국원들 중에 말씀 하실 분 말씀하십시오.

답 : 없습니다.

　　이상의 공술은 피소원인으로서 대한예수교장로회 독도노회 재판국에서 진술한 바 틀림없기에 이에 서명 날인합니다.

2007년 5월 23일

피소원인 주니지(인)

7. 참고인 1 신문 조서(고즈미) 〈별지 #7〉

문 : 고즈미 목사님은 산해교회를 개척 설립하여 현재까지 시무하셨지요?

답 : 예.

문 : 산해교회는 몇 년 시무하셨습니까?

답 : 10년입니다.

문 : 지난 해 10월 27일에 목사 위임 예식을 하셨지요?

답 : 예.

문 : 노랭이 씨가 산해교회에 출석한 지는 얼마나 되었습니까?

답 : 3년쯤 되었습니다.

문 : 독도교회에서 이명서는 가지고 왔던가요?

답 : 아니요.

문 : 그런데 이명서를 왜 가지고 오라 하지 않았습니까?

답 : 이명서를 가지고 교회를 옮겨가는 사람을 하나도 보지 못했기 때
문에 그래도 되는지 알았습니다.

문 : 노랭이 씨가 독도교회에서 장로직을 사직하고 산해교회로 온 것
을 몰랐습니까?

답 : 예, 몰랐습니다.

문 : 지금은 노랭이 씨가 장로직을 사직했으니 장로가 아닌 것을 알고
있습니까?

답 : 예.

문 : 혹 할 말이 있으면 말씀하세요.

답 : 저의 불찰로 교회와 노회에 물의를 일으켜 죄송하게 생각합니다.

문 : 국원들 중에 말씀 하실 분 말씀하십시오.

답 : 없습니다.

이상의 공술은 피소원인 김독도 씨가 소원한 사건에 대하여 산해교

회 목사 대한예수교장로회 독도노회 재판국에서 참고인으로 진술한
바 틀림없기에 이에 서명 날인합니다.

2007년 5월 23일

참고인 고즈미(인)

8. 참고인 2 신문 조서(노랭이) 〈별지 #8〉

문 : 노랭이 씨는 약 3년 전에 독도교회 시무 장로님이셨지요?

답 : 예.

문 : 그런데 왜 시무 장로가 자유 사직서를 제출했습니까?

답 : 교회를 옮기려고 시무 사임서를 제출했는데 며칠 전에 고즈미 목
　　사님 위임 예식을 하고 난 후에 독도교회에서 서증으로 보내온
　　사임서를 보니 사직서로 되어 있었습니다.

문 : 그 사직서를 누군가가 글자를 고쳤단 말입니까?

답 : 아닙니다. 제가 시무 사임서를 제출한다는 것이 사직서로 "사임"
　　을 "사직"이라고 잘못 기록한 것 같습니다.

문 : 당회에서 사직서를 처리할 때에 장로님은 당회에 참석하였습니
　　까?

답 : 저는 사임서를 제출한 후에 즉시 산해교회로 옮기고 독도교회는

한 번도 간 일이 없습니다.

문 : 독도교회는 장로님이 몇 분입니까?

답 : 당시에는 저까지 5명이었는데 지금은 12명이라고 들었습니다.

문 : 당회에서 교회를 옮긴 후에 심방은 오지 않았습니까?

답 : 목사님이 3번을 사모님과 함께 오셨고, 장로님들이 전체 또는 개
인적으로 해서 5번쯤 오셨습니다.

문 : 심방 오셔서 뭐라고 하던가요?

답 : "서류 낸 것은 없는 것으로 하고 교회를 함께 섬깁시다!"라고 하
였습니다.

문 : 그런데 왜 끝까지 고집을 부렸습니까?

답 : 한번 교회를 옮기고 보니 다시 돌아간다는 게 쑥스럽기도 하고 마
음에 내키지 않았습니다.

문 : 소원 이유 설명서에 의하면 노랭이 씨는 장로가 아니고 세례 교인
이라고 했는데 어떻게 생각하십니까?

답 : 교회법이 그런 것인 줄을 몰랐습니다.

문 : 지금의 심정은 어떻습니까?

답 : 황당합니다.

문 : 하시고 싶은 말 있습니까?

답 : 없습니다.

문 : 국원 중에 신문하실 분 계십니까?

답 : 없습니다.

이상의 공술은 상소인 김독도 씨가 소원한 사건에 대하여 대한예수교장로회 독도노회 재판국에서 참고인으로 진술한 바 틀림없기에 이에 서명 날인합니다.

2007년 5월 23일

참고인 노랭이(인)

9. 결정서 〈별지 #9〉

소 원 인 : 김독도(만 50세)

소속 치리회 : 대한예수교장로회 산해교회

성직 및 신급 : 집사

주소 : 부산시 동구 서동 5번지

피소원인 : 대한예수교장로회 산해교회 당회장 주니지

소속 치리회 : 대한예수교장로회 독도노회

성직 및 신급 : 목사

주소 : 경남 대마도시 동구 서동 4번지

주 문

2006년 10월 27일에 고즈미 씨의 산해교회 위임 예식을 거행한 것
은 취소하고, 노랭이 씨는 독도교회 세례 교인인 것을 확인한다.

이 유

1. 노랭이 씨는 2005년 5월 5일에 독도교회 당회에 장로 사직서를 제
   출하고 독도교회 당회는 2005년 7월 7일에 사직서를 수리하였으
   니 노랭이 씨는 장로가 아닌 것이 확실하고,
2. 노랭이 씨는 장로로 다시 임직한 근거가 없으며,
3. 노랭이 씨는 독도교회에서 산해교회로 이명한 사실이 없으므로
4. 권징 조례 제1장 제3조, 제11장 제108조, 제12장 제113조, 정치 제9
   장 제1조, 예배 모범 제17장 6항에 의거
   본 재판국은 만장일치의 결의에 따라 주 예수그리스도의 이름과 그
   직권으로 주문과 같이 결정한다.

2007년 5월 23일

대한예수교장로회 독도노회 재판국(관인)
국장 목사 김철수(인)
서기 목사 박영수(인)

국원 목사 박대영(인)

국원 목사 박대중(인)

국원 장로 김상대(인)

국원 장로 김상중(인)

국원 장로 김상하(인)

10. 결정서 송달

대한예수교장로회 독도노회

문서 번호 : 재판 07-1

수 신 : 수신처 참조

발 신 : 독도노회 재판국

제 목 : 재판 결과 통보의 건

은혜 중 평강하심을 기원합니다.

독도노회 재판국(2007년 5월 23일)은 산해교회 김독도 씨가 당회장 주니지 목사에 대하여 소원한 재판 건의 결정서를 유첨과 같이 송달 통보합니다.

유첨 : 결정서 1부   끝.

2007년 5월 30일

대한예수교장로회 독도노회 재판국(관인)

국장 목사 김철수(인)

서기 목사 박영수 (인)

수신처 : 소원인 김독도, 피소원인 주니지, 산해교회 당회, 노회 서기

※ 본서에는 생략하였으나 실제 사건을 처리하는 경우에는 유첨 서류

인 결정서를 반드시 첨부하여 발송하여야 한다.

제4절 독도노회(제90회) 재판국 회의록

1. 독도노회 회의록(제90회) 속회록

○○○○년 ○○월 ○○일 오후 2시에 노회장 김독도 목사의 사회로 찬송가 205장을 다같이 부른 후 ○○○ 장로로 기도케 한 후 성경 히 13장 8절을 봉독하고 "그리스도의 성품"이라는 제목으로 강론하고 기도하다.

서기가 성수됨을 확인하니 회장이 속회를 선언하다.

〈결의 사항〉

1. 전도부 보고, 유인물과 같이 받기로 가결하다.

2. 사회부 보고, 유인물과 같이 받기로 가결하다.

3. 정치부 완전 보고

  (1) 대마도노회 노회장 ○○○ 목사가 보내온 박성기 목사의 이명 이래의 건은 받기로 가결하다.

  (2) 장용기 목사가 청원한 ○○○ 노회로의 이명 청원의 건은 허락하기로 가결하다.

  (3) 산해교회 김독도 씨가 제출한 소원 건은 재판국원 7인을 선정하여 위임하기로 가결하고 투표하니 목사 : 김철수, 박영수, 박대영, 박대중, 장로 : 김상대, 김상중, 김상하이더라.

4. 서기가 이명 이래한 박성기 목사를 호명하고 이거한 장용기 목사에게 인사하게 하니 인사하다.
5. 고시부 보고, 유인물과 같이 받기로 가결하다.

– 중략 –

6. 시간이 되어 찬송가 431장을 다같이 부른 후 회장이 성경 롬 8장 28절을 봉독하고 달하나 장로로 기도케 하고 저녁 7시까지 정회를 선언하니 동일 오후 5시 15분이더라.

○○○○년 ○○월 ○○일

노회장 목사 김독도(인)
서 기 목사 서기장(인)

2. 독도노회 제1차 재판국 회의록

2007년 4월 22일 오전 8시에 부산시 동구 서동 5번지 노회 사무실에서 재판국원 전원이 출석하여 제90회 독도노회 재판국 소집장 김철수 목사의 사회로 찬송가 340장을 다같이 부른 후 성경 갈 1장 10절을 봉독하고 기도하다.

임시 서기로 박영수 목사를 선정하고 임시 서기가 국원을 호명하니 국원 7명 중 전원 출석하여 국장이 개회됨을 선언하다.
(출석 회원 목사 : 김철수, 박영수, 박대영, 박대중, 장로 : 김상대, 김상중, 김상하)

〈결의 사항〉
1. 재판국을 아래와 같이 조직하다.
   국장 : 김철수 목사, 서기 : 박영수 목사
   국원 : (목사) 박대영, 박대중, (장로) 김상대, 김상중, 김상하
2. 재판 일자는 5월 23일 오후 2시, 장소는 노회 사무실로 정하고, 소환장은 2월 5일에 발송하기로 가결하다.
4. 폐회하기로 가결하다.
5. 서기가 회의록을 낭독하니 채택하고 국장이 박대영 목사로 기도케 하고 마치니 동일 오전 11시 10분이더라

2007년 4월 22일

대한예수교장로회 독도노회 재판국
국장 목사 김철수(인)
서기 목사 박영수(인)

3. 독도노회 제2차 재판국 회의록

2007년 5월 23일 오후 2시 노회 사무실에서 국장 김철수 목사의 사회로 찬송 217장을 제창하고 회계 김상대 장로로 기도케 한 후 국장이 성경 갈 1장 10절을 봉독하고 "하나님을 좋게 하는 종"이라는 제목으로 강론하고 기도하다.

서기가 국원을 호명하니 7명 중 7명 전원이 출석하여 국장이 대한예수교장로회 독도노회 제90회 제2차 재판국이 개정됨을 선언하다. (출석 회원 목사 : 김철수, 박영수, 박대영, 박대중, 장로 : 김상대, 김상중, 김상하)

1. 개정 선언(국장)

"지금은 대한예수교장로회 제90회 독도노회가 위탁한 산해교회 소원인 김독도 씨가 제출한 소원건을 처리하기 위한 재판국이 개정된 것을 선언합니다."

2. 이유 공포(국장)

"우리가 지금 독도노회가 김독도 씨가 제출한 소원 건을 심리하게 되었은즉 마땅히 이 일에 신중함을 생각하고 주 예수 그리스도 앞에서 엄숙하게 시무할 것입니다."

3. 서기가 소원장과 소원 이유 설명서를 낭독하다.

   (1) 심리

   ① 서기가 소원장과 소원 이유 설명서를 낭독하다.

② 국장이 피소원인 산해교회 당회장 주니치 씨에게 "소원장에 대하여 어떻게 생각합니까?"라고 물으니 "할 말이 없습니다"라고 답하다.

③ 국장이 별지 #5와 같이 소원인 김독도 씨를 신문하다.

④ 국장이 별지 #6과 같이 피소원인 주니치 목사를 신문하다.

⑤ 국장이 참고인 고즈미 목사를 별지 #7과 같이 신문하다.

⑥ 국장이 참고인 노랭이 씨를 별지 #8과 같이 신문하다.

(2) 합의 결정

① 독도교회가 제시한 서증 1,2,3이 확실하므로 소원 이유 설명서의 각 항에 대하여 합의 투표하니 1항 7:0으로 노랭이 씨는 장로가 아님, 2항 7:0으로 노랭이 씨는 장로 아님, 3항 7:0으로 노랭이 씨는 산해교회 교인이 아님, 결과는 "산해교회가 장로도 아니요 해 교회의 교인도 아닌자를 장로로 인정하고 고즈미 씨를 산해교회에 담임 목사로 위임한 것은 취소하고 노랭이 씨는 독도교회 교인임을 결정"하기로 가결하다.

② 별지 #9와 같이 결정서를 작성하다.

③ 서기가 별지 #9와 같이 결정서를 낭독하니 채택하기로 가결하다.

④ 소원인과 피소원인, 산해교회 당회와 독도노회 서기에게 결정서를 송달 교부하기로 가결하다.

⑤ 서기가 회의록을 낭독하니 채택한 후 국장이 기도하고 폐정을 선언하니 동일 오후 5시이더라.

2007년 5월 23일

대한예수교장로회 독도노회 재판국(관인)

재판국장 목사 김철수(인)

서　　기 목사 박영수(인)

제5장 조사 처리 위원에게 재판권을
위임하는 경우

　노회에 진정서 등이 접수되어 조사 처리 위원을 파송하면서 재판권까지 부여하는 경우가 없지 않다. 이런 경우에는 노회가 조사 처리 위원에게 기소하여 재판하는 권한을 위임해야 하고, 재판국 구성 요건대로 7인 이상으로 하되 목사가 과반수 이상으로 정해야 하며, 기소 위원은 재판국원이 될 수 없으므로(장로회 각 치리회 보통회의 규칙 42조) 노회는 조사 처리 위원을 재판국의 구성 요건보다 한두 사람을 추가해서 파송해야 한다. 만일의 경우 조사 처리 과정에서 범죄 사실이 발현되면 기소 위원을 선정하여 기소장과 죄증 설명서를 작성하여 기소하게 하고 조사처리위원회 서기가 이를 접수한 후에 조사처리위원회를 재판국으로 변경하여 심리 판결한다.

제1절 조사처리위원회

먼저 진정서를 근거로 조사하여 진정인과 피진정인 간에 원만한 합의가 되면 합의한 대로 노회에 보고할 것이요, 행정 처결이 필요한 경우에는 행정 처결하여 노회에 보고한다.

1. 부전지

2006년 9월 3일 오후 4시에 북부교회 당회실에서 임시 당회를 모이고 있을 때 당회실을 노크하니 들어오라고 하여 당회장님께 진정서를 드리면서 당회장 경유를 요청했으나 당회장이신 최진실 목사님은 "그러지 말고 가지고 가세요!"라고 말하면서 거부하셨고, 장로님들은 "그런 쓸 데 없는 짓 하지 말라!"고 오히려 호통만 치고 거부하기에 이에 부전합니다.

2006년 9월 3일

진정인 장성경(인)
진정인 김찬송(인)

2. 진정서 표지

진 정 서

당회장	부전	시찰장	(인)

진 정 인 장 성 경
진 정 인 김 찬 송
피진정인 강 정 구

별지와 같이 진정하오니 선히 처리하여 주시기를 바랍니다.

유 첨 : 진정서 1부

2006년 9월 10일

북 부 교 회

3. 진정서

진정인 등은 부산시 동구 북부동에 위치한 북부교회의 집사로서 본 교회 당회원 중에 교회법에 심히 어긋난 행위로 교인들에게 본이 되지 못하는 강정구 장로를 두 번이나 찾아가서 시정을 요구했으나 오히려 "집사가 장로에게 버릇이 없구나!" 하면서 "싸가지 없는 놈들"이라고 폭언을 하며 화를 내었습니다. 이 일에 대하여 당회장이신 최진실 목사님께도 건의를 하였으나 "나도 어찌할 수 없다"고만 말씀하시기에 아래와 같이 강정구 장로의 불법 행위를 밝히면서 진정서를 올리게 된 것입니다.

1. 강정구 장로는 제물포 호텔 사장으로서 주일 예배를 격주로 2주에 한 번씩만 참석하니 본이 되지 못합니다(예배 모범 제1장 위반).
2. 강정구 장로는 십일조를 하지 아니하고 3만원씩의 감사 헌금만 드리니 성도들에게 본이 되지 못합니다. 이는 헌법적 규칙 제2조 5항에 의무금(십일조)을 드리지 아니한 자는 그 직임을 면함이 당연하다고 하는 규정에 위배된 것으로 사료됩니다.
3. 강정구 장로는 술을 마셨습니다(헌법적 규칙 제2조 5항 위반).

이상과 같은 일은 교인의 대표자인 장로로서 교인들에게 본이 되지 못한 불법 행위이기에 당회장님께 시정을 건의했으나 아무런 조처가 없으므로 노회장님께 진정하오니 선히 처리해 주시기를 바랍니다.

2006년 9월 3일

진정인 장성경(인)

진정인 김찬송(인)

대한예수교장로회 독도노회 노회장 귀하

4. 진정인 소환장

주님의 이름으로 문안드립니다.

귀하께서 제출한 진정의 건을 조사하기 위하여 아래와 같이 소환하오니 인장을 지참하시고 참석하시기 바랍니다.

– 아래 –

1. 일시 : 2006년 11월 11일(토) 오후 2시

2. 장소 : 노회 사무실(주소 : 부산시 동구 서동 5번지,

전화 : 123-4567)

3. 시간을 정시로 지켜 주시기를 바랍니다.

2006년 10월 26일

대한예수교장로회 독도노회 조사처리위원회(관인)

위원장 목사 달하나(인)

서 기 목사 달다섯(인)

진정인 김찬송 집사 귀하

진정인 장성경 집사 귀하

5. 피진정인 소환장

주님의 이름으로 문안드립니다.

귀하를 상대로 귀 교회의 성도인 장성경 씨와 김찬송 씨가 진정한 사건을 조사하기 위하여 아래와 같이 소환하오니 인장을 지참하시고 참석하시기를 바랍니다.

귀하는 출석 진술에 앞서 진정서에 대한 답변서를 제출할 수 있습니다. 귀하가 원할 경우 11월 5일까지 조사처리위원회 서기에게 제출하시기 바랍니다(서기 주소 : 부산시 동구 서동 5번지).

– 아래 –

1. 일시 : 2006년 11월 11일(토) 오후 3시
2. 장소 : 노회 사무실(주소 : 부산시 동구 서동 5번지,
             전화 : 123-4567)
3. 시간을 정시로 지켜 주시기를 바랍니다.

유첨 : 진정서 1부   끝.

2006년 10월 26일

대한예수교장로회 독도노회 조사처리위원회(관인)
위원장 목사 달하나(인)
서 기 목사 달다섯(인)

피진정인 강정구 귀하

진 정 서

당회장	부전	시찰장	(인)

진 정 인 장 성 경

진 정 인 김 찬 송

피진정인 강 정 구

별지와 같이 진정하오니 선히 처리하여 주시기를 바랍니다.

유 첨 : 진정서 1부

2006년 9월 10일

북 부 교 회

원 본 대 조 필 독도노회 조사처리위원회(관인)

위원장 목사 달하나(인)

서 기 목사 달다섯(인)

진정서 (유첨)

　진정인 등은 부산시 동구 북부동에 위치한 북부교회의 집사로서 본 교회 당회원 중에 교회법에 심히 어긋난 행위로 교인들에게 본이 되지 못하는 강정구 장로를 두 번이나 찾아가서 시정을 요구했으나 오히려 "집사가 장로에게 버릇이 없구나!" 하면서 "싸가지 없는 놈들"이라고 폭언을 하며 화를 내었습니다. 이 일에 대하여 당회장이신 최진실 목사님께도 건의를 하였으나 "나도 어찌할 수 없다"고만 말씀하시기에 아래와 같이 강정구 장로의 불법 행위를 밝히면서 진정서를 올리게 된 것입니다.

1. 강정구 장로는 제물포 호텔 사장으로서 주일 예배를 격주로 2주에 한 번씩만 참석하니 본이 되지 못합니다(예배 모범 제1장에 위반).
2. 강정구 장로는 십일조를 하지 아니하고 3만원씩의 감사 헌금만 드리니 성도들에게 본이 되지 못합니다. 이는 헌법적 규칙 제2조 5항에 의무금(십일조)을 드리지 아니한 자는 그 직임을 면함이 당연하다고 하는 규정에 위배된 것으로 사료됩니다.
3. 강정구 장로는 술을 마셨습니다(헌법적 규칙 제2조 5항 위반).

　이상과 같은 일은 교인의 대표자인 장로로서 교인들에게 본이 되지 못한 불법 행위이기에 당회장님께 시정을 건의했으나 아무런 조처가 없으므로 노회장님께 진정하오니 선히 처리해 주시기를 바랍니다.

2006년 9월 3일

진정인 장성경(인)

진정인 김찬송(인)

대한예수교장로회 독도노회 노회장 귀하

6. 답변서 〈별지 #1〉

수 신 : 독도노회 조사 처리 위원장

참 조 : 서기

제 목 : 진정서에 대한 답변의 건

강성경 씨와 김찬송 씨가 제출한 진정서에 대한 답변입니다.

1. 본인의 사업이 관광업이어서 주일이 가장 바쁜 날이 되다 보니 부사장과 사장은 교대로 한 주씩 쉬도록 규정한 회사 정관에 따라 부득불 격주로 주일을 지키고 있습니다.
2. 교회 경상비가 부족하지 않기 때문에 십일조는 필리핀 선교비로 보내고 본 교회는 매주 마다 3만원씩 감사 헌금을 하고 있습니다.
3. 술을 마신 적은 없습니다.

2006년 11월 3일

피진정인 강정구(인)

7. 피진정인의 답변서 배부

대한예수교장로회 독도노회

문서 번호 : 조위 06-1
수 신 : 조사 처리 위원
제 목 : 피진정인의 답변서 배부의 건

은혜 중 평강하심을 기원합니다.
2006년 10월 23일 조사처리위원회의 결의대로 피진정인의 답변서
를 우편으로 배부하오니 준비에 만전을 바랍니다.

유첨 : 답변서 1부   끝.

2006년 11월 6일

대한예수교장로회 독도노회 조사처리위원회(관인)

위원장 목사 달하나(인)

서 기 목사 달다섯(인)

답변서 (유첨)

수 신 : 독도노회 조사 처리 위원장

참 조 : 서기

제 목 : 진정서에 대한 답변의 건

강성경 씨와 김찬송 씨가 제출한 진정서에 대한 답변입니다.

1. 본인의 사업이 관광업이어서 주일이 가장 바쁜 날이 되다 보니 부
   사장과 사장은 교대로 한 주씩 쉬도록 규정한 회사 정관에 따라 부
   득불 격주로 주일을 지키고 있습니다.
2. 교회 경상비가 부족하지 않기 때문에 십일조는 필리핀 선교비로 보
   내고 본 교회는 매주 마다 3만원씩 감사 헌금을 하고 있습니다.
3. 술을 마신 적은 없습니다.

2006년 11월 3일

피진정인 강정구(인)

제2절 변격(變格)권에 의한 독도노회 재판국

조사처리위원회의 조사 과정에서 권징이 요구될 때는 조사처리위원회가 기소 위원을 선정하여 기소장과 죄증 설명서를 작성하여 기소하게 하고 조사처리위원회를 재판국으로 변경하여 심리 판결한다.

1. 기소장 표지

기 소 장

원고(기소인) 대한예수교장로회 독도노회

기소 위원 목사 달 넷

기소 위원 장로 별 넷

피고(피기소인) 강정구

독 도 노 회

2. 기소장(권징 제7조)   〈별지 #2〉

원고(기소인) : 대한예수교장로회 독도노회

      기소 위원 : 달 넷(만 47세)

      소속 치리회 : 대한예수교장로회 독도노회

      성직 및 신급 : 목사

      주소 : 부산시 동구 서동 47번지

원고(기소인) : 대한예수교장로회 독도노회

      기소 위원 : 별 넷(만 57세)

      소속 치리회 : 대한예수교장로회 북부교회

      성직 및 신급 : 장로

      주소 : 부산시 동구 서동 57번지

피고(피기소인) : 강정구(만 49세)

      소속 치리회 : 대한예수교장로회 북부교회

      성직 및 신급 : 장로

      주소 : 부산시 동구 북부동 49번지

죄 상

1. 피고는 북부교회 시무 장로로서 주일을 거룩히 지키지 아니하고 격

주로 매월 2~3회 정도 주일 예배와 당회만 참석하므로 교인 대표로서 교인들에게 본이 되지 못하며(예배 모범 제1장 1,2항) 관광업을 하면서 주일에도 영업을 할 뿐 아니라 식사부에서는 음식을 파는 일입니다(헌법적 규칙 제4조 5항 위반).

2. 피고는 장로로서 십일조 헌금을 드리지 아니합니다(헌법적 규칙 제2조 5항 위반).

3. 피고는 술을 취하도록 마시고 귀가한 일(헌법적 규칙 제2조 5항) 등은 교회 장로로서 행해서는 안 될 불법 행위이므로 죄증 설명서를 첨부하여 기소합니다.

2006년 11월 13일

독도노회 기소 위원 목사 달 넷(인)
독도노회 기소 위원 장로 별 넷(인)

대한예수교장로회 북부교회 당회장 귀하

※ 피기소인이 목사이면 관할이 노회이므로 노회에 기소하지만 장로는 치리회 관할이 당회이므로 장로가 소속해 있는 북부교회 당회에 기소한다(권징 제19조). 혹 당회가 재판을 하면 기소 위원은 당회 재판회에서 원고가 되고 당회가 노회에 위탁 판결 청구를 할 때는 노회가 재판한다.

※ 고소는 당사자가 원고되는 경우의 칭호(권징 제18조)이고 기소는 제3자나 치리회가 원고되는 경우의 칭호(권징 제10조)로서 그 의미는 같은 뜻이다.

3. 죄증 설명서

원고(기소인) : 대한예수교장로회 독도노회

　　　기소 위원 : 달 넷(만 47세)

　　　소속 치리회 : 대한예수교장로회 독도노회

　　　성직 및 신급 : 목사

　　　주소 : 부산시 동구 서동 47번지

원고(기소인) : 대한예수교장로회 독도노회

　　　기소위원 : 별 넷(만 57세)

　　　소속 치리회 : 대한예수교장로회 북부교회

　　　성직 및 신급 : 장로

　　　주소 : 부산시 동구 서동 57번지

피고(피기소인) : 강정구(만 49세)

　　　소속 치리회 : 대한예수교장로회 북부교회

　　　성직 및 신급 : 장로

주소 : 부산시 동구 북부동 49번지

1. 피고는 2006년 11월 13일 조사처리위원회의 조사 과정에서 확인된 대로 주일을 지키지 아니하고 격주로 주일 낮 예배만 참석할 뿐 아니라 주일에도 제물포 호텔 사장으로서 영업을 계속하며 특히 호텔 식당에서 음식을 파는 행위는 예배 모범 제1장 1,2항과 헌법적 규칙 제4조 5항을 위반한 행위입니다(조사 처리 위원 조사 과정에서 피고가 시인한 사실임).

증인 : 김찬송(만 42세)
　　　소속 치리회 : 대한예수교장로회 북부교회
　　　성직 및 신급 : 집사
　　　주소 : 부산시 동구 북부동 42번지

2. 피고는 진정서 내용대로 장로로서 십일조를 드리지 아니한 것을 본인도 시인을 했습니다(헌법적 규칙 제2조 5항 위반).

증인 : 장성경(만 44세)
　　　소속 치리회 : 대한예수교장로회 북부교회
　　　성직 및 신급 : 집사
　　　주소 : 부산시 동구 북부동 44번지

3. 피고는 진정인의 진술과 같이 2006년 3월 말경 어느 날 새벽에 술을 취하도록 마시고 취중 귀가 중에 같은 교회 장성경 집사와 김찬송 집사가 부축하여 피고의 집에까지 모신 것도 모를 정도로 음주를 한 일입니다(헌법적 규칙 제2조 5항 위반).

증인 : 김찬송(만 42세)

    소속 치리회 : 대한예수교장로회 북부교회

    성직 및 신급 : 집사

    주소 : 부산시 동구 북부동 42번지

증인 : 장성경(만 44세)

    소속 치리회 : 대한예수교장로회 북부교회

    성직 및 신급 : 집사

    주소 : 부산시 동구 북부동 44번지

증인 : 황성자(만 48세)

    소속 치리회 : 대한예수교장로회 북부교회

    성직 및 신급 : 권사

    주소 : 부산시 동구 북부동 49번지

위와 같이 죄증이 확실하기에 이에 설명합니다.

2006년 11월 13일

독도노회 기소 위원 목사 달 넷(인)
독도노회 기소 위원 장로 별 넷(인)

대한예수교장로회 북부교회 당회장 귀하

4. 위탁 판결 청원서

원고(기소인) : 대한예수교장로회 독도노회

　　기소 위원 : 달 넷(만 47세)

　　소속 치리회 : 대한예수교장로회 독도노회

　　성직 및 신급 : 목사

　　주소 : 부산시 동구 서동 47번지

원고(기소인) : 대한예수교장로회 독도노회

　　기소 위원 : 별 넷(만 57세)

　　소속 치리회 : 대한예수교장로회 북부교회

　　성직 및 신급 : 장로

　　주소 : 부산시 동구 서동 57번지

피고(피기소인) : 강정구(만 49세)

    소속 치리회 : 대한예수교장로회 북부교회

    성직 및 신급 : 장로

    주소 : 부산시 동구 북부동 49번지

수소 재판회 : 대한예수교장로회 북부교회 당회

사건 접수 연월일 : 2006년 11월 13일

위탁 종별 : 상회에 직접 판결을 구함.

위탁 사유 : 형편상 당회가 판결하기 어려움.

유첨 ⑴ 기소장 1부

    ⑵ 죄증 설명서 1부

    ⑶ 북부교회 당회록(제136회) 사본   끝.

   위와 같이 권징 조례 제9장 제80조에 의거 위탁 판결을 청구하오니 허락하시기 바랍니다.

2006년 11월 15일

대한예수교장로회 북부교회

당회장 최진실(인)

대한예수교장로회 독도노회 노회장 귀하

기 소 장

원고(기소인) 대한예수교장로회 독도노회

기소 위원 목사 달 넷

기소 위원 장로 별 넷

피고(피기소인) 강정구

독 도 노 회

원 본 대 조 필 대한예수교장로회 북부교회

당회장 최진실(인)

서 기 강정일(인)

기소장 (유첨 1)

원고(기소인) : 대한예수교장로회 독도노회

  기소 위원 : 달 넷(만 47세)

  소속 치리회 : 대한예수교장로회 독도노회

  성직 및 신급 : 목사

  주소 : 부산시 동구 서동 47번지

원고(기소인) : 대한예수교장로회 독도노회

  기소 위원 : 별 넷(만 57세)

  소속 치리회 : 대한예수교장로회 북부교회

  성직 및 신급 : 장로

  주소 : 부산시 동구 서동 57번지

피고(피기소인) : 강정구(만 49세)

  소속 치리회 : 대한예수교장로회 북부교회

  성직 및 신급 : 장로

  주소 : 부산시 동구 북부동 49번지

죄 상

1. 피고는 북부교회 시무 장로로서 주일을 거룩히 지키지 아니하고 격

주로 매월 2~3회 정도 주일 예배와 당회만 참석하므로 교인 대표로서 교인들에게 본이 되지 못하며(예배 모범 제1장 1,2항) 관광업을 하면서 주일에도 영업을 할 뿐 아니라 식사부에서는 음식을 파는 일입니다(헌법적 규칙 제4조 5항 위반).

2. 피고는 장로로서 십일조 헌금을 드리지 아니합니다(헌법적 규칙 제2조 5항 위반).

3. 피고는 술을 취하도록 마시고 귀가한 일(헌법적 규칙 제2조 5항) 등은 교회 장로로서 행해서는 안 될 불법 행위이므로 죄증 설명서를 첨부하여 기소합니다.

2006년 11월 13일

독도노회 기소 위원 목사 달 넷(인)
독도노회 기소 위원 장로 별 넷(인)

대한예수교장로회 북부교회 당회장 귀하

※ 피기소인이 목사이면 관할이 노회이므로 노회에 기소하지만 장로는 치리회 관할이 당회이므로 장로가 소속해 있는 북부교회 당회에 기소한다(권징 제19조). 혹 당회가 재판을 하면 기소 위원은 당회 재판회에서 원고가 되고 당회가 노회에 위탁 판결 청구를 할 때는 노회가 재판한다.

※ 고소는 당사자가 원고되는 경우의 칭호(권징 제18조)이고 기소는 제3자나 치리회가 원고되는 경우의 칭호(권징 제10조)로서 그 의미는 같은 뜻이다.

죄증 설명서 (유첨 2)

원고(기소인) : 대한예수교장로회 독도노회

　　　기소 위원 : 달 넷(만 47세)

　　　소속 치리회 : 대한예수교장로회 독도노회

　　　성직 및 신급 : 목사

　　　주소 : 부산시 동구 서동 47번지

원고(기소인) : 대한예수교장로회 독도노회

　　　기소 위원 : 별 넷(만 57세)

　　　소속 치리회 : 대한예수교장로회 북부교회

　　　성직 및 신급 : 장로

　　　주소 : 부산시 동구 서동 57번지

피고(피기소인) : 강정구(만 49세)

　　　소속 치리회 : 대한예수교장로회 북부교회

　　　성직 및 신급 : 장로

　　　주소 : 부산시 동구 북부동 49번지

1. 피고는 2006년 11월 13일 조사처리위원회의 조사 과정에서 확인된 대로 주일을 지키지 아니하고 격주로 주일 낮 예배만 참석할 뿐 아니라 주일에도 제물포 호텔 사장으로서 영업을 계속하며 특히 호텔 식당에서 음식을 파는 행위는 예배 모범 제1장 1,2항과 헌법적 규칙 제4조 5항을 위반한 행위입니다(조사 처리 위원 조사 과정에서 피고가 시인한 사실임).

증인 : 김찬송(만 42세)

    소속 치리회 : 대한예수교장로회 북부교회

    성직 및 신급 : 집사

    주소 : 부산시 동구 북부동 42번지

2. 피고는 진정서 내용대로 장로로서 십일조를 드리지 아니한 것을 본인도 시인을 했습니다(헌법적 규칙 제2조 5항 위반).

증인 : 장성경(만 44세)

    소속 치리회 : 대한예수교장로회 북부교회

    성직 및 신급 : 집사

    주소 : 부산시 동구 북부동 44번지

3. 피고는 진정인의 진술과 같이 2006년 3월 말경 어느 날 새벽에 술을 취하도록 마시고 취중 귀가 중에 같은 교회 장성경 집사와 김찬

송 집사가 부축하여 피고의 집에까지 모신 것도 모를 정도로 음주를 한 일입니다(헌법적 규칙 제2조 5항 위반).

증인 : 김찬송(만 42세)

    소속 치리회 : 대한예수교장로회 북부교회

    성직 및 신급 : 집사

    주소 : 부산시 동구 북부동 42번지

증인 : 장성경(만 44세)

    소속 치리회 : 대한예수교장로회 북부교회

    성직 및 신급 : 집사

    주소 : 부산시 동구 북부동 44번지

증인 : 황성자(만 48세)

    소속 치리회 : 대한예수교장로회 북부교회

    성직 및 신급 : 권사

    주소 : 부산시 동구 북부동 49번지

위와 같이 죄증이 확실하기에 이에 설명합니다.

2006년 11월 13일

독도노회 기소 위원 목사 달 넷(인)

독도노회 기소 위원 장로 별 넷(인)

대한예수교장로회 북부교회 당회장 귀하

북부교회 당회록(제136회) 사본 (유첨 3)

2006년 11월 15일 오후 8시 30분 당회실에서 당회장 최진실 목사의 사회로 찬송가 260장을 다같이 부르고 당회장이 성경 롬 8장 28절을 봉독한 후 "합력하여 선을 이루자"라는 제목으로 강론하고 기도하다.

서기가 회원을 호명하니 6명 중 5명이 출석하여 회장이 개회됨을 선언하다.

〈결의 사항〉

1. 회계연도가 11월로 정해 있으므로 29일 수요 예배 후에 예결산 위원회를 모여 초안하고, 12월 3일 주일 예배 후에 제직회에서 제안하고(정치 제21장 제3조 3항③) 12월 10일에 예결산을 위한 공동의회(정치 제21장 제1조 5항)를 모이기로 가결하다.

2. 독도노회 기소 위원 달 넷 목사와 별 넷 장로가 본 교회 강정구 장로를 상대로 기소한 기소장을 접수하였다는 서기의 보고를 받고

본 당회의 형편상 노회가 위임한 노회 재판국에 위탁 판결을 청구하기로 가결하다.

3. 폐회하기로 가결하고 서기가 회의록을 낭독하니 채택한 후 당회장이 서기 강정일 장로로 기도케 하고 폐회하니 동일 오후 9시 40분이더라.

2006년 11월 15일

당회장 최진실(인)

서 기 강정일(인)

5. 재판국 개정 통지서

대한예수교장로회 독도노회

은혜 중 평강하심을 기원합니다.

표제의 건에 관하여 아래와 같이 본 재판국을 개정하오니 출석하여 주시기 바랍니다.

- 아래 -

1. 일시 : 2006년 12월 12일 오전 7시
2. 장소 : 노회 사무실(주소 : 부산시 동구 서동 5번지,
   전화 : 123-4567)
3. 유의 사항
   ① 출석하실 때에는 반드시 교회 헌법을 휴대하시기 바랍니다.
   ② 권징 조례 제4장 제29조의 규정대로 "재판할 때에 처음부터 나중까지 출석하여 전부를 듣지 아니한 회원은 원고 피고와 그 재판회원이 동의 승낙하지 아니하면 그 재판에 대하여 투표권이 없고"라 하였은즉, 결석하는 일이 없도록 하시고, 특히 시간을 엄수하시기 바랍니다.

2006년 11월 20일
대한예수교장로회 독도노회 재판국(관인)
국장 목사 달하나(인)
서기 장로 별다섯(인)

재판국원 제위 귀하

6. 원고 소환장

은혜 중 평강하심을 기원합니다.
귀하가 본 노회 기소 위원으로 강정구 씨를 피고로 기소한 재판 사건
을 심리하고자 아래와 같이 소환합니다.

– 아래 –

1. 일시 : 2006년 12월 12일 오전 7시
2. 장소 : 노회 사무실(주소 : 부산시 동구 서동 5번지,
　　　　　　　　전화 : 123-4567)
3. 유의 사항
　① 귀하는 피고측 증인에 대하여 상당한 이유가 있을 때에는 거부
　　신청을 할 수 있습니다.
　② 귀하는 대리인이나 변호인을 신청할 수 있습니다.
　③ 출석하실 때에는 인장을 지참하시기 바랍니다.

2006년 11월 20일

대한예수교장로회 독도노회 재판국(관인)
국장 목사 달하나(인)
서기 장로 별다섯(인)

원고(기소인) 달 넷 귀하

원고(기소인) 별 넷 귀하

7. 피고 소환장(권징 제21조~제23조)

은혜 중 평강하심을 기원합니다.

원고(본 노회 기소 위원) 달 넷 목사와 별 넷 장로가 귀하를 피고로 기소한 재판 사건을 심리하고자 아래와 같이 소환합니다.

– 아래 –

1. 일시 : 2006년 12월 12일 오전 7시
2. 장소 : 노회 사무실(주소 : 부산시 동구 서동 5번지,

　　　　　　　전화 : 123-4567)
3. 유의 사항

　① 귀하는 무죄를 증거하기 위하여 증인을 신청할 수 있습니다.

　② 귀하는 원고측 증인에 대하여 상당한 이유가 있을 때에는 거부
　　신청을 할 수 있습니다.

　③ 귀하는 대리인이나 변호인을 신청할 수 있습니다.

　④ 출석하실 때에는 인장을 지참하시기 바랍니다.

　⑤ 별첨과 같이 기소장과 죄증 설명서를 송부하오니 귀하가 원할

경우 기소장을 받은 날로부터 10일 내로 독도노회 재판국 서기에게 답변서를 제출하시기 바랍니다.

유첨   (1) 기소장 1부
      (2) 죄증 설명서 1부   끝.

2006년 11월 20일

대한예수교장로회 독도노회 재판국(관인)

국장 목사 달하나(인)

서기 장로 별다섯(인)

피고(피기소인) 강정구 귀하

※ 본서에는 생략하였으나 실제 사건을 처리하는 경우에는 유첨 서류인 기소장(원본 대조필 표지 포함)과 죄증 설명서를 반드시 첨부하여 발송하여야 한다.

8. 증인 소환장(권징 제68조)

원고(기소인) : 대한예수교장로회 독도노회

    기소 위원 : 달 넷(만 47세)

    소속 치리회 : 대한예수교장로회 독도노회

    성직 및 신급 : 목사

    주소 : 부산시 동구 서동 47번지

원고(기소인) : 대한예수교장로회 독도노회

    기소 위원 : 별 넷(만 57세)

    소속 치리회 : 대한예수교장로회 북부교회

    성직 및 신급 : 장로

    주소 : 부산시 동구 서동 57번지

피고(피기소인) : 강정구(만 49세)

    소속 치리회 : 대한예수교장로회 북부교회

    성직 및 신급 : 장로

    주소 : 부산시 동구 북부동 49번지

본 재판 사건에 귀하를 원고측 증인으로 아래와 같이 소환합니다.

– 아래 –

1. 일시 : 2006년 12월 12일 오전 7시
2. 장소 : 노회 사무실(주소 : 부산시 동구 서동 5번지,

                  전화 : 123-4567)

3. 유의 사항

   ① 인장을 지참하시기 바랍니다.

   ② 교인은 "아무 교회 교인 중 누구를 막론하고 증인 소환을 받고 출석하지 아니하거나, 혹 출석하였을지라도 증언하기를 불응하면 그 형편대로 거역하는 행위를 징벌할 것이다"라는 권징 조례 제68조의 규정을 따라, 소환한 대로 출석하고 증언할 의무가 있사오니, 특히 유의하시기 바랍니다.

2006년 11월 20일

대한예수교장로회 독도노회 재판국(관인)

국장 목사 달하나(인)

서기 장로 별다섯(인)

증인 장성경 귀하

증인 김찬송 귀하

증인 황성자 귀하

※ 증인들 각자에게 따로 따로 적어서 보내야 한다.

9. 증인 선서(권징 제62조)

〈별지 #3〉

후일에

산 자와 죽은 자를

심판하시는 하나님 앞에

문답할 것 같이,

지금 알지 못함이 없으사

사람의 마음을 감찰하시는

하나님 앞에서

이 소송 안의 증인으로 출석하였으니

사실대로 직언하며,

사실 전부를 말하며,

사실밖에 덧붙이지 아니하기로 선서합니다.

2005년 6월 13일

증인 장성경(인)

증인 김찬송(인)

증인 황성자(인)

대한예수교장로회 독도노회 재판국장 귀하

10. 증인 신문 조서 <별지 #4>

문 : 증인들은 강정구 장로와 함께 북부교회를 섬기는 성도들이지요?

답 : 예.

문 : 증인 장성경 씨와 김찬송 씨는 강정구 씨를 상대로 진정서를 제출한 집사님들 이지요?

답 : 예.

문 : 증인 황성자 권사님은 강정구 장로님 부인이시지요?

답 : 예.

문 : 황 권사님께 묻습니다. 2006년 3월말경 새벽에 남편 강정구 장로가 사리를 분간하지 못할 정도로 술에 취한 것을 장성경 집사와 김찬송 집사가 양쪽에서 부축하고 현관까지 모셔 갔을 때 초인종 소리를 듣고 대문을 열어준 일이 있지요?

답 : 예, 그런데 사리를 분간하지 못하지는 않았습니다.

문 : 강정구 장로는 그 때 자기를 부축한 사람들이 회사 직원인 줄 알았다고 진술했는데 그 정도면 사리를 분간하지 못한 것 아닙니까?

답 : 글쎄요.

문 : 황 권사님은 호텔 경영에 관계하십니까?

답 : 저는 가 보지도 않았습니다.

문 : 장성경 집사님은 피고가 주일에 영업을 하고 식당에서 음식을 파는 것을 어떻게 아셨습니까?

답 : 우리 교인들도 다 압니다. 아니 서동 사람은 다 압니다.

문 : 장 집사님은 회계를 몇 년이나 했습니까?

답 : 금년에 3년째입니다.

문 : 그 동안에 피고가 십일조는 한 번도 안 하던가요?

답 : 예.

문 : 황 권사님은 장로님께 십일조하자고 권해 보셨습니까?

답 : 할 말이 없습니다.

문 : 증인들 중에 할 말이 있으면 하십시오.

답 : 주님의 사랑으로 한번 용서해 주시기 바랍니다(황 권사).

　이상의 공술은 증인 장성경, 김찬송, 황성자 씨가 대한 예수교장로회 독도노회 재판국에서 진술한 바 틀림없기에 이에 서명 날인합니다.

2006년 12월 12일

증인　장성경(인)

증인　김찬송(인)

증인　황성자(인)

11. 원고 신문 조서 <별지 #5>

문 : 원고는 기소장을 쓰기 전에 피고를 만나보았습니까?

답 : 만나볼 시간이 없었습니다.

문 : 기소장은 진정인의 진정서 내용과 원고, 피고, 증인들을 조사한 내용을 토대로 해서 작성했지요?

답 : 예.

문 : 기소인으로 할 말 있으면 하시지요.

답 : 피고가 취중 귀가 사실에 있어서 부축해 준 집사님들을 회사 직원으로 알았다고 한 것이나 십일조 대신 선교비로 보냈다고 뻔뻔스럽게 말하는 것은 조금 문제가 있는 것 같아 보이고 주일에도 영업을 하는 일과 식당에서 음식을 파는 것을 당연한 것으로 여기는 것은 고려할 바라고 생각합니다(달 넷 목사).

문 : 더 할 말이 있으면 말씀하세요.

답 : 없습니다.

이상의 공술은 기소인 달 넷 목사와 별 넷 장로가 대한예수교장로회 독도노회 재판국에서 진술한 바 틀림없기에 이에 서명 날인합니다.

2006년 12월 12일

원고(기소인) 목사 달 넷(인)

원고(기소인) 장로 별 넷(인)

12. 피고 신문 조서 <별지 #6>

문 : 피고는 진정서 내용과 기소장 내용을 소환장과 함께 받았을 때 심
정이 어떠했습니까?

답 : 황당했습니다.

문 : 음주하고 귀가할 때 장 집사와 김 집사가 부축해 간 것을 이제는
인정하십니까?

답 : 예.

문 : 피진정인으로 진술할 때 주일에 영업을 계속하면서 식당부에서
음식을 파는 것을 인정하셨는데 앞으로는 어떻게 하시겠습니까?

답 : 현실적으로 어쩔 수 없습니다.

문 : 십일조를 필리핀 선교비로 보낸다고 말씀하셨는데 선교비는 별
도로 보내고 앞으로는 본 교회에 정확한 십일조를 드릴 생각은
없습니까?

답 : 아직까지는 그렇게 할 만한 신앙이 못되는 것 같습니다.

문 : 필리핀에 선교비는 어떻게 해서 보내게 되었습니까?

답 : 저의 제매가 선교사로 가 있습니다.

문 : 피고로서 더 할 말씀이 있으면 말씀하세요.

답 : 없습니다.

이상의 공술은 피고 강정구 씨가 대한 대한예수교장로회 독도노회
재판국에서 진술한 바 틀림없기에 이에 서명 날인합니다.

2006년 12월 12일

피고(피기소인) 장로 강정구(인)

13. 판결문 〈별지 #7〉

원고(기소인) : 대한예수교장로회 독도노회

      기소 위원 : 달 넷(만 47세)

      소속 치리회 : 대한예수교장로회 독도노회

      성직 및 신급 : 목사

      주소 : 부산시 동구 서동 47번지

원고(기소인) : 대한예수교장로회 독도노회

      기소위원 : 별 넷(만 57세)

      소속 치리회 : 대한예수교장로회 북부교회

      성직 및 신급 : 장로

      주소 : 부산시 동구 서동 57번지

피고(피기소인) : 강정구(만 49세)

      소속 치리회 : 대한예수교장로회 북부교회

      성직 및 신급 : 장로

      주소 : 부산시 동구 북부동 49번지

주 문

피고 강정구 씨를 장로직 "정직"에 처한다.

이 유

1. 피고는 장로로서 관광 호텔을 직접 경영하는 대표자로서 주일에도
   계속 영업을 하며 식당부에서는 음식을 팔고 주일을 격주로 주일
   낮 예배만 참석하고 그 외에는 당회를 할 때만 참석하는 정도로서
   주일을 범한 것이 인정된다.
2. 피고는 성경과 헌법에 규정한 의무금인 십일조를 한번도 드리지 아
   니한 것이 인정된다.
3. 피고는 2006년 3월 말경 어느 날 새벽에 음주 만취 상태로 귀가하
   다가 북부교회 장성경 집사와 김찬송 집사가 새벽 기도를 마치고
   귀가하는 중에 발견하고 양쪽에 부축하여 자택에까지 인도한 것이
   인정된다.
4. 적용 법조문 : 권징 조례 제1장 제3조, 제6장 제41조, 정치 제13장
   제3조, 예배 모범 제1장 1~6항, 헌법적 규칙 제2조 5항, 성경 말 3
   장 7~11절에 의거

   본 재판국은 주 예수 그리스도의 이름과 그 직권으로 주문과 같이
판결한다.

2006년 12월 12일

대한예수교장로회 독도노회 재판국(관인)

국장 목사 달하나(인)

서기 목사 별다섯(인)

국원 목사 달 둘(인)

목사 달 셋(인)

장로 별하나(인)

장로 별 둘(인)

장로 별 셋(인)

14. 판결문 송달

대한예수교장로회 독도노회

문서 번호 : 재판 06-2

수 신 : 수신처 참조

발 신 : 독도노회 재판국

제 목 : 재판 결과 통보의 건

은혜 중 평강하심을 기원합니다.

지난 제70회 노회에서 장성경 씨와 김찬송 씨가 제출한 진정 건에 대하여 노회가 조사 처리 위원을 파송하면서 기소하여 재판하는 권한까지 위임한 사건을 조사한 결과 부득불 책벌해야 하겠기에 기소 위원을 선정하여 기소케 하고 조사처리위원회를 재판국으로 변경하여 판결한 결과를 유첨과 같이 통보하오니 당회장이 공포 시행케 하시기 바랍니다.

유첨 : 판결문 1부   끝.

2006년 12월 28일

대한예수교장로회 독도노회 재판국(관인)
국장 목사 달하나(인)
서기 목사 달다섯(인)

수신처 : 독도노회 서기, 북부교회 당회, 원고 달 넷, 원고 별 넷,
피고 강정구

※ 본서에는 생략하였으나 실제 사건을 처리하는 경우에는 유첨 서류인 판결문을 반드시 첨부하여 발송하여야 한다.

제3절 조사처리위원회 및 노회 재판국 회의록

1. 독도노회 회의록(제70회) 속회록

2006년 10월 10일 오후 2시에 노회장 김독도 목사의 사회로 찬송 가 205장을 다같이 부른 후 ○○○ 장로로 기도케 한 후 성경 히 13 장 8절을 봉독하고 "그리스도의 성품"이라는 제목으로 강론하고 기도 하다.

서기가 성수됨을 확인하니 회장이 속회를 선언하다.

〈결의 사항〉

1. 전도부 보고, 별지와 같이 받기로 가결하다.

2. 사회부 보고, 별지와 같이 받기로 가결하다.

3. 정치부 완전 보고

   (1) 대마도노회 노회장 ○○○ 목사가 보내온 박성기 목사의 이명 이래의 건은 받기로 가결하다.

   (2) 장용기 목사가 청원한 ○○○노회로의 이명 청원의 건은 허 락하기로 가결하다.

   (3) 북부교회 장성경 씨와 김찬송 씨가 제출한 진정의 건은 조사 처리 위원 목사 5명, 장로 4명을 즉석에서 투표하여 파송하며 필요할 때는 기소하여 조사처리위원회를 재판국으로 변경한 후

재판하는 권한까지 위임하기로 가결하고 투표하니 목사 달하나, 달 둘, 달 셋, 달 넷, 달다섯, 장로 별하나, 별 둘, 별 셋, 별 넷이더라.

4. 서기가 이명 이래한 박성기 목사를 호명하고 이거한 장용기 목사에게 인사하게 하니 인사하다.

5. 고시부 보고, 별지와 같이 받기로 가결하다.

– 중략 –

6. 시간이 되어 찬송가 431장을 다같이 부른 후 회장이 성경 롬 8장 28을 봉독하고 달하나 장로로 기도케 하고 저녁 7시까지 정회를 선언하니 동일 오후 5시 15분이더라.

2006년 10월 10일

노회장 목사 김독도(인)
서 기 목사 서기장(인)

※ 노회가 조사 처리 위원에게 재판권까지 위임할 때는 반드시 기소권까지 부여하고 기소하여 재판하도록 해야 한다. 이 때 원고는 대한예수교장로회 독도노회가 되어야 하고 기소장과 죄증 설명서를 작성하여 기소할 기소 위원은 조사처리위원회에서 선정한 자가 된

다. 본 건에 소홀히 하는 경우가 없지 않아 참고하도록 노회 회의록을 첨부하였다.

2. 조사처리위원회 제1차 회의록

2006년 10월 23일 오전 7시에 부산시 동구 서동 5번지 노회 사무실에서 조사 처리 위원 9명 전원이 출석하여 임시 의장 달하나 목사의 사회로 위원 중 별하나 장로로 기도케 한 후 성수가 됨으로 임시 의장이 대한예수교장로회 독도노회 조사처리위원회가 개회됨을 선언하다.

〈결의 사항〉
1. 아래와 같이 조사처리위원회를 조직하다.
   위원장 : 달하나 목사, 서기 : 달다섯 목사, 회계 : 별하나 장로
   위원 : (목사) 달 둘, 달 셋, 달 넷, (장로) 별 둘, 별 셋, 별 넷
2. 진정서 내용을 위원들에게 배부하다.
3. 피진정인 강정구 장로에게 소환장과 진정서를 10월 26일에 발송하고 피진정인이 원할 경우 출석 진술에 앞서 11월 5일까지 진정 내용 3개항에 대한 답변서를 제출케 하기로 하다.
4. 서기는 피진정인이 답변서를 제출할 경우 받은 즉시 복사하여 위원들에게 발송하기로 하다.
5. 11월 11일(토) 오후 2시에 진정인과 피진정인을 소환하여 먼저 진정

인을 조사하고 후에 피진정인을 조사하기로 하다(단, 진정인은 오후 2시, 피진정인은 오후 3시로 하고 대질할 신문이 필요할 시는 피진정인 조사 후 하기로 하다).

6. 진정인과 피진정인의 소환은 10일 선기하여 서기가 등기 배달 증명으로 발송하기로 하다.

7. 노회에 보고 시까지 조사 위원들은 조사 내용과 진행 사항에 대하여 비밀을 유지하기로 하다.

8. 폐회하기로 결의하고 서기가 회의록을 낭독하니 채택하기로 가결하다.

9. 회장이 별 둘 장로로 기도케 하고 폐회를 선언하니 동일 오후 8시 30분이더라.

2006년 10월 23일

대한예수교장로회 독도노회 조사처리위원회
위원장 목사 달하나(인)
서 기 목사 달다섯(인)

3. 조사처리위원회(제2차) 제1차 재판국 회의록

2006년 11월 13일 오후 2시에 위원장 달하나 목사의 사회로 찬송가 431장을 다같이 부른 후 달 둘 목사로 기도케 하고 위원장이 성경 고전 13장 13절을 봉독하고 기도하다.

서기가 위원을 호명하니 전원 출석하여 회장이 개회됨을 선언하다.

〈결의 사항〉

1. 여러 사람이 신문하면 초점만 흐릴 우려가 있으므로 위원장이 신문한 후 위원 중에 질문하는 방법으로 조사 신문하기로 가결하다.

2. 위원장이 진정인 장성경 집사와 김찬송 집사를 신문한 결과 피진정인은 진정서의 내용과 같이 주일을 격주로 주일 예배만 참석한 것과 본 교회에 십일조를 드리지 않은 것을 확인하다.

3. 위원장이 피진정인을 신문한 결과 호텔 경영을 핑계로 주일 성수에 있어서 격주로 주일 예배 참석과 당회에만 참석하는 것을 인정하였고 음주에 대한 부분은 부인하였으나,

4. 위원장이 음주 부분에 대하여 피진정인이 부인하므로 진정인과 피진정인간에 대질 신문한 결과 피진정인이 부득이한 사정으로 딱 한번 음주한 일이 있었다고 시인하다.

5. 진정인들이 진정한 내용이 사실로 확인되었고 피진정인은 신문에 응하는 태도나 장로로서의 품위를 훼손한 일이 지나치므로 기소 위원을 선정하여 기소케 하고 기소장을 접수한 후 조사처리위원회를 재판국으로 변경하여 재판하기로 가결하다.

6. 기소 위원으로 달 넷 목사와 별 넷 장로를 선정하기로 가결하다.

7. 기소 위원에게 기소장과 죄증 설명서를 작성하여 피기소인이 북부

교회의 장로이므로 권징 제19조(목사에 관한 사건은 노회 직할에 속하고 일반 신도에 관한 사건은 당회 직할 에 속함)에 의하여 대한예수교장로회 북부교회 당회에 기소하는 것을 위임하기로 가결하다.

8. 폐회하기로 가결하고 서기가 회의록을 낭독하니 채택하기로 가결하다.

9. 회장이 별 셋 장로로 기도케 하고 폐회를 선언하니 동일 오후 3시 30분이더라.

2006년 11월 13일

대한예수교장로회 독도노회 재판국
국장 목사 달하나(인)
서기 목사 달다섯(인)

4. 독도노회 제2차 재판국 회의록

2006년 11월 18일 오후 7시 재판국장 달하나 목사의 사회로 찬송가 340장을 다같이 부른 후 성경 갈 1장 10절을 봉독하고 기도하다.

서기가 국원을 호명하니 국원 7명 중 전원 출석하여 국장이 개회됨을 선언하다.

(출석 회원 목사 : 달하나, 달 둘, 달 셋, 달다섯, 장로 : 별하나, 별 둘, 별 셋)

〈결의 사항〉

1. 기소인 달 넷 목사와 별 넷 장로가 강정구 장로를 상대로 기소한 기소장을 접수하기로 가결하다.

2. 원고의 증인 장성경, 김찬송, 황성자 씨를 채택하기로 하다.

3. 재판 일자는 12월 12일 오전 7시, 장소는 노회 사무실로 정하고 소환장은 11월 20일에 발송하기로 가결하다.

4. 폐회하기로 가결하다.

5. 서기가 회의록을 낭독하니 채택하고 국장이 달 둘 목사로 기도케 하고 마치니 동일 오후 8시 10분이더라

2006년 11월 18일

대한예수교장로회 독도노회 재판국

국장 목사 달하나(인)

서기 목사 달다섯(인)

5. 독도노회 제3차 재판국 회의록

2006년 12월 12일 오전 7시 재판국장 달하나 목사의 사회로 찬송가 30장을 다같이 부른 후 성경 롬 8장 28절을 봉독하고 기도하다.

서기가 국원을 호명하니 국원 7명 중 전원 출석하여 국장이 대한예수교장로회 독도노회 재판국이 개정됨을 선언하다.

(출석 회원 목사 : 달하나, 달 둘, 달 셋, 달다섯, 장로 : 별하나, 별 둘, 별 셋)

〈결의 사항〉

1. 개정 선언(국장)

"지금은 대한예수교장로회 독도노회에서 재판권까지 부여한 조사처리위원회를 파송하여 변격(變格)된 대한예수교장로회 독도노회 제70회 정기 노회 재판국이 개정된 것을 선언합니다."

2. 이유 공포(국장)

"우리가 지금부터 달 넷 목사와 별 넷 장로가 기소한 재판 건을 심리하게 되었은즉 마땅히 이 일이 심히 신중함을 생각하고 주 예수 그리스도 앞에서 엄숙하게 시무할 것입니다"(권징 제20조).

3. 서기가 기소장 및 죄증 설명서 낭독하다.

4. 원고 경계(치리회가 기소할 때는 권징 제15조에 의거 원고의 경계는 생략한다)

5. 피고 경계

국장이 피고에게 "방금 낭독한 송사에 대하여 어떻게 생각하십니까?"라고 경계하니 "저와는 아무 상관이 없는 모함입니다!"라고 답하다.

6. 증인 선서

서기가 재판국원 증인, 원고, 피고, 방청인들을 자리에서 일어서게 하고 증인 장성경, 김찬송, 황성자 씨에게 국장이 선창하고 증인들이 복창하여 별지 #3과 같이 선서하다.

7. 증인 신문

국장이 별지 #4와 같이 증인 장성경, 김찬송, 황성자 씨를 신문하다.

8. 원고 신문

국장이 별지 #5와 같이 원고 달 넷 목사와 별 넷 장로를 신문하다.

9. 국장이 별지 #6과 같이 피고를 신문하다.

10. 합의

국장이 원고와 피고와 증인들을 퇴장케 하고 토의 없이 죄증 설명서의 각 항에 대하여 투표하니 제1항 5:2로 유죄, 제2항 4:3으로 유죄, 제3항 7:0으로 유죄 이므로 결과는 "유죄"로 결정되고, 시벌의 칭호(벌의 이름)를 정함에는 토의한 후 투표하니 정직 4표, 면직 2표, 기권 1표로서 "정직"에 처하기로 가결하다.

11. 판결문 작성과 노회 보고서 작성은 국장과 서기에게 위임하기로 가결하다.

12. 공포

노회 서기와 원고, 피고, 북부교회 당회에 판결문을 송달하는 것으로 공포를 대행하기로 하다.

13. 국장과 서기에게 위임한 판결문과 노회 보고서를 채택하기 위하여 12월 28일 7시 동 장소에서 개정하기로 하고 폐정하기로 가결하다.

14. 서기가 회의록을 낭독하니 채택하고 국장이 달 셋 목사로 기도케하고 폐정을 선언하니 동일 오전 9시 10분이더라.

2006년 12월 12일

대한예수교장로회 독도노회 재판국

국장 목사 달하나(인)

서기 목사 달다섯(인)

6. 독도노회 제4차 재판국 회의록

2006년 12월 28일 오전 7시 국장 달하나 목사의 사회로 성경 딤후 2장 5~6절을 봉독하고 기도하다.

서기가 회원을 호명하니 국원 7명 전원 출석하여 국장이 대한예수교장로회 독도노회 재판국이 개회됨을 선언하다.

(출석 회원 목사 : 달하나, 달 둘, 달 셋, 달다섯, 장로 : 별하나, 별 둘,

별 셋)

〈결의 사항〉

1. 서기가 별지 #7과 같이 판결문을 낭독하니 채용하기로 가결하다.

2. 서기가 노회 보고서를 낭독하니 채용하기로 가결하다.

3. 재판 결과에 관하여 독도노회 서기와 원고와 피고, 북부교회 당회
   에 송달 통보하고, 북부교회 당회장이 주일 예배 시간에 광고케 하
   도록 결의하고 국장이 대한예수교장로회 북부교회 관계 재판 사건
   이 종결됨을 선언하다.

4. 폐회 가결하고 서기가 회의록을 낭독하니 채택하고 국장이 기도하
   고 마치니 동일 오전 8시이더라.

2006년 12월 28일

대한예수교장로회 독도노회 재판국

국장 목사 달하나(인)

서기 목사 달다섯(인)

제 3 편
총회 재판

제 3 편 총회 재판

노회 재판국은 사건이 접수되었을 때 헌의부 보고 시에 노회의 결의에 의해 노회 재판회에서 직할 처리할 수 있고 또는 재판국을 설치하여 위탁할 경우 투표하여 7명 이상으로 선정하되 그 중 과반수는 목사 됨을 요한다. 재판국은 위탁받은 사건을 재판하여 노회에 보고함으로 해산된다.

그러나 총회는 사건 유무에 불문하고 연조제에 따라 조직하게 되므로 항상 조직해 둔다는 뜻에서 상설 재판국이라고 한다.

총회 재판국 역시 상설 재판국이라 해도 상소장을 직접 받아 처리할 수는 없고 오직 헌의부 보고 시에 총회의 결의로 총회가 재판회로 직접 직할 심리 처결할 수 있고 재판국에 위탁할 경우에는 위탁된 사건만 처결할 수 있다는 뜻에서는 임시 재판국이라고도 할 수 있는 노회 재판국의 경우와 동일하다고 본다.

그런데 현재 총회 재판국이 총회가 파회된 후에 접수된 소원 건과 상소 건을 400만원씩의 재판 비용까지 받으면서(권징 제142조 "재판국 비용은 총회가 부담한다"는 헌법 위반) 차기 총회가 위탁하기 전에 재판을 하고 있는 것은 총회 규칙을 빙자하여 상위법인 헌법 권징 제134조 2항에 "총회는 재판 사건을 직할 심리하거나 재판국에 위탁할 수 있고 재판국은 위탁 받은 사건만 심리 판결한다"는 헌법에 반하는 매우 심각한 불법 행위이다. 총회가 이와 같이 구석 구석 불법을 자행하면서 어찌 노회와 각 교회에 법을 지키라고 지시를 할 수 있겠는가?

총회 재판국은 목사 8명, 장로 7명으로 선정하되 한 노회에 속한 자 2인을 초과할 수 없다(권징 제134조). 국원은 상비 위원제로서 3개조로 매년 5인을 개선하며 만료된 국원은 1년간 재판국원이 될 수 없다. 총회 개회 중에 국원의 결원이 있을 때는 총회가 보결하고 총회 파회 후에는 총회장이 자벽하여 차기 총회 개회 시까지 시무케 한다(권징 제134조). 재판국원의 성수는 11인 이상으로 하고 그 중에 과반수는 목사 됨을 요한다(권징 제136조). ('현행 헌법에 11인으로 정하되 그 중 6인이 목사 됨을 요한다는 규정은 법의 미비로 "이상으로" 시행해야' 신현만 한기승 공저『목회현장에서 꼭 필요한 교회법률상식』 p.216 참조)

총회 재판국은 상소인과 피상소인을 소환해서 재판하는 것이 아니라 사실심이 아닌 법률심으로 하회 서기가 교부한 재판 사건 진행 전말서와 재판에 관계된 모든 서류를 토대로 재판 절차와 법적용이 제대로 되었는지, 벌의 칭호는 적합한지를 심의 토의하여 판결 및 결정한다.

이에 대하여 권징 조례 제94조 2항에 "공소심은(노회에 접수된 상소 건의 심의) 부득이한 경우에 증거조를 취급할 수 있고 상고심은(총회에 접수된 상소 건의 심의) 증거조를 폐한다"고 규정하였다.

이에 대하여도 총회 재판국의 현실은 상소인과 피상소인을 소환하여 심리하는가 하면 양측의 노회장, 노회 서기, 재판국장, 재판국 서기까지 소환하여 심리 판결을 하고 있으니 기가 막힐 일이다. 비유컨대 대법원에서 재판하면서 고등법원장, 고등법원 담당 판사, 시장, 시청 직원 중에 사무장까지 소환하여 재판하는 격이니 이것은 법도 아니요 재판도 아니요 아이들 소꿉놀이와 흡사한 것 아닌가? 신속히 헌법대로 시정해야 할 사안이다.

재판국장과 서기는 예심 판결문을 당사자 쌍방을 구속(현상 동결)하기 위하여(권징제138조) 판결문을 원고와 피고와 총회 서기에게 판결 직후 교부해야 한다.

총회는 재판국의 판결을 검사하여 채용하거나, 그 재판국에 환부하여 다시 재판하게 하거나 별도로 특별 재판국을 설치하여 판결 보고하게 한다. 만일 재판국 판결에 대하여 검사하지 아니하거나 변경이 없으면 총회 파회 때부터 그 판결은 확정된다(권징 제141조).

제1장 소원 건에 대한 재판

총회 재판국의 재판은 사실심이 아닌 법률심이므로 소원인과 피소원인과 증인을 소환하여 재판하는 것이 아니라 하회에서 보내온 서류만 가지고 처리 절차와 적용 법률과 벌의 칭호가 적합한지의 여부를 심의 토의하여 결정하는 것임을 잊어서는 안 된다.

1. 소원 통지서

은혜 중 평강하심을 기원합니다.

2006년 8월 15일 오후 2시에 대마도노회가 장로가 아닌 노랭이 씨를 산해교회의 장로라면서 조직 교회로 속여 목사 위임 허락을 받은 산해교회에 고즈미 씨를 담임목사로 위임한 것은 불법 부당한 일이므로 권징 조례 제144조에 의하여 총회에 소원함을 통지합니다.

2006년 9월 9일

대한예수교장로회 독도노회
대리 위원 목사 김독도(인)
대리 위원 장로 임거정(인)

대한예수교장로회 대마도노회 노회장 귀하
대한예수교장로회 총회장 귀하

2. 소원장 표지

소 원 장

소 원 인 대한예수교장로회 독도노회
         대리 위원 목사 김독도
         대리 위원 장로 임거정

피소원인 대한예수교장로회 대마도노회
         노회장 목사 주니지

독 도 노 회

3. 소원장

소 원 인 : 대한예수교장로회 독도노회

　　　대리 위원 : 목사 김독도

　　　대리 위원 : 장로 임거정

　　　주소 : 부산시 동구 서동 5번지

피소원인 : 대한예수교장로회 대마도노회

　　　노회장 : 목사 주니지

　　　주소 : 경남 대마도시 동구 서동 4번지

소원 사유

　대마도노회가 산해교회에 고즈미 목사를 위임함에 대하여 독도교회에서 장로직 사직을 수리하여 평신도인 자요, 이명서도 발급하지 아니한 노랭이 씨를 산해교회의 장로로 인정하고 조직 교회인 것처럼 목사 위임 예식을 행한 것은 불법 부당한 일이므로 시정을 원하며 소원 이유 설명서를 첨부하여 권징 조례 제144조에 의거 소원합니다.

2006년 9월 9일

대한예수교장로회 독도노회

대리 위원 목사 김독도(인)

대리 위원 장로 임거정(인)

대한예수교장로회 총회장 귀하

4. 소원 이유 설명서

소 원 인 : 대한예수교장로회 독도노회

　　　　대리 위원 : 목사 김독도

　　　　대리 위원 : 장로 임거정

　　　　주소 : 부산시 동구 서동 5번지

피소원인 : 대한예수교장로회 대마도노회

　　　　노회장 : 목사 주니지

　　　　주소 : 경남 대마도시 동구 서동 4번지

　대마도노회가 2006년 8월 15일에 별지 #4와 같이 산해교회의 고즈미 목사를 해 교회 위임 목사로 위임 예식을 거행한 것은 헌법을 위반한 불법 부당한 일입니다. 그 이유로

1. 노랭이 씨는 독도교회 장로로서 별지 #1과 같이 2005년 5월 5일에

장로 사직서를 독도교회 당회에 제출하였고 독도 당회는 2005년
7월 7일에 별지 #2와 같이 장로 사직서를 수리하였으므로 장로가
아닌 자이며,

2. 노랭이 씨는 장로직에서 사직된 후 다시 장로로 임직한 일이 없으며,

3. 노랭이 씨는 독도교회가 산해교회로 이명서를 발급한 일이 없고 오
히려 별지 #3과 같이 2006년 8월 30일 현재까지 독도교회 제3구
역에 속한 교인이기 때문입니다.

서증 (1) 사직서(별지 #1)

     (2) 독도교회 당회록(제47회) 사본(별지 #2)

     (3) 독도교회 구역 편성표 사본(별지 #3)

     (4) 목사 위임 예식 순서지(별지 #4)   끝.

위와 같이 소원 이유를 설명합니다.

2006년 9월 9일

소원인 대한예수교장로회 독도노회

대리 위원 목사 김독도(인)

대리 위원 장로 임거정(인)

대한예수교장로회 총회장 귀하

사직서 　　　　　　　　　　　 〈별지 #1〉

성 명 : 노랭이

직 분 : 장로

　위 본인은 가정 사정과 개인적인 사정으로 장로직을 사직하고자 하
오니 선처해 주시기를 바랍니다.

2005년 5월 5일

대한예수교장로회 독도교회

장로 노랭이(인)

독도교회 당회장 귀하

독도교회 당회록(제47회) 사본 　　　 〈별지 #2〉

　주후 2005년 7월 7일 오후 7시 당회장 김독도 목사의 사회로 찬송
가 443장을 다같이 부른 후 회장이 성경 계 2장 10절을 봉독하고 "충
성"이라는 제목으로 강론하고 기도하다.

　서기가 회원을 호명하니 5명 중 4명이 출석하여 회장이 개회됨을

선언하다.

　(결석자 : 노랭이 장로)

〈결의 사항〉

1. ○○○ 집사가 제출한 집사 시무 사임서는 반려하기로 가결하다.

2. ○○○ 권사가 제출한 권사 사임서는 반려하기로 가결하다.

3. 노랭이 장로가 제출한 장로직 사임서는 받기로 가결하다.

4. 폐회하기로 가결하고 서기가 회록을 낭독하니 채택한 후 당회장이
　가라대 장로로 기도케 하고 폐회를 선언하니 동일 오후 8시 10분
　이더라.

2005년 7월 7일

당회장 목사 김독도(인)

서　기 장로 가라중(인)

독도교회 구역 편성표 사본 〈별지 #3〉

〈2006년도 독도교회 요람 구역 편성〉

제3구역 구역장 ○○○ 권찰 ○○○				
◎○○○	(123-4567)	○○○	○○○	
◎○○○	(123-5678)	○○○		
◎○○○	(123-6789)	○○○	○○○	○○○
◎노랭이	(123-7890)	한사랑	노상희	노상락

위와 같이 노랭이 씨는 2006년 3월 첫 주부터 본 교회에 출석은 하지 않고 있지만 2006년 8월 30일 현재까지 본 교회 제3구역 교인으로 교회 요람에 편성되어 있음.

2005년 8월 15일

대한예수교장로회 독도교회

당회장 목사 김독도(인)

서 기 장로 가라중(인)

목사 위임 예식 순서지 〈별지 #4〉

〈목사 위임 예식 순서〉

찬송 ··· 323장 ································· 다같이
기도 ··· ○○○ 목사
성경 ····································· 마 25:21 ·································· 사회자
설교 ······························· 충성된 종 ··························· ○○○ 목사

– 생략 –

공포 ··· ○○○ 목사

"내가 교회의 머리 되신 주 예수 그리스도의 이름과 노회의 권위
로 목사 고즈미 씨를 본 교회 목사로 위임됨을 공포하노라."

– 생략 –

축도 ··· ○○○ 목사

5. 결정서 〈별지 #5〉

소 원 인 : 대한예수교장로회 독도노회

　　　대리 위원 : 목사 김독도

　　　대리 위원 : 장로 임거정

　　　주소 : 부산시 동구 서동 5번지

피소원인 : 대한예수교장로회 대마도노회

　　　노회장 : 목사 주니지

　　　주소 : 경남 대마도시 동구 서동 4번지

주 문

　피소원 노회가 2006년 8월 15일에 산해교회에 노랭이 씨를 장로로 인정하고 고즈미 씨를 해 교회의 담임 목사로 위임한 것은 노랭이 씨가 산해교회의 교인도 아니요 장로도 아닌즉 미조직 교회에 목사 위임 예식을 거행한 것이므로 목사 위임을 취소하고 노랭이 씨는 독도교회 교인인 것을 확인한다.

이 유

1. 노랭이 씨는 2005년 5월 5일에 독도교회 당회에 장로 사직서를 제출하고 독도교회 당회는 2005년 7월 7일에 수리하였으니 노랭이 씨는 장로가 아닌 것이 확실하고,
2. 노랭이 씨는 장로로 다시 임직한 근거가 없으며,
3. 노랭이 씨는 독도교회에서 산해교회로 이명한 사실이 없으므로
4. 적용 법조문 : 권징 조례 제1장 제3조, 제11장 제108조, 제12장 제113조, 교회 정치 제9장 제1조, 예배 모범 제17장 6항에 의거

　　본 재판국은 만장일치의 결의에 따라 주 예수그리스도의 이름과 그 직권으로 주문과 같이 결정한다.

2006년 10월 23일

대한예수교장로회총회 재판국(관인)

국장 목사 김철수(인)

서기 목사 박영수(인)

국원 목사 박대영(인)

국원 목사 박대중(인)

국원 목사 박대소(인)

국원 목사 박대길(인)

국원 목사 박대설(인)

국원 목사 박대구(인)

국원 장로 이정수(인)

국원 장로 김상대(인)

국원 장로 김상중(인)

국원 장로 김상하(인)

국원 장로 김상길(인)

국원 장로 김상구(인)

국원 장로 김상주(인)

6. 결정서 송달

대한예수교장로회총회

문서 번호 : 재판 06-3

수 신 : 수신처 참조

발 신 : 총회 재판국

제 목 : 재판 결과 통보의 건

은혜 중 평강하심을 기원합니다.

총회 재판국(2006년 10월 23일)은 독도노회가 대마도노회에 대하여 소원한 재판 건의 결정서를 유첨과 같이 송달 통보합니다.

유첨 : 결정서 1부   끝.

2006년 10월 23일

대한예수교장로회총회 재판국(관인)
국장 목사 김철수(인)
서기 목사 박영수(인)

수신처 : 소원인 독도노회, 피소원인 대마도노회, 총회 서기

※ 본서에는 생략하였으나 실제 사건을 처리하는 경우에는 유첨 서류
인 결정서를 반드시 첨부하여 발송하여야 한다.

7. 제90회 총회 재판국 제1차 회의록

2006년 10월 23일(월) 오후 2시 총회 회관 203호실에서 국장 김철
수 목사의 사회로 찬송가 217장을 제창하고 회계 이정수 장로로 기도
케 한 후 국장이 성경 갈 1장 10절을 봉독하고 "하나님을 좋게 하는
종"이라는 제목으로 강론하고 기도하다.

서기가 국원을 호명하니 15명 중 전원 출석하여 국장이 대한예수교장로회 제90회 총회 재판국의 개정을 선언하다.
(출석 회원 목사 : 김철수, 박영수, 박대영, 박대중, 박대소, 박대길, 박대설, 박대구, 장로 : 이정수, 김상대, 김상중, 김상하, 김상길, 김상구, 김상주)

1. 개정 선언(국장)

   "지금은 대한예수교장로회 제90회 총회가 위탁한 독도노회 대리위원 목사 김독도 씨와 장로 임거정 씨가 대마도노회 노회장 주니지 씨를 상대한 소원 건을 심리하기 위한 재판국이 개정된 것을 선언합니다."

2. 이유 공포(국장)

   "우리가 지금 독도노회가 대마도노회를 상대로 한 소원 건을 심리하게 되었은 즉 마땅히 이 일에 신중함을 생각하고 주 예수 그리스도 앞에서 엄숙하게 시무할 것입니다."

3. 서기가 소원장과 소원이유 설명서를 낭독하다.

   (1) 심리

      국원 중 소원 통지서를 통지함이 10일이 경과된 후인 것에 대한 질의에 대하여 국장이 본건은 치리회간의 소원이기 때문에 권징 조례 제144조의 규정대로 1년 내로 통지한다는 설명을 하다.

   (2) 합의 결정

      ① 독도노회가 제시한 서증 1,2,3이 확실하므로 소원 이유 설명

서의 각 항에 대하여 합의 투표하니 1항 15:0으로 노랭이 씨는 장로가 아님, 2항 15:0으로 노랭이 씨는 장로 아님, 3항 15:0 으로 노랭이 씨는 산해교회 교인이 아님, 결과는 "대마도노회 가 장로도 아니요 해 교회의 교인도 아닌 자를 장로로 인정하고 고즈미 씨를 산해교회에 담임 목사로 위임한 것은 취소하고 노랭이 씨는 독도교회 교인임을 결정"하기로 가결한다.

② 서기가 별지 # 5와 같이 결정서를 낭독하니 채택하기로 가결하다.

4. 소원인 노회와 피소원인 노회와 총회 서기에게 결정서를 교부하기로 가결하다.

5. 서기가 회의록을 낭독하니 채택한 후 국장이 기도하고 폐정을 선언하니 동일 오후 3시이더라.

2006년 10월 23일

대한예수교장로회총회 재판국
재판국장 목사 김철수(인)
서   기 목사 박영수(인)

제2장 상소 건에 대한 재판

　총회가 상소장을 접수하여 재판국에 위탁한 사건은 당회나 노회의 경우처럼 원고와 피고와 증인을 소환하여 재판하는 사실심이 아니고 법률심이므로 하회 재판의 서류를 심사하여 시벌은 적절한지, 재판 절차는 적절한지, 적절한 법조문 적용 여부를 따라 판결한다. 권징 조례 제94조 2항에 "상고심(대법원과 같은 총회 재판국 심의)에는 증거조를 폐한다"는 규정이 바로 그것이다. 그러므로 하회에서 보내온 재판 사건 진행 전말서와 재판 관계 서류를 토대로 판결하는 것이다.

　"만일 (하회의 재판 관계 서류) 올려 보내지 아니하면 상회는 하회를 책하고 이를 올려 보낼 때까지 하회의 결정을 정지하게 한다"(권징 제101조).

※ 본 건은 제2편 노회 재판 사건의 피고 정배천 목사가 노회 재판회의 판결을 불복하고 총회에 상소한 사건임을 밝힌다.

1. 상소 통지서

은혜 중 평강하심을 기원합니다.

2006년 4월 18일자로 판결한 본인에 대한 귀 노회의 판결은 심히 부당하므로 권징조례 제9장 제96조에 의거 관계 서류를 첨부하여 총회에 상소함을 이에 통지합니다.

유첨 (1) 상소장 1부

  (2) 상소 이유 설명서 1부   끝.

2006년 4월 30일

상소인(원심 피고) 정배천(인)

대한예수교장로회 독도노회 노회장 귀하

대한예수교장로회 총회장 귀하

2. 상소장 표지

상 소 장

상소인(원심 피기소인) 정배천

피상소인(원심 기소인) 민주당

피상소인(원심 기소인) 공화당

독 도 노 회

3. 상소장

상 소 인(원심 피기소인) : 정배천(만 46세)

　　　　소속 치리회 : 대한예수교장로회 독도노회

　　　　성직 및 신급 : 목사

　　　　주소 : 부산시 동구 서동 46번지

피상소인(원심 기소인) : 민주당(만 41세)

　　　　소속 치리회 : 대한예수교장로회 독도노회

　　　　성직 및 신급 : 목사

　　　　주소 : 부산시 동구 서동 41번지

피상소인(원심 기소인) : 공화당(만 51세)

　　　　소속 치리회 : 대한예수교장로회 독도교회

　　　　성직 및 신급 : 장로

　　　　주소 : 부산시 동구 서동 51번지

1. 원심 판결 주문 : 피고 정배천 씨를 목사직 "정직"에 처한다.

2. 원심 판결 일시 : 2006년 4월 18일

3. 원심 재판회 : 대한예수교장로회 독도노회

　　　　　　회장 목사 김독도

　　　　　　서기 목사 정서기

상소 취지

원래 본인을 고소한 자도 없는데 노회가 고소할 사람을 선정하여 기소인이라는 단어를 붙여 고소하게 하고 재판할 때도 피고에게 변명의 기회도 주지 아니하고 증인의 신문도 없이 재판국이 일방적으로 불법 판결을 하였으므로 불복함.

이상과 같은 취지로 상소 이유 설명서를 첨부하여 이에 상소합니다.

2006년 4월 30일

상소인 정배천(인)

대한예수교장로회 총회장 귀하

4. 상소 이유 설명서

상 소 인(원심 피기소인) : 정배천(만 46세)

       소속 치리회 : 대한예수교장로회 독도노회

       성직 및 신급 : 목사

       주소 : 부산시 동구 서동 46번지

피상소인(원심 기소인) : 민주당(만 41세)

    소속 치리회 : 대한예수교장로회 독도노회

    성직 및 신급 : 목사

    주소 : 부산시 동구 서동 41번지

피상소인(원심 기소인) : 공화당(만 51세)

    소속 치리회 : 대한예수교장로회 독도교회

    성직 및 신급 : 장로

    주소 : 부산시 동구 서동 51번지

상소 이유

1. 원래 본인을 고소하는 자도 없는데 노회에서 고소할 사람을 만들어서 억지로 고소하게 함.
2. 재판할 때 본인은 화가 나서 잠시 나갔다 왔더니 신문도 하지 아니하고 벌써 재판이 끝나버렸음.
   결국 증거도 없는 재판을 했음.

이상과 같이 상소 이유가 확실하므로 이에 설명합니다.

2006년 4월 30일

상소인(원심 피기소인) 정배천(인)

대한예수교장로회 총회장 귀하

5. 하회 서기가 총회 서기에게 교부한 재판 관계 서류

(1) 재판 사건 진행 전말서

1. 2006년 4월 17일 오전에 대한예수교장로회 독도노회(이하 노회라 칭함) 헌의부 보고 시에 "서동교회 당회장 정배천 목사가 추천 청원한 강정구 씨의 장로 고시 청원의 건은 고시부로 보내는 것이 가한 줄 아오며"라고 할 때 독도교회의 한나라 장로가 언권을 얻어 "강정구 씨는 독도교회의 안수 집사인데 이명서도 없이 등록 운운하면서 서동교회 교인인 것처럼 장로로 선택한 것이나, 장로 고시 청원과 당회장이 추천을 해주는 것은 부당한 일이요 특히 당회장으로서 지극히 상식적인 일을 그렇게 해서는 안 됩니다"라고 발언하고 있을 때 서동교회 당회장인 정배천 목사가 갑자기 뛰어나가 발언 중인 한나라 장로의 가슴을 잡고 흔들다가 떠 밀친 결과 옷이 찢어지고 머리 부분이 타박상을 입고 피가 흐르는 불미스러운 일로 잠시 회의장이 소란하였으나 회장이 장내를 정리한 후 토의 결과 "강정구 씨의 장로 고시 청원의 건은 반려하기로" 가결되고 정

배천 목사의 공회 석상에서 폭력을 행사한 범죄 행위는 노회가 기소 위원으로 민주당 목사와 공화당 장로를 선정하여 기소케 하고 본 노회를 재판회로 변경하여 재판하기로 가결하다.

2. 2006년 4월 18일 오전 9시에 제70회 둘째 날 속회 후에 17일에 노회가 기소 위원으로 선정한 민주당 목사와 공화당 장로가 정배천 목사를 피고로 기소한 기소장을 접수하기로 하다.

3. 본 노회를 재판회로 변경하기로 하다.

4. 기소인이 제시한 증인 김정수 목사와 이수정 장로와 서증 1,2,3을 채용하기로 하고 재판 시간을 동일 10시로 정하고 정회하다.

5. 2006년 4월 18일 오전 10시에 재판회장이 재판회가 개정됨을 선언한 후 이유 공포하고 서기가 기소장과 죄증 설명서를 낭독한 후 재판회장이 피고에게 "방금 낭독한 송사 사실을 어떻게 생각합니까?"라고 경계하니 피고 정배천 목사가 "총회는 이보다 더한 것도 지나가는데 그까짓 것을 가지고 죄를 만들어 사람을 잡는게 어디 있어!" 하면서 "우리 교회는 탈퇴할 테니 네 놈들 맘대로 해 봐!"라는 폭언을 하면서 퇴장하다.

6. 피고는 신성한 재판회 석상에서 폭언과 난동을 행하면서 재판 석상을 퇴장하였으므로 권징 조례 제48조에 의거 즉결 처단하기로 하다.

7. 재판회장이 기소인과 증인과 방청인을 퇴장케 하고 각 시찰장과 서기를 투표 위원으로 자벽하고 유죄와 무죄를 묻는 투표를 하니 유죄 100표, 무죄 30표로 결과는 유죄로 결정되었고 시벌의 칭호를 정함에는 장시간 토의 후 투표하니 정직 60표, 수찬 정지 50표, 면

직 10표로 목사직 "정직"에 처하기로 가결하다.

8. 2006년 4월 30일 피고 정배천 씨가 본 노회의 2006년 4월 18일에
재판하여 판결한 주문에 불복하고 노회 서기에게 상소 통지서가
송달되다.

9. 2006년 9월 26일 권징 조례 제9장 제96조에 의거 본건 재판 관계
서류인 재판사건 진행 전말서, 상소 통지서, 상소장, 상소 이유 설
명서와 본 재판회에 접수 된 기소장, 죄증 설명서 및 서증과 재판
회의록을 총회 서기에게 교부하다.

(2) 기소장(권징 제7조, 제11조, 제12조)

원고(기소인) : 대한예수교장로회 독도노회

　　기소 위원 : 민주당(만 41세)

　　성직 및 신급 : 목사

　　주소 : 부산시 동구 서동 41번지

원고(기소인) : 대한예수교장로회 독도노회

　　기소 위원 : 공화당(만 51세)

　　성직 및 신급 : 장로

　　주소 : 부산시 동구 서동 51번지

피고(피기소인) : 정배천(만 46세)

    소속 치리회 : 대한예수교장로회 독도노회

    성직 및 신급 : 목사

    주소 : 부산시 동구 서동 46번지

죄 상

1. 피고는 독도교회 집사 강정구 씨가 이명서도 없이 서동교회에 등록하고 2개월 출석한 자를 장로 선택에 추천하여 피택케 하고 장로 고시를 추천한 것은 권징조례 제108조와 제113조에 위반한 일이며,

2. 피고 정배천 씨는 회장에게 언권을 허락받아 정당한 발언을 하고 있는 독도교회 한나라 장로에게 갑자기 뛰어나가 가슴 부분 양복과 넥타이를 두 손으로 잡고 흔들다가 밀쳐서 넘어뜨린 일은 범죄 행위이므로 죄증 설명서를 첨부하여 기소합니다(헌법적 규칙 제2조 5항).

2006년 4월 18일

기소 위원 목사 민주당(인)

기소 위원 장로 공화당(인)

대한예수교장로회 독도노회 노회장 귀하

(3) 죄증 설명서(권징 제16조, 제17조)

원고(기소인) : 대한예수교장로회 독도노회

    기소 위원 : 민주당(만 41세)

    성직 및 신급 : 목사

    주소 : 부산시 동구 서동 41번지

원고(기소인) : 대한예수교장로회 독도노회

    기소 위원 : 공화당(만 51세)

    성직 및 신급 : 장로

    주소 : 부산시 동구 서동 51번지

피고(피기소인) : 정배천(만 46세)

    소속 치리회 : 대한예수교장로회 독도노회

    성직 및 신급 : 목사

    주소 : 부산시 동구 서동 46번지

1. 피고는 독도교회 교인인 강정구 집사가 이명서도 없이 2005년 8월 21일 주일에 서동교회에 처음 온 것을 교인 등록 카드에 기록케 하고 교회 앞에 새 교인으로 소개한 일과 10월 16일 당회 시에 장로 선택에 추천키로 결의하고 23일에 광고하면서 당회의 추천자에 포함하여 광고하고 30일에 피선되게 한 것은 권징 조례 제108조

와 제113조에 규정한 이명자 관리법을 무시하고 독도교회 관할에
속한 강정구 씨를 서동교회 교인인 것처럼 장로 고시 추천까지 한
것은 명백한 불법이며,

2. 2006년 4월 17일 오후 8시경 헌의부 보고 시에 "서동교회 당회장
정배천 목사가 추천 청원한 강정구 씨의 장로 고시 청원의 건은 고
시부로 보냄이 가한 줄 아오며"라는 보고가 있을 때 독도교회 장로
한나라 씨가 언권을 얻어 발언대에 나아가 발언하면서 "강정구 씨
는 독도교회의 집사로 임직 받아 3년이나 된 성도인데 이명서도
없이 서동교회에 출석한 지가 약 8개월 정도 됩니다. 그런데 서동
교회 당회가 이명서도 받지 아니하고 등록 운운하면서 서동교회
교인인 것처럼 장로로 선택한 것이나 노회에 장로 고시 청원을 하
는 것은 상식에 벗어난 일이요 특히 당회장으로서 지극히 상식적
인 일을 그렇게 해서는 안 됩니다"라고 할 때에 서동교회 당회장
정배천 목사가 갑자기 뛰어나가 발언 중인 한나라 장로의 가슴 부
분 양복과 넥타이를 잡고 흔들다가 밀쳐 넘어뜨려서 양복 좌측 호
주머니가 찢어지고 좌측 머리 부분이 바닥 모서리에 부딪쳐서 약
3cm나 찢어져 치료를 받게 한 것은 헌법적 규칙 제2조 5항에 금
한 구타 행위이며 정치 제19장에 규정한 회장에게 언권도 허락받
지 아니하고 발언 중인 회원의 언권을 침해하여 회의 질서를 문란
케 한 일입니다.

증인 : 김정수(만 43세)

소속 치리회 : 대한예수교장로회 독도노회

성직 및 신급 : 목사

주소 : 부산시 동구 서동 43번지

증인 : 이수정(만 65세)

소속 치리회 : 대한예수교장로회 남도교회

성직 및 신급 : 장로

주소 : 부산시 동구 남도동 53번지

서증 1) 진단서(별지 #1)

2) 진료 확인서(별지 #2)

(물증) 찢어진 양복상의 사진(별지 #3)

(찢어진 양복도 제시할 수 있음)   끝.

위와 같이 죄증이 확실하기에 이에 설명합니다.

2006년 4월 18일

기소 위원 목사 민주당(인)

기소 위원 장로 공화당(인)

대한예수교장로회 독도노회 노회장 귀하

진단서

성 명 : 한나라(만 67세)

주 소 : 부산시 동구 서동 67번지

병 명 : 좌측 머리 타박상

진료 기간 : 2주

　위와 같이 진단함.

2006년 4월 17일

독도병원장(인)

진료 확인서　〈별지 #2〉

성 명 : 한나라(만 67세)

주 소 : 부산시 동구 서동 67번지

병 명 : 좌측 머리 타박상

진료 기간 : 2006년 4월 17일 응급실에서 좌측 머리 부분이 3cm 정
도 찢어져서 5바늘을 꿰매고 주사 및 약물 치료를 한바 2
주 정도 더 치료가 요구됨.

위와 같이 진료하였음을 확인함.

2006년 4월 17일

독도병원장(인)

(물증) 찢어진 양복상의 사진   〈별지 #3〉

원고(기소인) : 대한예수교장로회 독도노회

　　　기소 위원 : 민주당(만 41세)

　　　성직 및 신급 : 목사

　　　주소 : 부산시 동구 서동 41번지

원고(기소인) : 대한예수교장로회 독도노회

　　　기소 위원 : 공화당(만 51세)

　　　성직 및 신급 : 장로

　　　주소 : 부산시 동구 서동 51번지

피고(피기소인) : 정배천(만 46세)

　　　소속 치리회 : 대한예수교장로회 독도노회

　　　성직 및 신급 : 목사

　　　주소 : 부산시 동구 서동 46번지

주 문

피고 정배천 씨를 목사직 "정직"에 처한다.

이 유

1. 피고는 서동교회에서 가까운 독도교회 성도인 강정구 집사가 2005
   년 8월 21일 주일에 서동교회에 처음 출석했을 때 이명서를 가져
   오도록 지도하지 아니하고 등록 카드에 기록하게 하여 교회 앞에
   새 교인이 등록했다고 소개한 것은 권징 조례 제108조에 "교인이
   다른 교회에 이명서를 받은 후에 그 지교회에 가입하기까지는 여
   전히 본회 관할에 속하고"라는 규정을 위반한 것이 인정된다.
2. 피고는 본 교회의 회원도 아닌 자를 피선거권자로 추천하고 장로로
   선택케 하고 노회에 장로 고시 추천을 한 것은 교회의 법질서를 문
   란케 한 죄가 인정된다.
3. 피고는 2006년 4월 17일 오후 8시 경에 헌의부 보고 시에 발언 중
   인 독도교회 한나라 장로에게 갑자기 뛰어나가 발언 중인 한 장로
   의 가슴 부분 양복과 넥타이를 두 손으로 잡고 흔들다가 밀어 넘어
   뜨려서 양복 상의의 좌측 호주머니가 찢어지고 좌측 머리가 땅바
   닥에 부딪쳐서 약 3cm나 찢어져 피를 흘리고 독도병원에 가서 5
   바늘이나 꿰매는 치료를 받고 2주 진단 결과가 발생한 것은 헌법
   적 규칙 제2조 5항에 "구타하는 행동이나 고의로 교회의 의무금을
   드리지 않는 자는 직임을 면함이 당연하고"라는 규정에 위배되며
   목사의 품위를 손상하고 회의 질서를 문란케 한 죄가 인정된다.
4. 적용 법조문 : 권징 조례 제1장 제3조, 제6장 제41조, 제11장 제108
   조, 제12장 제113조, 정치 제13장 제1조, 제19장 제2조, 제21장 제1

조 1항, 헌법적 규칙 제2조 5항에 의거

본 재판회는 주 예수 그리스도의 이름과 그 직권으로 주문과 같이
판결한다.

2006년 4월 18일

대한예수교장로회 독도노회 재판회(관인)

회장 목사 김독도(인)

서기 목사 서기장(인)

(5) 독도노회 재판회 회의록

1) 독도노회 회의록(제70회) 속회록

2006년 4월 17일 오후 7시에 노회장 김독도 목사의 사회로 찬송가
217장을 다같이 부르고 서동교회 당회 서영상 장로로 기도케 한 후 회
장이 속회됨을 선언하다.

〈결의 사항〉
1. 유안 건 보고, 별지와 같이 받기로 가결하다.

2. 공천부 보고, 별지와 같이 받기로 가결하다.

3. 헌의부 보고

　　(1) 대마노회 노회장 ○○○ 목사가 보내온 ○○○ 목사의 이명
　　　서는 정치부로 보내기로 가결하다.

　　(2) 서동교회 당회장 정배천 목사가 추천 청원한 강정구 씨의 장로
　　　고시 청원의 건은 반려하기로 가결하다.

4. 서동교회 당회장 정배천 목사가 헌의부 보고 시 발언하고 있는 한
　　나라 장로에게 달려가 가슴을 잡고 흔들다가 밀쳐 넘어뜨린 것은
　　범죄 행위이므로 노회가 기소위원을 선정하여 기소케 한 후 본회
　　를 재판회로 변경하여 처리하기로 가결하다.

5. 기소 위원으로 민주당 목사와 공화당 장로를 선정하기로 가결하다.

　　시간이 되어 노회장이 기도하고 18일 오전 9시까지 정회를 선언하
니 동일 오후 9시 3분이더라.

2006년 4월 17일

대한예수교장로회 독도노회 재판회

회장 목사 김독도(인)

서기 목사 서기장(인)

2) 독도노회 제1차 재판회 회의록

2006년 4월 18일 오전 9시 노회장 김독도 목사의 사회로 찬송가 364장을 다같이 부르고 장로 부노회장 ○○○ 장로로 기도케 한 후 성경 갈 1장 10을 봉독하고 "하나님을 기쁘게 하자"라는 제목으로 강론하고 부노회장 ○○○ 목사로 축도케 하다.

서기가 회원을 호명하니 현재 출석 회원으로도 성수가 되므로 회원 호명은 생략하고 회무 처리하기로 가결하다.

⟨결의 사항⟩

1. 서기가 기소 위원 민주당 목사와 공화당 장로가 제출한 기소장을 접수하였다는 보고를 받고 본 노회 행정회를 재판회로 변경하기로 가결하다.
2. 서기가 준비해 온 기소장을 재판회원들에게 배부하다.
3. 원고측 증인 김정수 목사와 이수정 장로를 채용하기로 가결하다.
4. 서증 1,2,3은 재판 시에 증거로 제시할 것으로 채용하기로 가결하다.
5. 재판 시간은 오전 10시에 개정하기로 가결하다.
6. 10시까지 정회하기로 가결하여 회장이 ○○○ 장로로 기도케 하고 정회를 선언하니 동일 9시 40분이더라.

2006년 4월 18일

대한예수교장로회 독도노회 재판회

회장 목사 김독도(인)

서기 목사 서기장(인)

3) 독도노회 제2차 재판회 회의록

2006년 4월 18일 오전 10시 재판회장 김독도 목사의 사회로 찬송가 337장을 다같이 부르고 ○○○ 장로로 기도케 하다.

서기가 회원을 호명하니 출석부에 표시한 대로 목사 80명, 장로 50명이 출석하여 회장이 대한예수교장로회 독도노회 재판회가 속회됨을 선언하다.

1. 개정 선언(회장)

"지금은 대한예수교장로회 독도노회 제70회 노회에서 정배천 씨의 범죄 사실을 처리하기 위하여 노회가 민주당 목사와 공화당 장로를 기소 위원으로 선정하고 기소 위원이 기소한 사건을 심리하기 위한 재판회가 개정됨을 선언합니다."

2. 이유 공포(회장)

"우리가 지금부터 대한예수교장로회 독도노회 재판회 기소 위원 민주당 목사와 공화당 장로가 기소한 재판 건을 심리하게 되었은 즉 마땅히 이 일이 심히 신중함을 생각하고 주 예수 그리스도 앞에서 엄숙하게 시무할 것입니다."

3. 기소장 및 죄증 설명서 낭독(서기)

   서기가 기소장과 죄증 설명서를 낭독하다.

4. 회장이 피고에게 "방금 낭독한 송사 사실에 대하여 어떻게 생각하십니까?"라고 경계하니 "야! 이 ×××들아, 총회에서는 이보다 더 한 것도 지나가는데 그까짓 것을 가지고 죄를 만들어 사람을 잡는게 어디 있어? 우리 교회는 탈퇴할 테니까 네놈들 맘대로 해 봐!"하면서 퇴장하였음.

5. 본 건은 피고가 신성한 재판회 석상에서 폭언과 난동을 행하며 교회 탈퇴 운운하며 퇴장까지 하여 주 예수 그리스도의 이름과 그 권위를 훼손하였음이 명백하므로 권징 조례 제7장(즉결 처단의 규례) 제48조에 의거 즉시 처결하기로 가결하다.

6. 합의

   회장이 기소인과 증인 방청인을 퇴장케 하고 각 시찰장과 서기를 투표 위원으로 자벽하고 토론 없이 유죄와 무죄를 묻는 투표를 하니 유죄 100표, 무죄 30표로 결과는 유죄로 결정되다.

   시벌의 칭호(벌의 이름)를 정함에는 토의 후 투표하니 견책 3표, 정직 60표, 수찬 정지 50표, 면직 10표로 목사직 "정직"에 처하기로 가결하다.

7. 판결문 작성은 재판회장과 재판회 서기에게 위임하고 판결문 작성을 위하여 11시 30분까지 정회하기로 가결하고 재판회장이 ○○○ 목사로 기도케 하고 정회하니 11시 5분이더라.

2006년 4월 18일

대한예수교장로회 독도노회 재판회
회장 목사 김독도(인)
서기 목사 서기장(인)

4) 독도노회 제2차 재판회 회의록(속회록)

2006년 4월 18일 오전 11시 30분에 독도노회 재판회장 김독도 목사의 사회로 ○○○ 장로로 기도케 하고 재판회가 속회됨을 선언하다.

⟨결의 사항⟩
1. 재판회 서기가 별지 #4와 같이 판결문을 낭독하니 채택하기로 가결하다.
2. 판결문을 교단 신문에 광고하기로 가결하다.
3. 공포
   서기가 원고(기소인)와 피고(피기소인)에게 송달하는 것으로 대행하기로 하다.
4. 서기가 회의록을 낭독하니 채택하고 재판회장이 ○○○ 목사로 기도케 한 후 재판회가 폐정됨을 선언하니 동일 오전 11시 50분이더라.

2006년 4월 18일

대한예수교장로회 독도노회 재판회

회장 목사 김독도(인)

서기 목사 서기장(인)

6. 판결문 <별지 #5>

상 소 인(원심 피기소인) : 정배천(만 46세)

소속 치리회 : 대한예수교장로회 독도노회

성직 및 신급 : 목사

주소 : 부산시 동구 서동 46번지

피상소인(원심 기소인) : 민주당(만 41세)

소속 치리회 : 대한예수교장로회 독도노회

성직 및 신급 : 목사

주소 : 부산시 동구 서동 41번지

피상소인(원심 기소인): 공화당(만 51세)

소속 치리회 : 대한예수교장로회 독도교회

성직 및 신급 : 장로

주소 : 부산시 동구 서동 51번지

원심 재판회 : 대한예수교장로회 독도노회

(2006년 4월 18일자 판결)

주 문

상소인 정배천 씨의 상소 건은 "기각"한다.

이 유

1. 원심 재판회가 고소자가 없으나 책벌해야 할 필요에 따라 기소 위
   원을 선정하여 기소케 하여 재판한 것은 권징 조례 제2장 제7조에
   의거 정당함이요,
2. 원심 재판회가 원고, 피고, 증인을 신문하지 아니하고 판결한 것은
   원심 피고가 재판회 석상에서 범죄(폭언, 난동, 교회 탈퇴 운운하
   며 퇴장)한 자로 권징 조례 제7장 제48조에 의거 정당하므로 출석
   재판국원 전원 일치의 가결에 따라

   본 재판국은 주 예수 그리스도의 이름과 그 직권으로 주문과 같이
판결한다.

2006년 10월 30일

대한예수교장로회총회 재판국(관인)

국장 목사 김철수(인)

서기 목사 박영수(인)

국원 목사 박대영(인)

국원 목사 박대중(인)

국원 목사 박대소(인)

국원 목사 박대길(인)

국원 목사 박대설(인)

국원 목사 박대구(인)

국원 장로 이정수(인)

국원 장로 김상대(인)

국원 장로 김상중(인)

국원 장로 김상하(인)

국원 장로 김상길(인)

국원 장로 김상구(인)

국원 장로 김상주(인)

7. 판결문 송달

대한예수교장로회총회

문서 번호 : 재판 06-4
수 신 : 수신처 참조
발 신 : 총회 재판국
제 목 : 재판 결과 통보의 건

　은혜 중 평강하심을 기원합니다.
　총회 재판국(2006년 10월 30일)은 상소인 정배천 씨가 독도노회 기소 위원을 피상소인으로 하여 상소한 재판 건의 판결문을 유첨과 같이 송달 통보합니다.

　유첨 : 판결문 1부　　끝.

2006년 10월 30일

대한예수교장로회총회 재판국(관인)
국장 목사 김철수(인)
서기 목사 박영수(인)

수신처 : 상소인 정배천, 피상소인 독도노회, 총회 서기

※ 본서에는 생략하였으나 실제 사건을 처리하는 경우에는 유첨 서류
인 판결문을 반드시 첨부하여 발송하여야 한다.

8. 제90회 총회 재판국 제2차 회의록

2006년 10월 30일(월) 오후 2시에 총회 회관 23호실에서 국장 김
철수 목사의 사회로 찬송가 217장을 제창하고 회계 이정수 장로로 기
도케 한 후 국장이 성경 잠 16장 33절을 봉독하고 기도하다.

서기가 국원을 호명하니 국원 15명 중 전원 출석하여 국장이 대한
예수교장로회 제90회 총회 재판국이 개정됨을 선언하다.

1. 개정 선언(국장)

"지금은 대한예수교장로회 제90회 총회가 위탁한 원심 피기소인
정배천 씨가 원심 기소인인 대한예수교장로회 독도노회 민주당 목
사와 공화당 장로를 상대로 제기한 상소 건을 심리하기 위하여 재
판국이 개정된 것을 선언합니다."

2. 이유 공포(국장)

"우리가 지금 독도노회를 상대로 상소 건을 심리하게 되었은즉 마
땅히 이 일에 신중함을 생각하고 주 예수 그리스도 앞에서 엄숙하

게 시무할 것입니다."

3. 서기가 상소장과 독도노회가 보내온 재판 기록을 낭독하다.

4. 국장이 정배천 씨의 상소 건을 토의 심의하는 시간이라고 설명하다.

   (1) 심리

      ① 국원 중 고소하는 사람도 없는데 노회가 기소할 수 있느냐는 질의에 국이 권징 조례 제7조의 규정에 "치리회가 원고로 기소할 수 있다"고 설명하다.

      ② 국원 중 원심 원고인 독도노회가 신문도 하지 아니하고 판결한 것은 불리불벌의 원칙에 의하여 불법 재판이라는 이의를 제기함에 대하여 국장이 권징 조례 제48조에 "치리회 석상에서 범죄 한자는 즉시 처결할 수 있다"는 규정에 따라 이유 없다고 설명하다.

      ③ 국원 중 하회가 보내온 서류를 검토한 결과 재판 절차와 법의 적용과 책벌에 대하여 별 문제가 없으므로 합의하기로 제의 가결하다.

   (2) 합의

      ① 본 건은 "기각"하기로 가결하다.

      ② 서기가 별지 #5와 같이 판결문을 낭독하니 채택하기로 가결하다.

5. 상소인과 피상소인 독도노회와 총회 서기에게 판결문을 송달하기로 가결하다.

서기가 회의록을 낭독하니 채택하고 국장이 기도함으로 폐정하니 동일 오후 3시이더라.

2006년 10월 30일

대한예수교장로회총회 재판국
국장 목사 김철수(인)
서기 목사 박영수(인)

※ 총회 재판국은 사실심이 아니고 법률심이므로 서류만 가지고 심리하는바(권징 제94조 2항) 이해를 도우기 위하여 회의록 내용 중(6. 총회 재판국 회의록 제2회) "심리"와 "합의" 부분의 발언 내용을 참고로 첨부한다(발언 내용을 기록할 필요는 없으나 참고로 게재함).

〈참고 첨부 내용〉
4. 국장이 정배천 씨의 상소 건을 심의하는 시간이라고 설명하다.

   (1) 심리
      ① 이수정 장로 : 국장!

국장 : 이 장로님 말씀하세요.

발언 : 상소 취지에 보면 고소한 사람도 없이 노회가 기
소하여 재판했다고 설명했는데 노회가 잘못한 것
아닌가요?

국장 : 제가 말씀해도 되겠습니까?

국원 : 허락이요.

발언 : 권징 조례 제7조에 "누가 범죄하였다는 말만 있고
소송하는 원고가 없으면 재판은 열 필요가 없다.
단, 권징할 필요가 있는 경우에는 치리회가 원고
로 기소할 수 있다"고 했으니 잘못이 없습니다.

② 박대길 목사 : 국장!

국장 : 박 목사님 언권 드립니다.

발언 : 상소 취지에 보면 원고와 피고, 증인 신문도 없이
판결을 했다고 하는데 불리불벌의 원칙에 어긋난
것 아닌가요?

국장 : 저에게 언권 주시겠습니까?

국원 : 허락이요.

발언 : 권징 조례 제48조에 "치리회 석상에서 범죄한 자
는 즉시 처결할 수 있다"는 규정에 의하여 잘못이
없습니다.

③ 김상하 장로 : 국장!

국장 : 김 장로님 말씀하세요.

발언 : 금번에는 재판이 좀 이상해 보입니다. 지난해까지
만 해도 상소인과 피상소인을 소환해서 재판을 했
는데 오늘은 상소인도 없고 피상소인도 없고 증인
도 없이 재판국원들만 모여서 이렇게 재판을 해도
되는 겁니까?

국장 : 국원 중에 답변하시지요.

④ 박대구 목사 : 국장!

국장 : 박 목사님 말씀하세요.

발언 : 원심에서는 원고와 피고를 심문하지 아니하고는
재판할 수가 없습니다. 그러나 권징 조례 제94조
에 제2심인 노회 재판도(공소심) 부득이할 경우만
증거조를 취급할 수 있고 제3심인 총회 재판(공소
심)은 증거조를 폐한다고 했으니 총회 재판국은
국가의 대법원과 같이 법률심이기 때문에 원고와
피고와 증인을 소환하지 아니하고 하회에서 올라
온 서류를 토대로 재판 절차대로 했는지, 법적용
이 잘 되었는지, 벌의 칭호가 적합한지를 심의하
여 판결하는 것입니다.

⑤ 박대소 목사 : 국장!

국장 : 박 목사님 말씀하세요.

발언 : 이만큼 심의했으니 합의했으면 합니다. 정배천 목
사는 다른 교회의 교인을 이명서도 접수하지 아니
하고 자기 교회의 교인으로 인정하고 장로 선택에
추천하고 선택케 한 후 장로 고시에 추천한 것도
잘못 이거니와 발언 중인 회원을 구타한 일이나,
재판 중에 폭언하면서 퇴장한 일은 마땅히 즉결
처단의 규례에 의하여 판결한 것은 당연한 일이
요, 노회가 기소 위원을 선정하여 기소케 하여 재
판한 것은 권징 조례에 정한바 상소 취지에 이유
가 없으므로 본 건 기각함이 옳아 보입니다.

(2) 합의

① 김상대 장로 : 국장!

국장 : 김 장로님 말씀하세요.

발언 : 본건 기각하기로 동의합니다.

국장 : 동의 있습니다.

국원 중 : 재청합니다(많음).

국장 : 재청 있습니다. 이의 있으면 말씀하시지요.

이의 없으면 가부 묻습니다(간격을 두고).

가하면 "예" 하세요. ("예"많음)

아니면 "아니요" 하세요. (없음)

본 건은 "기각"하기로 가결되었습니다.

제3장 조사 처리 위원에게 기소권과 재판권까지 위임하는 경우

총회에 노회의 헌의나 긴급 동의 또는 진정서 및 위원회의 보고 내용 등으로 조사 처리의 건이 총회에 상정되어 조사처리위원회에 기소하여 재판하는 권한까지 위탁하여 위원회를 파송하였을 경우 총회는 원심 치리회가 아니므로 조사처리위원회가 재판을 할 수는 없고 행정 처리권으로 제한을 받는다.

다만 총회 조사처리위원회가 조사하는 중에 당 회기 내의 총회 총대로서 총회 회원이었던 자의 범죄 사실이 밝혀지면 재판은 할 수 없을지라도 기소하는 권한을 위탁 받았으므로 위원 중에 기소 위원을 선정하여 기소 위원으로 하여금 기소장을 작성하여 목사는 해 노회에 기소하고, 장로는 해 당회에 기소하여 원심부터 종심까지 원고 노릇을 하게 할 것이요,

만일의 경우 당 회기 내의 총회 총대가 아니었던 자의 범죄 사실이 밝혀지면 목사는 해 노회에 범죄 사실을 통보하여 "기소하여 재판하게 하고 그 결과를 총회에 보고하게" 할 것이며, 장로는 해 당회에 범죄 사실을 통보하여 "기소하여 재판하게 하고 그 결과를 총회에 보고

하도록" 처리해야 한다. 여기에서 주의해야 할 사안은 위원회가 하회에 지시 및 통보할 수는 없고 총회에 보고하여 총회가 지시 및 하달해야 한다. 만일 "하회가 이행하지 아니하거나 부주의로 처결하지 아니하면" 총회가 직접 재판한다(권징 제19조).

제1절 총회 조사처리위원회

1. 진정서 표지

진 정 서

진 정 인 장성경

피진정인 대한예수교장로회총회 재판국
재판국장 오광태

별지와 같이 진정하오니 선히 처리하여 주시기를 바랍니다.

유첨 : 진정서 1부

독 도 노 회

2. 진정서

진 정 인 : 장성경(만 45세)

　　　　소속 치리회 : 대한예수교장로회 독도노회

　　　　성직 및 신급 : 목사

　　　　주소 : 부산시 동구 북부동 44번지

피진정인 : 대한예수교장로회총회 재판국장 오광태

　　　　소속 치리회 : 대한예수교장로회 독도노회

　　　　성직 및 신급 : 목사

　　　　주소 : 부산시 동구 북부동 44번지

　진정인은 총회가 파회된 후마다 총회 재판국의 금품 수수에 대한 소문이 자자하던 차에 금년 재판국은 현금 수수에 대하여는 공개되지 않아서 알 수 없으나 100만원권 수표(농협 뚝섬지점 라가 ○○ 등 2매)까지 재판국원끼리 주고받았다는 사실이 신문에 보도되어 공개된 바 총회는 본건에 대하여 철저히 조사하여 그 진위를 명명백백하게 밝혀 주시기를 바라와 제2회 총회의 결의(제2회 총회 결의서 p.32 "총회에 헌의는 노회에서만 받을 것이나 개인이 호소할 수 있다")에 의하여 개인적으로 진정(호소)서를 제출합니다.

2006년 9월 29일

진정인 장성경(인)

대한예수교장로회 총회장 귀하

3. 진정인 소환장

주님의 이름으로 문안드립니다.

귀하께서 제출한 진정의 건을 조사하기 위하여 아래와 같이 소환하오니 인장을 지참하시고 참석하시기 바랍니다.

– 아래 –

1. 일 시 : 2006년 11월 11일(토) 오후 2시
2. 장 소 : 총회 회의실(주소 : 부산시 동구 서동 5번지,

　　　　　　전화 : 123-4567)
3. 시간을 정시로 지켜 주시기를 바랍니다.

2006년 10월 10일

대한예수교장로회총회 조사처리위원회(관인)

위원장 목사 달하나(인)

서 기 목사 달다섯(인)

진정인 장성경 목사 귀하

4. 피진정인 소환장

주님의 이름으로 문안드립니다.

귀하를 상대로 장성경 씨가 진정한 사건을 조사하기 위하여 아래와
같이 소환하오니 인장을 지참하시고 참석하시기를 바랍니다.

귀하는 출석 진술에 앞서 진정서에 대한 답변서를 제출할 수 있습
니다. 귀하가 원할 경우 11월 5일까지 조사처리위원회 서기에게 제출
하시기 바랍니다(서기 주소 : 부산시 동구 서동 5번지).

– 아래 –

1. 일 시 : 2006년 11월 11일(토) 오후 3시
2. 장 소 : 총회 회의실(주소 : 부산시 동구 서동 5번지,
전화 : 123-4567)
3. 시간을 정시로 지켜 주시기를 바랍니다.

유첨 : 진정서 1부   끝.

2006년 10월 26일

대한예수교장로회총회 조사처리위원회(관인)

위원장 목사 달하나(인)

서 기 목사 달다섯(인)

피진정인 총회 재판국장 오광태 목사 귀하

진 정 서

진 정 인 장성경

피진정인 대한예수교장로회총회 재판국

재판국장 오광태

별지와 같이 진정하오니 선히 처리하여 주시기를 바랍니다.

유첨 : 진정서 1부

독 도 노 회

원 본 대 조 필 │ 대한예수교장로회총회 조사처리위원회(관인)

서기 목사 달다섯(인)

진정서 (유첨)

진정인 : 장성경(만 45세)

        소속 치리회 : 대한예수교장로회 독도노회

        성직 및 신급 : 목사

        주소 : 부산시 동구 북부동 44번지

피진정인 : 대한예수교장로회총회 재판국장 오광택

        소속 치리회 : 대한예수교장로회 독도노회

        성직 및 신급 : 목사

        주소 : 부산시 동구 북부동 44번지

진정인은 총회가 파회된 후마다 총회 재판국의 금품 수수에 대한 소문이 자자하던 차에 100만원권 수표(농협 뚝섬지점 라가 ○○ 등 2매)까지 재판국원 끼리 주고받은 제 ○○회 총회 재판국은 현금 수수에 대하여는 공개되지 않아서 알 수 없으나 배짱도 크게 받았다는 사실이 신문에 보도되어 공개된바 총회는 본건에 대하여 철저히 조사하여 그 진위를 명명백백하게 밝혀 주시기를 바라와 제2회 총회의 결의(제2회 총회 결의서 p.32 "총회에 헌의는 노회에서만 받을 것이나 개인이 호소할 수 있다")에 의하여 진정합니다.

2006년 9월 29일

진정인 장성경(인)

대한예수교장로회 총회장 귀하

5. 참고인 소환장

주님의 이름으로 문안드립니다.

독도노회 장성경 목사가 제출한 진정의 건을 조사하기 위하여 아래
와 같이 참고인으로 소환하오니 인장을 지참하시고 참석하시기 바랍
니다.

– 아래 –

1. 일 시 : 2006년 11월 11일(토) 오후 2시
2. 장 소 : 총회 회의실(주소 : 부산시 동구 서동 5번지,
　　　　　　　전화 : 123-4567)
3. 시간을 정시로 지켜 주시기를 바랍니다.

2006년 10월 26일

대한예수교장로회총회 조사처리위원회(관인)

위원장 목사 달하나(인)

서 기 목사 달다섯(인)

참고인 총회 재판국 서기 강철현 목사 귀하

총회 재판국 국원 홍정민 목사 귀하

상 소 인 차세락 장로 귀하

6. 피진정인 답변서

수 신 : 총회 조사처리위원회 위원장

참 조 : 서기

제 목 : 진정서에 대한 답변의 건

장성경 씨가 제출한 진정서에 대한 답변입니다.

1. 본인은 총회 재판국의 재판 과정에서 금품 수수나 농협 뚝섬 지점
   에서 발행한 수표가 총회 재판국원들이 주고받았다는 사실에 대하
   여 무관합니다.
2. 총회 재판국을 흠집 내기 위한 모함입니다.

2006년 11월 3일

대한예수교장로회 ○○회 총회 재판국

재판국장 오광태(인)

7. 피진정인 답변서 배부

대한예수교장로회총회

문서 번호 : 조위 06-1

수 신 : 조사 처리 위원

제 목 : 피진정인의 답변서 배부의 건

　은혜 중 평강하심을 기원합니다.

　2006년 10월 23일 조사처리위원회의 결의대로 피진정인의 답변서
를 우편으로 배부하오니 준비에 만전을 바랍니다.

유첨 : 답변서 1부　　　　끝.

2006년 11월 6일

대한예수교장로회총회 조사처리위원회(관인)

위원장 목사 달하나(인)

서　기 목사 달다섯(인)

답변서 (유첨)

수 신 : 총회 조사처리위원회 위원장

참 조 : 서기

제 목 : 진정서에 대한 답변의 건

　　장성경 씨가 제출한 진정서에 대한 답변입니다.

1. 본인은 총회 재판국의 재판 과정에서 금품 수수나 농협 뚝섬 지점
　　에서 발행한 수표가 총회 재판국원들이 주고받았다는 사실에 대하
　　여 무관합니다.
2. 총회 재판국을 흠집 내기 위한 모함입니다.

2006년 11월 3일

대한예수교장로회 제 ○○회 총회 재판국

재판국장 오광태(인)

8. 진정인 신문 조서

문 : 진정인은 독도노회 장성경 목사님 맞지요?

답 : 예.

문 : 진정인은 재판국원들 간에 금품 수수에 관한 일을 어떻게 아셨나요?

답 : 해마다 총회를 마치고나면 특히 노회 분립 위원회나 재판국에 대하여는 금품 수수에 대한 풍문이 자자합니다. 그 근거로 지난해에는 ○○노회가 재판국 금품 수수에 대하여 조사 처리 헌의를 했는 데도 묵살된 일이 있습니다.

문 : 금년에 수표 수수 사건은 어떻게 알았습니까?

답 : 예, 재판국 서기가 홍정민 목사에게서 수표를 받았다고 하면서 수표를 보여주기에 번호를 적은 후에 즉시 돌려주라고 권고한 일이 있습니다.

문 : 그 후에 돌려주었다고 하던가요?

답 : 예.

문 : 수표는 몇 매이던가요?

답 : 예, 100만원권 2매였습니다.

문 : 국원 중에 묻고 싶은 말씀이 있으면 말씀하십시오.

답 : 없습니다(여러 국원).

문 : 진정인으로서 할 말 있으면 하세요.

답 : 없습니다.

이상의 공술은 진정인으로서 대한예수교장로회총회 조사처리위원회에서 진술한 바 틀림없기에 이에 서명 날인합니다.

2007년 5월 23일

진정인 장성경(인)

9. 피진정인 신문 조서

문 : 피진정인은 총회 재판국장 오광태 목사님 맞지요?

답 : 예.

문 : 피진정인은 재판국원들 간에 금품 수수에 관한 소문이 자자하다고 하는데 어떻게 생각하십니까?

답 : 전혀 아는 바 없고 소환장 안에 첨부된 진정서를 보고 수표 관계를 처음으로 알았습니다.

문 : 금년에 수표 수수 사건에 대하여는 어떻게 생각하십니까?

답 : 예, 철저히 조사해서 증거가 분명하면 응분의 조처를 해야지요.

문 : 진정서를 받아보신 후에 수표와 관계된 자들을 만나보았습니까?

답 : 전화 한 통화도 한 일도 없고 받은 일도 없습니다.

문 : 재판국장으로서 지금 심정은 어떻습니까?

답 : 할 말이 없습니다.

문 : 국원 중에 묻고 싶은 말씀이 있으면 말씀하십시오.

답 : 없습니다(여러 국원).

문 : 피진정인으로서 할 말씀 있으면 하세요.

답 : 없습니다.

이상의 공술은 피진정인으로서 대한예수교장로회총회 조사처리위원회에서 진술한 바 틀림없기에 이에 서명 날인합니다.

2007년 5월 23일

피진정인 오광태(인)

10. 참고인 1 신문 조서(강철현)

문 : 참고인은 총회 재판국 서기였던 강철현 목사님 맞지요?

답 : 예.

문 : 참고인은 지난번 총회 재판국원에서 수표 수수 관계에 연루되었다고 하는데 맞습니까?

답 : 연루된 것이 아니고 국원 중에 홍정민 목사가 어느 날 점심을 같이 하자고 해서 만났는데 수표 2매를 주면서 서기가 잘 해달라고 하기에 수표를 받을 수 없다고 돌려주었는데 다시 내 앞에 놓고 급히 나가버렸습니다.

문 : 그 후에 어떻게 했습니까?

답 : 친구인 장성경 목사에게 수표를 보여주면서 자문을 구했습니다.

문 : 장 목사님은 뭐라고 하던가요?

답 : 수표 한 장의 번호를 적은 후에 "현금이 아니고 수표를 주는 것은 금품 수수에 부인을 하지 못하도록 하기 위한 함정이니까 지금 즉시 등기 배달 증명으로 돌려주라"고 했습니다.

문 : 그래서 돌려주었습니까?

답 : 예.

문 : 국원 중에 묻고 싶은 말씀이 있으면 말씀하십시오.

답 : 없습니다(여러 국원).

문 : 피진정인으로서 할 말 있으면 하세요.

답 : 없습니다.

   이상의 공술은 참고인으로서 대한예수교장로회총회 조사처리위원회에서 진술한 바 틀림없기에 이에 서명 날인합니다.

2007년 5월 23일

참고인 강철현 목사(인)

11. 참고인 2 신문 조서(홍정민)

문 : 참고인은 총회 재판국원 홍정민 목사님 맞지요?

답 : 예.

문 : 참고인은 지난번 총회 재판국원에서 수표 수수 관계에 연루되었

다고 하는데 맞습니까?

답 : 글쎄요.

문 : 농협 뚝섬지점 라가4222127 등을 포함해서 100만원권 2매를 점심을 먹으면서 재판국 서기 강철민 목사에게 안 받겠다고 하는데도 강 목사 앞에 던지고 급히 나갔다면서요?

답 : 예, 맞습니다.

문 : 그 후에 강 목사님이 등기 배달 증명으로 돌려주었다고 하던데 받았나요?

답 : 예.

문 : 그 수표를 그 후에 어떻게 처리했습니까?

답 : 아직 돌려주지 못했습니다.

문 : 왜 현금으로 주지 않고 수표를 주었습니까?

답 : 서기가 말을 잘 안 들어서 상소인에게 수표 2매를 달라고 했습니다.

답 : 수표를 주면 뭐가 다른 게 있습니까?

답 : 만일에 받게 되면 돈을 안 받았다고 부인을 할 수 없기 때문에 말을 잘 들을 줄 알았습니다.

문 : 국원 중에 묻고 싶은 말씀이 있으면 말씀하십시오.

답 : 없습니다(여러 국원).

문 : 피진정인으로서 할 말 있으면 하세요.

답 : 없습니다.

이상의 공술은 참고인으로서 대한예수교장로회총회 조사처리위원회에서 진술한 바 틀림없기에 이에 서명 날인합니다.

2007년 5월 23일

참고인 홍정민 목사(인)

12. 참고인 3 신문 조서(차세락)

문 : 참고인은 총회에 상소장을 제출한 차세락 장로님 맞지요?

답 : 예.

문 : 참고인은 홍정민 목사를 잘 아십니까?

답 : 노회가 크고 장로는 노회에 몇 년에 한 번씩 오니까 전혀 모르는 분입니다.

문 : 참고인은 지난번 총회 재판국원에서 금품 수수 관계에 연루되었다고 하는데 맞습니까?

답 : 나는 아무 관계가 없습니다. 피상소인이 그랬겠지요.

문 : 농협 뚝섬지점 라가4222127 등을 포함해서 100만원권 2매를 재판국원 홍정민 목사에게 주셨지 않습니까? 수표는 추적하면 다 밝혀집니다. 바른 말 하세요!

답 : 그것을 어떻게?

문 ; 홍 목사가 현금 말고 수표로 달라고 해서 주었다면서요?

답 : 예, 맞습니다. 그것은 빌려 준 것입니다.

문 : 재판을 받는 상소인이 재판국원에게 돈을 빌려준다는 것이 말이
    나 된다고 생각하십니까?

답 : 그럴 수도 있지요.

문 : 홍 목사는 전혀 모르는 분이라고 했는데 처음 보면서 돈을 빌려
    줍니까?

답 : 재판을 받으면서 친하게 되었습니다.

문 : 영수증은 받으셨습니까?

답 : 수표를 줄 때는 영수증 안 받아도 됩니다.

답 : 재판국원에게 수표 외에 현금은 준 일 없습니까?

답 : 한 푼도 준 일 없습니다.

문 : 국원 중에 묻고 싶은 말씀이 있으면 말씀하십시오.

답 : 없습니다(여러 국원).

문 : 참고인으로서 할 말 있으면 하세요.

답 : 없습니다.

　　이상의 공술은 참고인으로서 대한예수교장로회총회 조사처리위원
회에서 진술한 바 틀림없기에 이에 서명 날인합니다.

2007년 5월 23일

참고인 차세락 장로(인)

13. 결정서

조사 위원 전원 일치로 아래와 같이 결정하여 총회에 보고하기로
가결하다.

1. 상소인 차세락 장로가 농협 뚝섬지점 라가4222127 등을 포함해서
   100만원권 수표 2매를 재판국원 홍정민 목사에게 전달한 것은 대
   가성 금품 수수이므로 독도교회 당회에 기소하기로 하다.
2. 재판국원 홍정민 목사는 재판국 서기가 자기 말을 잘 듣도록 하기
   위하여 상소인 차세락 장로에게 현금이 아닌 100만원권 수표 2매
   를 요구하여 전해 준 것은 신성한 재판국을 모독한 것이므로 독도
   노회에 기소하기로 하다.
3. 재판국 서기 강철현 목사는 수표를 받은 즉시 돌려주었으므로 혐의
   없음을 확인하다.
4. 피진정인 오광태씨는 금품 수수에 관여된 바가 없으므로 혐의 없음
   을 확인하다.

14. 총회 보고서

대한예수교장로회총회

수 신 : 대한예수교장로회 총회장

발 신 : 제○○회 총회 조사처리위원회

　　　　대한예수교장로회총회

제 목 : 독도노회 장성경 씨가 제출한 전정건에 대한 조사처리위원회

　　　　보고의 건

1. 조사처리위원회 조직 보고

　　위원장 : 달하나 목사

　　서 기 : 달다섯 목사

　　회 계 : 별하나 장로

　　위 원 : 달 둘 목사, 별 둘 장로.

2. 진정서의 내용

　　○○회 총회 재판국의 금품 수수에 대한 조사 처리의 진정

3. 조사 결과 보고

　　(1) 상소인 차세락 장로가 농협 뚝섬지점 라가4222127 등을 포함

　　　해서 100만원권 수표 2매를 재판국원 홍정민 목사에게 전달한

　　　것은 대가성 금품 수수임을 확인하다.

　　(2) 재판국원 홍정민 목사는 재판국 서기가 자기 말을 잘 듣도록

하기 위하여 상소인 차세락 장로에게 현금이 아닌 수표를 요구하여 받은 후 서기에게 전해 준 것을 확인하다.

⑶ 재판국 서기 강철현 목사는 수표를 받은 즉시 돌려주었으므로 혐의 없음을 확인하다.

⑷ 피진정인은 금품 수수에 관여된 바가 없으므로 혐의 없음을 확인하다.

⑸ 상소인 차세락 장로는 농협 뚝섬지점 라가4222127 등을 포함해서 100만원권 수표 2매를 재판국원 홍정민 목사에게 전달한 것은 대가성 금품수수임이 확실하므로 독도교회 당회에 기소하고, 재판국원 홍정민 목사는 재판국 서기가 자기 말을 잘 듣도록 하기 위하여 상소인 차세락 장로에게 현금이 아닌 100만원권 수표 2매를 받아 서기에게 전해 준 것은 대가성 금품수수임이 확실하고 신성한 재판국을 모독한 것이므로 독도노회에 기소하기로 하고 기소위원에 달하나, 달다섯 목사를 선정하다.

⑹ 기소장과 기소 이유 설명서

  1) 차세락 장로의 기소장과 기소 이유 설명서

  2) 홍정민 목사의 기소장과 기소 이유 설명서

기소장(참고인 차세락)

원고(기소인) : 달하나

     소속 치리회 : 대한예수교장로회 독도노회

     성직 및 신급 : 목사

     주소 : 부산시 동구 북부동 44번지

원고(기소인) : 달다섯

     소속 치리회 : 대한예수교장로회 부산노회

     성직 및 신급 : 목사

     주소 : 부산시 동구 북부동 33번지

피고(피기소인) : 차세락

     소속 치리회 : 대한예수교장로회 독도교회

     성직 및 신급 : 장로

     주소 : 부산시 동구 북부동 22번지

죄 상

피고는 제 ○○회 총회에 상소한 상소인으로서 농협 뚝섬지점 라
가4222127를 포함한 100만원권 수표 2매를 재판국원 홍철민 목사에
게 전달한 금품 수수 행위는 재판에 영향을 미치게 하는 대가성이 분

명하고 신성한 재판국을 모독한 일이므로 기소 이유 설명서를 첨부하여 이에 기소합니다.

유첨 : 기소 이유 설명서 1부   끝.

○○○○년 ○○월 ○○일

대한예수교장로회총회 조사처리위원회

기소인 목사 달하나(인)

기소인 목사 달다섯(인)

대한예수교장로회 독도교회 당회장 귀하

기소 이유 설명서(참고인 차세락)

원고(기소인) : 달하나

　　소속 치리회 : 대한예수교장로회 독도노회

　　성직 및 신급 : 목사

　　주소 : 부산시 동구 북부동 44번지

원고(기소인) : 달다섯

소속 치리회 : 대한예수교장로회 부산노회

성직 및 신급 : 목사

주소 : 부산시 동구 북부동 33번지

피고(피기소인) : 차세락

　　소속 치리회 : 대한예수교장로회 독도노회

　　성직 및 신급 : 장로

　　주소 : 부산시 동구 북부동 22번지

1. 피고는 ○○회 총회에 상소한 상소인으로서 총회 재판에 영향을
   미치게 할 수 있는 방법으로 농협 뚝섬지점 라가4222127를 포함
   한 100만원권 수표 2매를 ○○○○년 ○○월 ○○일 ○○시
   에 ○○에서 재판국원 홍철민 목사에게 전달한 금품 수수 행위가
   총회 조사처리위원회의 조사 결과 확실하게 확인되었습니다.

2. 조사처리위원회의 조사 과정에서 참고인으로 출석한 총회 재판국
   의 서기로서 진술한 내용과 진정인의 진정 내용과 일치합니다.

증인 : 장성경

　　소속 치리회 : 대한예수교장로회 독도노회

　　성직 및 신급 : 목사

　　주소 : 부산시 동구 북부동 44번지

증인 : 강철현

    소속 치리회 : 대한예수교장로회 북부노회

    성직 및 신급 : 목사

    주소 : 부산시 동구 북부동 11번지

이상과 같이 죄증이 확실하므로 이에 설명합니다.

○○○○년 ○○월 ○○일

대한예수교장로회총회 조사처리위원회
기소인 목사 달하나(인)
서 기 목사 달다섯(인)

대한예수교장로회 독도교회 당회장 귀하

기소장(참고인 홍정민)

원고(기소인) : 달하나

    소속 치리회 : 대한예수교장로회 독도노회

    성직 및 신급 : 목사

    주소 : 부산시 동구 북부동 44번지

원고(기소인) : 달다섯

　　소속 치리회 : 대한예수교장로회 부산노회

　　성직 및 신급 : 목사

　　주소 : 부산시 동구 북부동 33번지

피고(피기소인) : 홍정민

　　소속 치리회 : 대한예수교장로회 독도노회

　　성직 및 신급 : 목사

　　주소 : 부산시 동구 북부동 1번지

죄 상

피고는 제 ○○회 총회 재판국원으로서 상소인 차세락 장로에게 현금이 아닌 수표를 요구하여 상소인으로 부터 농협 뚝섬지점 라가 4222127를 포함한 100만원권 수표 2매를 받아 재판국 서기 강철현 목사에게 전달하고자 하는 금품 수수 행위는 재판에 영향을 미치게 하려는 의지가 분명하고 신성한 재판국을 모독한 일이므로 기소 이유 설명서를 첨부하여 이에 기소합니다.

유첨 : 기소 이유 설명서 1부　　　　끝.

○○○○년 ○○월 ○○일

대한예수교장로회총회 조사처리위원회

기소인 목사 달하나(인)

기소인 목사 달다섯(인)

대한예수교장로회 독도노회 노회장 귀하

기소 이유 설명서(참고인 홍정민)

원고(기소인) : 달하나

　　소속 치리회 : 대한예수교장로회 독도노회

　　성직 및 신급 : 목사

　　주소 : 부산시 동구 북부동 44번지

원고(기소인) : 달다섯

　　소속 치리회 : 대한예수교장로회 부산노회

　　성직 및 신급 : 목사

　　주소 : 부산시 동구 북부동 33번지

피고(피기소인) : 홍정민

　　소속 치리회 : 대한예수교장로회 독도노회

　　성직 및 신급 : 목사

주소 : 부산시 동구 북부동 1번지

1. 피고는 제 ○○회 총회의 재판국원으로서 총회 재판에 영향을 미치게 할 수 있는 방법으로 상소인 차세락 장로에게 현금이 아닌 수표를 요구하여 상소인이 농협 뚝섬지점 라가4222127를 포함한 100만원권 수표 2매를 ○○○○년 ○○월 ○○일 ○○시에 ○○에서 받아 ○○○○년 ○○월 ○○일 ○○시에 ○○에서 총회 재판국 서기 강철현 목사에게 전달한 금품 수수 행위가 총회 조사처리위원회의 조사 결과 확실하게 확인되었습니다.

2. 조사처리위원회의 조사 과정에서 참고인으로 출석한 총회 재판국의 서기로서 진술한 내용과 진정인의 진정 내용과 일치합니다.

증인 : 장성경

　　소속 치리회 : 대한예수교장로회 독도노회

　　성직 및 신급 : 목사

　　주소 : 부산시 동구 북부동 44번지

증인 : 강철현

　　소속 치리회 : 대한예수교장로회 북부노회

　　성직 및 신급 : 목사

　　주소 : 부산시 동구 북부동 11번지

이상과 같이 죄증이 확실하므로 이에 설명합니다.

○○○○ 년 ○○ 월 ○○ 일

대한예수교장로회총회 조사처리위원회
기소인 목사 달하나(인)
기소인 목사 달다섯(인)

대한예수교장로회 독도노회 노회장 귀하

3. 건의 사항

총회가 조사 처리 과정에서 죄상이 드러나면 기소하여 재판하는
권한까지 위임하여 조사 처리 위원을 파송한바 조사 과정에서 보
고서에 게재한 기소장과 같은 범죄 사실이 확인되었으므로 범죄자
들을 해 치리회에 기소하고 해 치리회는 재판하여 보고하게 할 것
을 총회가 지시 시행케 하고 시행치 않을 경우는 권징 제19조에 의
하여 총회가 직접 재판할 것을 건의합니다.

※ 총회가 조사처리위원회의 보고를 그대로 받기로 결의하면 건의 사
항까지 허락한 것이므로 조사 처리 위원은 임무를 다하고 해산되
지만 건의 사항 내용대로 총회는 해 치리회에 기소장을 접수하여
재판하여 보고하라는 지시를 하고 기소 위원은 기소장을 해 치리
회에 제출하여 원고로서의 업무를 계속한다.

제2절 조사처리위원회 회의록

1. 총회 회의록

제 ○○회 총회 회의록(속회록)

　2006년 9월 19일 오후 2시에 총회장 김독도 목사의 사회로 찬송가 205장을 다같이 부른 후 ○○○ 장로로 기도케 한 후 성경 히 13장 8절을 봉독하고 "그리스도의 성품"이라는 제목으로 강론하고 기도하다.
　서기가 성수됨을 확인하니 회장이 속회를 선언하다.

〈결의 사항〉

1. 전도부 보고, 별지와 같이 받기로 가결하다.
2. 사회부 보고, 별지와 같이 받기로 가결하다.
3. 정치부 완전 보고
　⑴ 독도노회 장성경 목사가 제출한 진정의 건은 조사 처리 위원 목사 3명, 장로 2명을 즉석에서 투표하여 파송하고 조사 결과, 필요할 때는 기소하는 권한까지 위임하기로 가결하고 투표하니 목사 달하나, 달 둘, 달다섯, 장로 별하나, 별 둘이더라.

- 중략 -

4. 시간이 되어 찬송가 431장을 다같이 부른 후 회장이 성경 롬 8장 28절을 봉독하고 달하나 장로로 기도케 하고 저녁 7시까지 정회를 선언하니 동일 오후 5시 15분이더라.

2006년 10월 10일

대한예수교장로회총회

총회장 목사 김독도(인)

서 기 목사 서기장(인)

2. 조사처리위원회 회의록

(1) 조사처리위원회 제1차 회의록

2006년 10월 23일 오전 7시에 부산시 동구 서동 5번지 총회 회의실에서 조사 처리 위원 5명 전원이 출석하여 임시 의장 달하나 목사의 사회로 위원 중 별하나 장로로 기도케 한 후 성수가 됨으로 임시 의장이 대한예수교장로회 제 ○○회 총회 조사처리위원회가 개회됨을 선언하다.

〈결의 사항〉

1. 아래와 같이 조사처리위원회를 조직하다.

　　위원장 : 달하나 목사, 서기 : 달다섯 목사, 회계 : 별하나 장로

　　위원 : 달 둘 목사, 별 둘 장로

2. 서기가 진정서 내용을 위원들에게 배부하다.

3. 피진정인 재판국장과 서기에게 소환장과 진정서를 10월 26일에 발송하고 피진정인이 원할 경우 출석 진술에 앞서 11월 5일까지 진정 내용에 대한 답변서를 제출케 하기로 하다.

4. 서기는 피진정인이 답변서를 제출할 경우 받은 즉시 복사하여 위원들에게 발송하기로 하다.

5. 11월 11일(토) 오후 2시에 진정인과 피진정인을 소환하여 먼저 진정인을 조사하고 후에 피진정인을 조사하기로 하다(단, 진정인은 오후 2시, 피진정인은 오후 3시로 하고 대질할 심문이 필요할 시는 피진정인 조사 후 하기로 하다).

6. 진정인과 피진정인의 소환은 10일 선기하여 서기가 등기 배달 증명으로 발송하기로 하다.

7. 총회에 보고 시까지 조사 위원들은 조사 내용과 진행 사항에 대하여 비밀을 유지하기로 하다.

8. 폐회하기로 결의하고 서기가 회의록을 낭독하니 채택하기로 가결하다.

9. 위원장이 별 둘 장로로 기도케 하고 폐회를 선언하니 동일 오후 8시 30분이더라.

2006년 10월 23일

위원장 목사 달하나(인)

서 기 목사 달다섯(인)

(2) 조사처리위원회 제2차 회의록

2006년 11월 13일 오후 2시에 위원장 달하나 목사의 사회로 찬송가 431장을 다같이 부른 후 달 둘 목사로 기도케 하고 위원장이 성경 고전 13장 13절을 봉독하고 기도하다.

서기가 위원을 호명하니 전원 출석하여 회장이 개회됨을 선언하다.

〈결의 사항〉

1. 여러 사람이 신문하면 초점만 흐릴 우려가 있으므로 위원장이 신문한 후 위원 중에 질문하는 방법으로 조사 신문하기로 가결하다.
2. 위원장이 진정인 장성경 목사를 신문 조서하다.
3. 위원장이 피진정인 재판국장 오광태 목사를 신문 조서하다.
4. 위원장이 참고인 강철현 목사를 신문 조서하다.
5. 위원장이 참고인 홍정민 목사를 신문 조서하다.
6. 위원장이 참고인 차세락 장로를 신문 조서하다.
7. 진정인과 피진정인 그리고 참고인 강철현, 홍정민, 차세락 장로를 신문한 결과 상소인 차세락 장로가 농협에서 발행한 수표 100만원

권 2매를 재판국원 홍철민 목사에게 주었고, 홍정민 목사는 재판국 서기 강철현 목사에게 전달했으나 강철현 목사는 즉시 홍정민 목사에게 돌려 준 사실이 인정되므로 기소 위원 2인을 선정하여 수표를 준 차세락 장로와 금품을 받은 홍정민 목사를 각각 해 치리회에 기소하기로 가결하다.

8. 기소 위원으로 달하나 목사와 달다섯 목사를 선정하기로 가결하다.

9. 기소 위원은 총회 보고 전에 기소장을 작성하여 총회 보고 시에 기소장을 첨부하여 총회의 지시에 따라 각각 노회와 당회의 원고가 되게 하여 원심부터 종심까지 재판을 받게 하기로 하다.

10. 총회 보고서는 위원장과 서기에게 위임하고 작성한 보고서는 위원들에게 우편으로 송달하고 총회 보고는 서기가 하기로 하다.

11. 폐회하기로 가결하고 서기가 회의록을 낭독하니 채택하기로 가결하다.

12. 회장이 별 둘 장로로 기도케 하고 폐회를 선언하니 동일 오후 3시 30분이더라.

2006년 11월 13일

대한예수교장로회총회 조사처리위원회
위원장 목사 달하나(인)
서   기 목사 달다섯(인)

제 4 편
치리회간의 재판

제1장 당회간의 소원 건
제2장 노회간의 소원 건

제 4 편 치리회간의 재판

　어느 치리회든지 동등한 회를 상대로 소원할 일이 있으면(권징 제84조, 제93조 참조) 한층 높은 상회에 기소해야 하고 이런 경우에는 일반적인 소원과는 달리 사건 발생 후 1년 이내에 소원 치리회의 서기와 그 상회 서기에게 소원 통지서를 교부한다(권징 제144조).

　이 때 소원 치리회는 대리 위원을 선정하여 종심 결정까지 위임한다(권징 제5조). 피소원 치리회도 역시 대리 위원을 선정하여 위임하고 소원을 접수한 상회는 그 사건을 조사하여 이유가 상당하면 피고회의 결정 전부 혹은 일부를 취소하거나 변경하고 그 소원 치리회에 처리 방법을 지시한다(권징 제146조). 만일 소원 치리회가 불응하면 차기 상회의 본회에서 직접 처리한다(권징 제19조).

제1장 당회간의 재판

당회간의 소원 건이 노회에 접수되면 노회가 본회에서 재판회로 변경하여 직접 처리하거나 재판국을 설치하여 위탁하여 처리한다. 재판국에 위탁하여 재판할 경우는 노회 재판국의 범례와 같다.

1. 소원 통지서

은혜 중 평강하심을 기원합니다.

2006년 8월 15일 오후 2시에 서동교회 당회가 고즈미 씨를 서동교회 시무 장로로 취임한 것은 고즈미 씨가 본 독도교회의 장로 시무 중에 사직서를 제출하였고 본 당회는 사직서를 수리하였으므로 고즈미 씨는 직분 없는 평신도로 있고, 본 교회에서 어느 교회로도 이명서를 발송한 일도 없을 뿐 아니라 현재 본 교회 제3구역의 세례 교인으로 편성되어 있는 본 교회 교인임에도 불구하고 귀 교회가 치리 장로로 취임한 일은 불법인 줄 알아 권징 조례 제14장 제144조에 의하여 노회에 소원하는바 이에 통지합니다.

2006년 8월 30일

소원인 대한예수교장로회 독도교회 당회

대리 위원 장로 가라중 (인)

대한예수교장로회 서동교회 당회장 귀하
대한예수교장로회 독도노회 노회장 귀하

2. 소원장 표지

소 원 장

소 원 인   대한예수교장로회 독도교회 당회

대리 위원 장로 가라중

피소원인   대한예수교장로회 서동교회

당회장 목사 서동교

독 도 교 회

3. 소원장

소 원 인 : 대한예수교장로회 독도교회 당회

　　　대리 위원 : 장로 가라중

　　　주소 : 부산시 동구 서동 25번지

피소원인 : 대한예수교장로회 서동교회 당회

　　　당회장 : 목사 서동교

　　　주소 : 부산시 동구 서동 52번지

소원 사유

1. 서동교회 당회는 본 교회에서 장로로 시무하다가 장로직 사직서를
   제출하여 본당회가 받아 처리함으로 장로가 아닌 평신도로 있는
   고즈미 씨를 이명 절차도 없이 시무 장로로 취임한 일은 정치 제8
   장 제2조 2항을 위반한 불법적인 일이며 권징 조례 제108조 및 제
   113조를 위반한 일이기에 권징 조례 제144조에 의거 소원 이유 설
   명서를 첨부하여 소원합니다.

2006년 8월 30일

소원인 대한예수교장로회 독도교회 당회

대리 위원 장로 가라중(인)

대한예수교장로회 서동교회 당회장 귀하
대한예수교장로회 독도노회 노회장 귀하

4. 소원 이유 설명서

소 원 인 : 대한예수교장로회 독도교회 당회
　　　　　대리 위원 : 장로 가라중
　　　　　주소 : 부산시 동구 서동 25번지

피소원인 : 대한예수교장로회 서동교회 당회
　　　　　당회장 : 목사 서동교
　　　　　주소 : 부산시 동구 서동 52번지

1. 피소원 교회가 장로로 취임한 고즈미 씨는 별지 #1의 서증과 같이
　 2005년 5월 5일에 소원 교회인 독도 당회에 장로 사직서를 제출
　 하였고 본 당회는 별지 #2의 서증과 같이 2005년 7월 7일에 고즈
　 미 씨의 장로 사직서를 수리하였으므로 고즈미 씨는 정치 제8장
　 제2조 2항에 "각 치리회는 각립한 개체가 아니요 연합한 것이니
　 어떤 회에서 치리하든지 … 전국 교회의 결정이 된다"는 규정에 따

라 대한예수교장로회의 어느 교회에서든지 장로일 수 없음에도 불구하고 피고 교회에서는 고즈미 씨를 장로로 장립하였다고 할지라도 이명 절차가 없었으니 불법이요, 더욱이 장로직을 사직한 순수 평신도를 마치 장로인 것처럼 별지 #3의 서증과 같이 기독신문에 광고를 하고, 별지 #4의 서증과 같이 취임(위임)식을 하여 치리 장로가 되게 하였으니 이중으로 불법을 행하였습니다. 뿐만 아니라 고즈미 씨는 별지 #5의 서증과 같이 본 독도교회 제3구역에 편성된 본 교회의 교인입니다(권징 제108조, 제113조, 정치 제9장 제5조 2항).

서증   (1) 사직서(별지 #1)

　　　(2) 독도교회 당회록(제36회) 사본(별지 #2)

　　　(3) 기독신문 광고 사본(별지 #3)

　　　(4) 임직 및 취임 예식 순서지(별지 #4)

　　　(5) 독도교회 구역 편성표 사본(별지 #5)　　　끝.

위와 같이 소원 이유를 설명합니다.

2006년 8월 30일

소원인 대한예수교장로회 독도교회 당회

대리 위원 장로 가라중(인)

대한예수교장로회 서동교회 당회장 귀하

대한예수교장로회 독도노회 노회장 귀하

사직서 〈별지 #1〉

성 명 : 고즈미

직 분 : 장로

　위 본인은 가정 사정과 개인적인 사정으로 장로직을 사직하고자 하오니 선처해 주시기를 바랍니다.

2005년 5월 5일

대한예수교장로회 독도교회

장로 고즈미(인)

독도교회 당회장 귀하

독도교회 당회록(제36회) 사본   〈별지 #2〉

주후 2005년 7월 7일 오후 7시 당회장 김독도 목사의 사회로 찬송가 443장을 다같이 부른 후 회장이 성경 계 2장 10절을 봉독하고 "충성"이라는 제목으로 강론하고 기도하다.

서기가 회원을 호명하니 5명 중 4명이 출석하여 회장이 개회됨을 선언하다.

(결석 회원 : 고즈미 장로)

〈결의 사항〉

1. 정서기 집사가 제출한 집사 시무 사면서는 반려하기로 가결하다.

2. 정영자 권사가 제출한 권사 사면서는 반려하기로 가결하다.

3. 고즈미 장로가 제출한 장로직 사직서는 받기로 가결하다.

4. 폐회하기로 가결하고 서기가 회록을 낭독하니 채택한 후 당회장이 가라대 장로로 기도케 하고 폐회를 선언하니 동일 오후 8시 10분이더라.

2005년 7월 7일

당회장 목사 김독도(인)
서 기 장로 가라중(인)

기독신문 광고 사본　　　　　　〈별지 #3〉

(2006년 7월 31일 15면)

〈장로 임직 및 취임 예식〉

　주님의 크신 은혜와 평강이 섬기시는 교회와 가정에 충만하시기를
기원합니다.

저희 서동교회에서는 아래와 같이 장로 임직과 취임 예식을 거행하오
니 오셔서 하나님께 영광 돌리시기 바랍니다.

◎ 장로 임직 : ○○○, □□□, △△△

◎ 장로 취임 : 고즈미

일시 : 2006년 8월 15일 오후 2시

장소 : 서동교회(주소 : 부산시 동구 서동 52번지,

　　　　전화 : 051-123-5778)

대한예수교장로회 서동교회

당회장 서동교 목사

임직 및 취임 예식 순서지 　　　〈별지 #4〉

〈장로 임직 및 취임 예식〉

찬송 ································ 323장 ······························ 다같이
기도 ·· ○○○ 목사
성경 ·················· 마 25:21 ····················· 사회자
설교 ··················· 충성된 종 ················· ○○○ 목사

－ 생략 －

◎ 장로 임직 : ○○○, □□□, △△△

◎ 장로 취임 : 고즈미

－ 생략 －

축도 ·· ○○○ 목사

독도교회 구역 편성표 사본 〈별지 #5〉

〈2006년 교회 독도교회 요람 구역 편성〉

제3구역 구역장 ○○○ 권찰 ○○○				
◎ ○○○	(123-4567)	○○○	○○○	
◎ ○○○	(123-5678)	○○○		
◎ ○○○	(123-6789)	○○○	○○○	○○○
◎ 고즈미	(123-8910)	한사랑	노상희	노상락

위와 같이 고즈미 씨는 2006년 3월 첫 주부터 본 교회에 출석은 하지 않고 있지만 2006년 8월 30일 현재까지 본 교회 제3구역원 교인으로 교회 요람에 편성되어 있음.

2005년 8월 15일

대한예수교장로회 독도교회
당회장 목사 김독도(인)
서 기 장로 가라중(인)

5. 결정서   〈별지 #6〉

소 원 인 : 대한예수교장로회 독도교회
         대리 위원 : 장로 가라중

피소원인 : 대한예수교장로회 서동교회
         당회장 : 목사 서동교

주 문

피소원 교회인 서동교회 당회가 소원 교회인 독도교회의 고즈미 씨를 등록 운운하여 서동교회에 가입한 일과 2006년 8월 15일에 장로로 취임한 일은 취소하고 고즈미 씨는 소원 교회인 독도교회 교인임을 확인한다.

이 유

1. 소원 교회 고즈미 씨는 2005년 5월 5일에 해 당회에 장로 사직서를 제출한 것이 확실하고 독도 당회가 2005년 7월 7일에 사직서를 수리함으로 고즈미 씨는 직분이 없는 세례 교인이 확실한데 서동교회가 장로로 취임한 것은 교회 정치 제8장 제2조에 위배되며,
2. 소원 교회는 고즈미 씨를 피소원 교회에 이명서를 발급한 사실이

없는데 피소원 교회는 등록이라는 미명 하에 피선거권까지 허락한 것은 정치 제9장 제5조 2항 및 권징 조례 제108조와 제113조에 위반되는 처사로서

본 재판회는 주 예수 그리스도의 이름과 그 직권으로 주문과 같이 결정한다.

2006년 10월 11일

대한예수교장로회 독도노회 재판회(관인)
회장 목사 홍길동(인)
서기 목사 정서기(인)

6. 결정서 송달

대한예수교장로회 독도노회

문서 번호 : 재판 06-5
수 신 : 수신처 참조
발 신 : 독도노회 재판회
제 목 : 재판 결과 통보의 건

은혜 중 평강하심을 기원합니다.

독도노회 재판회(2006년 10월 11일)는 독도노회가 서동교회에 대하여 소원한 재판 건의 결정서를 유첨과 같이 송달 통보합니다.

유첨 : 결정서 1부   끝.

2006년 10월 11일

대한예수교장로회 독도노회 재판회(관인)

회장 목사 홍길동(인)

서기 목사 정서기(인)

수신처 : 소원인 독도교회, 피소원인 서동교회

※ 본서에는 생략하였으나 실제 사건을 처리하는 경우에는 유첨 서류인 결정서를 반드시 첨부하여 발송하여야 한다.

7. 독도노회 회의록

(1) 독도노회 회의록(제100회) 속회록

2006년 10월 10일 오후 7시에 노회장 홍길동 목사의 사회로 찬송가 460장을 다같이 부른 후 성경 고전 11장 1절을 봉독하고 부노회장 가라중 장로로 기도케 하고 속회를 선언하다.

〈결의 사항〉

1. 유안 건을 유인물과 같이 받기로 가결하다.

2. 총회 보고 사항을 유인물과 같이 받기로 가결하다.

3. 헌의부 보고는 한 건씩 심의 처리하기로 하다.

   (1) 대영교회 당회장 김독도 목사가 청원한 박대영 목사의 해 교회 위임 목사 청빙 청원의 건은 정치부로 보내기로 가결하다.

   (2) 대중교회 대리 당회장 김독도 목사가 청원한 김대중 목사의 원로 목사 추대 허락 청원의 건은 정치부로 보내기로 가결하다.

   (3) 대소교회 임시 당회장 김독도 목사가 청원한 해 교회 당회장 파송 청원의 건은 정치부로 보내기로 가결하다.

   (4) 독도교회 당회 대리 위원 가라중 씨가 제출한 서동교회를 상대로 한 치리회간의 소원 건은 당사자들이 모두 노회원이므로 서기가 소환토록 하고, 2006년 10월 11일 오후 2시에 본회에서 처리하기로 가결하다(단, 신문하는 것은 회장에게 위임하기로).

- 중략 -

시간이 되어 회장이 찬송가 205장을 부른 후 ○○○ 목사로 기도
케 하고 회장이 11일 오전 9시까지 정회를 선언하니 오후 9시 5분이더
라.

2006년 10월 10일

노회장 목사 홍길동(인)
서 기 목사 정서기(인)

(2) 독도노회 재판회 회의록(제100회) 속회록

2006년 10월 11일 오후 2시에 노회장 홍길동 목사의 사회로 찬송
가 217장을 다같이 부른 후 성경 딤후 2장 5절을 봉독하고 "법대로 하
지 아니하면"이라는 제목으로 강론하고 기도하다.
서기가 회원을 호명하니 목사 50명, 장로 40명, 합계 90명 출석으
로 노회가 속회됨을 선언하다.

〈결의 사항〉
서기가 독도교회 당회 대리 위원 가라중 장로와 서동교회 당회장
서동교 목사를 앞좌석에 앉게 하고, 회장이 10일 오후 7시에 속회한

헌의부 보고 시에 11일 오후 2시에 처리하기로 결의한 치리회간의 소원 건을 처리하는 시간이라고 설명하다.

1. 본 노회를 재판회로 변경하여 재판하기로 가결하다.
2. 개정 선언(회장)

   "지금은 독도교회 당회 대리위원 가라중 장로가 서동교회 당회를 상대로 제출한 치리회간의 소원 건을 심리하기 위하여 대한예수교 장로회 제100회 정기 노회 제1차 재판회가 개정됨을 선언합니다."
3. 서기가 소원장 및 소원 이유 설명서를 낭독하다.

   (1) 심리

   1) 소원 교회의 고즈미 씨가 해 당회에 사직서를 제출하고 해 당회는 사직서를 수리하였으므로 장로가 아닌 순수한 평신도임을 확인하다.

   2) 서동교회가 고즈미 씨를 장로로 취임한 것은 교회 정치 제8장 제2조에 위반인 것을 확인하다.

   3) 독도교회가 고즈미 씨에 대하여 서동교회에 이명서를 발송하지 아니하였으므로 고즈미 씨는 서동교회 피선거권뿐 아니라 회원권도 없는 자임을 확인하다.

   (2) 결정

   1) "서동교회 당회가 고즈미 씨를 장로로 취임한 일은 취소하고 고즈미 씨는 독도교회 교인임을 확인"하는 것으로 가결하다.

   2) 서기가 별지 #6과 같이 결정서를 낭독하니 채택하기로 가결

하다.

4. 소원인 교회와 피소원인 교회에 결정서를 발송하기로 가결하다.

5. 폐정하기로 가결하고 서기가 회의록을 낭독하니 채택하고 회장이
   장로 부노회장으로 기도케 하고 재판회가 폐정됨을 선언하니 동일
   오후 3시 30분이더라.

2006년 10월 11일

대한예수교장로회 독도노회 재판회
회장 목사 홍길동(인)
서기 목사 정서기(인)

제2장 노회간의 소원 건

당회간의 소원 건은 상회인 노회가 결정하는 것이므로 당사자를 소환 신문하여 결정하지만 노회간의 소원 건은 총회가 결정하는 것이므로 본회가 결정하든지 재판국에 위탁하여 결정하든지 당사자를 소환하지 아니하고 법률심으로서 서류만 심사하여 결정한다(권징 제94조 2항). 그리고 일반적인 상소나 소원 건은 판결 및 결정 후 10일 이내에 상소 및 소원 통지서를 해 치리회 서기와 상회 서기에게 통지해야 하지만 치리회간의 소원 건은 1년 내로 통지하고 상회 개회 익일까지 상회에 소원장을 제출해야 한다(권징 제144조).

그러므로 어느 노회가 결정한 행정 건에 있어서 그 노회 회원 중에 10일 이내로 소원을 제기하지 아니하면 절차가 잘못되었던지 불법불의하게 결정했던지 간에 관계없이 전국 교회의 결정으로 확정되었으므로 본 노회 회원으로서는 시정을 구할 방도가 없고(소원 기일 만료로 확정되었으니), 비록 상회라고 해도 하회에서 확정된 사건을 일반 결의로는 시정하지 못한다. 다만, 1년 이내에 노회간의 소원이 있을 경우에 한해서 총회가 이를 심리하여 결정하는 것이 가능할 뿐이다.

1. 소원 통지서

은혜 중 평강하심을 기원합니다.

2006년 4월 4일에 대마도노회가 본 교단을 비롯한 여러 교단이 이미 이단으로 규정한 대마교회를 가입한 것과 본 교단과 교류하는 타 교단에서 면직한 목사와 그 교회를 가입한 것은 부당한 일이므로 권징조례 제144조에 의거 총회에 소원함을 통지합니다.

유첨   (1) 소원장 1부
　　　 (2) 소원 이유 설명서 1부   끝.

2006년 7월 7일

소원인 대한예수교장로회 독도노회
대리 위원 목사 김독도(인)
대리 위원 장로 임거정(인)

대한예수교장로회 대마도노회 노회장 귀하
대한예수교장로회 총회장 귀하

2. 소원장 표지

소 원 장

소 원 인   대한예수교장로회 독도노회

대리 위원 목사 김독도

대리 위원 장로 임거정

피소원인   대한예수교장로회 대마도노회

노회장 목사 주니지

독 도 노 회

3. 소원장

소 원 인 : 대한예수교장로회 독도노회
        대리 위원 : 목사 김독도
        대리 위원 : 장로 임거정
        주소 : 부산시 동구 서동 5번지

피소원인 : 대한예수교장로회 대마도노회
        노회장 : 목사 주니지
        주소 : 경남 대마도시 동구 서동 4번지

소원 사유

1. 대마도노회가 이미 이단으로 규정한 대마교회의 가입을 허락한 것은 부당한 일이며,
2. 대마도노회가 타 교단에서 면직된 자를 타 교단인 산해교회에 부임한 후 산해 교회와 고즈미 씨를 목사로 가입한 것은 부당한 일이므로 시정을 바라며 권징 조례 제144에 의거 소원 이유 설명서를 첨부하여 소원합니다.

2006년 7월 7일

소원인 대한예수교장로회 독도노회

대리 위원 목사 김독도(인)

대리 위원 장로 임거정(인)

대한예수교장로회 대마도노회 노회장 귀하

대한예수교장로회 총회장 귀하

4. 소원 이유 설명서

소 원 인 : 대한예수교장로회 독도노회

　　　　　대리 위원 : 목사 김독도

　　　　　대리 위원 : 장로 임거정

　　　　　주소 : 부산시 동구 서동 5번지

피소원인 : 대한예수교장로회 대마도노회

　　　　　노회장 : 목사 주니지

　　　　　주소 : 경남 대마도시 동구 서동 4번지

1. 대마도노회가 2006년 4월 4일에 독립 교회인 대마교회의 가입을
   허락한 것은 2001년 제84회 총회 시에 별지 #1과 같이 신학교 교
   수회에 대마교회의 주니지 목사의 이단성을 연구 보고케 하여 별

지 #2와 같이 제85회 총회 시에 주니지 씨의 설교에 이단성이 있다는 교수회의 보고를 채택하였고, 제85회 총회를 파회한 후 총회가 별지 #3과 같이 전국 교회에 주니지 씨의 집회에 참석치 않도록 공문을 하달한 바 있으며 별지 #4와 같이 여러 교단에서도 이단으로 규정한 바 있습니다.

서증   (1) 제84회 총회 회의록 사본(별지 #1)

　　　 (2) 제85회 총회 회의록 사본(별지 #2)

　　　 (3) 전국 교회 하달 공문(별지 #3)

　　　 (4) 기독공보 성명서 1), 2), 3)(별지 #4)

2. 대마도노회가 2006년 4월 4일에 타 교단인 산해교회 가입을 허락함에 있어서 그 교단에서 별지 #5와 같이 목사 면직한 고즈미 씨가 담임 목사인 교회와 조직을 받음에 대하여 그 교단을 인정하고 그 교단 교회를 받았다면 그 교단에서 면직한 목사도 목사가 아닌 것을 인정해야 하는데 대마도노회가 목사 면직된 자를 목사로 받은 것은 부당한 일입니다.

서증   (5) 목사 면직 공고 신문(별지 #5)　　　끝.

　　　 위와 같이 소원 이유를 설명합니다.

2006년 7월 7일

소원인 대한예수교장로회 독도노회

대리 위원 목사 김독도(인)

대리 위원 장로 임거정(인)

대한예수교장로회 대마도노회 노회장 귀하

대한예수교장로회 총회장 귀하

제84회 총회 회의록 사본 〈별지 #1〉

※ 제84회 총회 회의록 p.28

〈정치부 보고〉

1. 독도 노회장 김독도 목사가 헌의한 헌법 수정의 건은 현행대로 하는 것이 가한줄 아오며,

2. 독도 노회장 김독도 목사가 제출한 독립 교회인 대마교회 주니지 목사의 이단성에 대한 질의의 건은 신학교 교수회에 위탁하여 1년간 연구 보고케 하는 것이 가한 줄 아오며,

– 중략 –

시간이 되어 회장이 부총회장 ○○○ 장로로 기도케 한 후 오후 2시까지 정회를 선언하니 동일 정오 5분이더라.

2001년 9월 25일

총 회 장 ○○○(인)
회록 서기 ○○○(인)

※ 제85회 총회 회의록 p.30

〈신학부 보고〉

　신학부 서기가 총회 보고서 p.480을 보고하다.

– 이전 생략 –

3. 제84회 총회 정치부 보고(제84회 회의록 p.28)에서 대마교회 주니
　지 목사의 이단성에 대한 질의의 건에 대하여 교수회에 위탁하여
　연구 보고케 한 것을 아래와 같이 보고합니다.

　⑴ 주니지 씨의 설교집을 분석한 결과 "씨앗 속임"이란 주제의 설
　　교로서 그 결론은 '성경적 구원론' 을 왜곡시키고 예수 그리스도
　　의 구속의 도리를 혼돈하게 하는 것으로 이는 ○○○ 씨 □□
　　□ 씨 △△△ 씨의 이단 사상을 모방한 이단성이 분명하므로
　　교인들이 그 집회에 참석치 못하도록 주지함이 옳은 줄 아옵니
　　다.

– 이하 생략 –

전국 교회 하달 공문 〈별지 #3〉
(주니지 씨 집회 참석 금지)

대한예수교장로회총회

문서 번호 : 총회 85-36호

수 신 : 전국 교회 지교회 당회장

참 조 : 각 노회 노회장

제 목 : 주니지 씨의 집회 참석 금지의 건

　제84회 총회가 교수회에 위탁하여 연구 보고케 한 주니지 씨의 이단 사상에 대하여 제85회 총회 시 교수회의 연구 보고 결과 이단성이 확실하므로 전국 각 노회 노회장은 각 지교회에 이 사실을 주지시켜 어느 곳에든지 주니지 씨의 집회에 참석치 않도록 하시기 바랍니다.

2005년 11월 11일

대한예수교장로회총회(관인)

총회장 ○○○(인)

서　기 ○○○(인)

기독공보 성명서 1)　　　　　　　　〈별지 #4〉

(주니지 씨 이단성)

※ 기독공보 제530호 p.28

– 이전 생략 –

　대마교회의 주니지 씨는 구원관이 비성경적이며 "마귀의 씨앗 속임"이라는 설교를 통하여 하와는 아담을 속이고 뱀의 아들을 낳았다는 등으로 구원 교리를 혼돈케 하며,

– 중략 –

　따라서 본 교단은 이를 이단으로 규정하고 전국 교회에 공고한다.

2005년 11월 12일

대한예수교장로회총회(○○○) 총회장 ○○○

서　기 ○○○

기독공보 성명서 2)

※ 기독공보 제535호 p.30

– 이전 생략 –

　　대마교회의 주니지 씨는 구원관이 비성경적이며 "마귀의 씨앗 속임"이라는 설교를 통하여 하와는 아담을 속이고 뱀의 아들을 낳았다는 등으로 구원 교리를 혼돈케 하며,

– 중략 –

따라서 본 교단은 이를 이단으로 규정하고 전국 교회에 공고한다.

2005년 11월 22일

대한예수교장로회(△△△) 총회장 ○○○
서 기 ○○○

기독공보 성명서 3)

※ 기독공보 제540호 p.23

– 이전 생략 –

대마교회의 주니지 씨는 구원관이 비성경적이며 "마귀의 씨앗 속임"이라는 설교를 통하여 하와는 아담을 속이고 뱀의 아들을 낳았다는 등으로 구원 교리를 혼돈케 하며

– 중략 –

따라서 본 교단은 이를 이단으로 규정하고 전국 교회에 공고한다.

2005년 12월 12일

대한예수교장로회(☐☐☐) 총회장 ○○○
서 기 ○○○

목사 면직 공고 신문   〈별지 #5〉

※ 기독공보(05년 8월 8일 12면)

성 명 : 고즈미(만 48세)

　　　성직 및 신급 : 목사

　　　소속 치리회 : 대한예수교장로회 나진노회

　　　주소 : 부산시 서구 마진동 48번지

주 문

목사 고즈미 씨를 "면직"에 처한다.

이 유

헌법적 규칙 제2조 5항에 금지한 음주와 흡연을 한 사실이 확인되었
다.

(적용 법조문 : 권징 제1장 제3조, 제6장 제41조, 헌법적 규칙 제2조 5
항에 의거)

주 예수 그리스도의 이름과 그 직권으로 주문과 같이 판결한다.

2005년 8월 8일

대한예수교장로회 나진노회

재판국장 ○○○

서   기 ○○○

5. 결정서
〈별지 #6〉

소 원 인 : 대한예수교장로회 독도노회

대리 위원 : 목사 김독도

대리 위원 : 장로 임거정

주소 : 부산시 동구 서동 5번지

피소원인 : 대한예수교장로회 대마도노회

노회장 : 목사 주니지

주소 : 경남 대마도시 동구 서동 4번지

주 문

대마도노회가 이단 교회인 대마교회와 면직된 목사가 시무하고 있는 산해교회의 가입을 받은 것은 부당한 일이므로 대마도노회는 10월

31일까지 대마교회와 산해교회의 가입을 취소할 것을 결정한다.

이 유

1. 대마도노회는 주니지 씨가 이단임을 본 교단 교수회의 연구 결과 보고를 제85회 총회가 채택하였고 총회가 각 지교회에 이에 관계된 공문을 하달하였으며 여러 다른 교단에서도 주니지 씨를 이단으로 규정하였음에도 불구하고 그 교회를 받은 것은 부당한 일이며,

2. 대마도노회가 타 교단인 산해교회의 고즈미 씨는 목사 면직된 자인데 그 교회와 고즈미 씨를 목사로 받은 것은 부당한 일이므로
   (적용 법조문 : 권징 조례 제96조, 제14장 제144조에 의거)

본 재판회의 결의에 따라 주 예수그리스도의 이름과 그 직권으로 주문과 같이 결정한다.

2006년 9월 28일

대한예수교장로회총회 재판회(관인)
재판회장 ○○○(인)
서　　기 ○○○(인)

6. 결정서 송달

대한예수교장로회총회

문서 번호 : 재판 06-6
수 신 : 수신처 참조
발 신 : 총회 재판회
제 목 : 재판 결과 통보의 건

　은혜 중 평강하심을 기원합니다.
　총회 재판회(2006년 9월 28일)는 독도노회가 대마도노회에 대하
여 소원한 재판 건의 결정서를 유첨과 같이 송달 통보합니다.

　유첨 : 결정서 1부　　　끝.

2006년 9월 28일

대한예수교장로회총회 재판회(관인)
재판회장 ○○○(인)
서　　　기 ○○○(인)

수신처 : 소원인 독도노회, 피소원인 대마도노회

※ 본서에는 생략하였으나 실제 사건을 처리하는 경우에는 유첨 서류인 결정서를 반드시 첨부하여 발송하여야 한다.

7. 총회 회의록

(1) 총회 회의록(제90회) 속회록

2006년 9월 27일 오전 10시 회장 ○○○ 목사의 사회로 찬송가 217장을 제창한 후 총회 회계 ○○○ 장로로 기도케 하고 속회를 선언하다.

〈결의 사항〉
1. 헌의부 보고
   (1) 대전 노회장 ○○○ 목사가 헌의한 교회 헌법 수정의 건은 정치부로 보내기로 가결하다.
   (2) 독도노회 대리 위원 김독도 목사와 임거정 장로가 대마도 노회장 주니지 씨를 상대로 한 치리회간의 소원 건은 9월 28일 오후 2시에 속회한 후 본회를 재판회로 변경하여 처리하기로 가결하다.

- 중략 -

2. 시간이 되어 회장이 부회계 ○○○ 장로로 기도케 하고 오후 2시
   까지 정회를 선언하니 동일 12시 5분이더라.

2006년 9월 27일

총회장 ○○○(인)

서 기 ○○○(인)

(2) 총회 재판회 제1차 회의록

2006년 9월 28일 오후 2시에 회장 ○○○ 목사의 사회로 찬송가 217장을 제창하고 회장이 성경 딤후 2장 5절을 봉독한 후 "법대로 경기하지 아니하면"이라는 제목으로 강론하고 기도하다.

서기가 회원을 호명하니 목사 회원 520명, 장로 회원 630명, 합계 1,150명이 출석하여 회장이 속회됨을 선언하다.

〈결의 사항〉

서기가 이 시간은 27일 오전 헌의부 보고 시에 결의한 대로 독도노회 대리 위원 김독도 목사와 임거정 장로가 대마도노회 노회장 주니지 목사를 상대로 한 치리회간 소원 건을 처리하는 시간이라고 설명하다.

1. 본 총회를 재판회로 변경하여 치리회간 소원 건을 결정하기로 가결
   하다.
2. 개정 선언(회장)

   "지금은 독도노회 대리 위원 김독도 목사와 임거정 장로가 대마도
   노회장 주니지 목사를 상대로 한 치리회간 소원 건을 처리하기 위
   하여 대한예수교장로회 총회 제90회 제1차 재판회가 개정됨을 선
   언합니다."
3. 서기가 준비된 소원장과 소원 이유 설명서를 재판회원들에게 배부
   한 후 낭독하다.
4. 회장이 배부 받은 소원 이유 설명서를 검토 심의하는 시간이라고
   설명하다.

   (1) 심리

   ① 독도노회가 서증으로 제시한 제84회 총회록 p.28의 정치부
      보고와 p.30의 신학부 보고 중 본건에 관련된 부분을 제84회
      의 총회장이 낭독하다.

   ② 독도노회가 서증으로 제시한 총회 85-36호(05.11.11.)로 각
      지교회 당회장에게 발송한 공문을 총회 총무가 낭독하다.

   (2) 결정

   ① "대마도노회가 이단 교회인 대마교회를 받은 것과 면직된 목
      사가 시무하고 있는 산해교회와 면직된 자를 목사로 받은 것
      은 부당한 일이므로 2006년 10월 31일까지 대마교회와 산해
      교회의 가입을 취소할 것을 결정하기로 투표하니 가 80표, 부

20표로 가결하다.

② 서기가 별지 #6과 같이 결정서를 낭독하니 채택하기로 가결하다.

5. 소원인 노회와 피소원인 노회에 결정서를 발송하기로 가결하다.

6. 폐정하기로 가결하고 서기가 회의록을 낭독하니 채택하고 회장이 대전 노회장으로 기도케 하고 재판회가 폐정됨을 선언하니 동일 오후 4시 10분이더라.

2006년 9월 28일

대한예수교장로회총회(관인)

재판회장 ○○○(인)

서　　기 ○○○(인)

장로회 각 치리회 보통회의 규칙
(General Rules For Judicatories)

    본 장로회 각 치리회 보통회의 규칙은 곽안련 저『교회정치문답조례』제618문답에 기록된 장로회 각 치리회 규칙을 본 총회가 1918년 제7회 총회에서 총회 회의 규칙으로 정식 채용하기로 가결하여 총회록에 부록하고 현재까지 사용해 온 규칙이다(제7회 총회록 pp.14, 77~86).

1. 성수 확인과 기도로 개회
    치리회가 정한 휴회 시간이 끝나면 정확한 시간에 회장이 승석하여 회원들을 불러 성수가 회집하였으면 기도로 개회할 일.

2. 사회의 서열
    예정한 시간에 성수가 회집하였으되 회장이 결석하였으면, 신 회장이 선임되기까지 임시 회장으로 사회할 서열은 아래와 같다.

    ㄱ. 회장 유고 시에 이를 대리할 부회장

    ㄴ. 출석 총대 중 최후 증경회장(역자 주 : 우선 순위를 1년 전 회장에서 2년 전 회장, 3년 전 회장으로 거슬러 올라감)

ㄷ. 총대 중 최선 장립자

3. 성수 미달인의 권리

예정한 시간에 성수가 회집되지 못하였으면, 출석 회원이 둘뿐이라고 해도 저희가 다시 회집할 시일을 작정할 수 있다.

성수가 되기까지 이 방법은 계속된다.

4. 질서 유지와 신속 처결

회장은 항상 질서를 유지하며 회무 처리를 신속히 하며 정당한 결과를 가져오도록 힘쓸 일.

5. 배정 사건과 예정 시일

회장은 순서에 예정한 시간을 어기지 아니하도록 배정한 사건을 처리케 하며, 의사 중 특별히 정한 사건도 지정한 시간에 반드시 처리하도록 인도할 일.

6. 회의 규칙 쟁론의 처결

회의 규칙에 대하여는 회장에게 우선 설명권이 있고, 회장의 기립 공포한 해석대로 시행하되, 회원 중 2인 이상이 항변하면 회장은 변론 없이 가부를 물어 공포한 해석을 바로 잡을 일(교회정치문답 조례 613문답 ⑭).

7. 회장의 자벽권

치리회가 다른 작정이 없으면 회장이 모든 위원을 자벽하며, 상임 위원을 임명하며, 부회장도 임명하여 회장의 요구에 응하게 하며, 혹은 다른 방법으로 회장을 돕게 하며, 유고 시에는 그 직무를 대리하게 한다.

8. 회장의 투표권

치리회가 무기명 투표로 표결할 때에 회장도 다른 회원과 같이 투표할 수 있다.

그러나 이같이 투표하였으면 가부 동수가 되어도 회장이 다시 투표할 수 없고 그 안건은 부결된다(교회정치조례문답 459문답, 613문답 ⑫, ⑯ 참조).

9. 위원 소집장

위원을 자벽할 때에 따로 정한 것이 없으면 먼저 호명된 자가 소집장이 되고, 그가 결석하였거나 유고할 때에는 두 번째 호명 자가 소집장이 된다.

10. 회원 명단과 서기

서기는 완전한 회원 명단을 작성하여 개회 직후에 회장에게 제출하고, 그 후 지참 회원을 추가 기입할 일.

11. 서기의 직무

ㄱ. 각종 문서를 접수하고 보고하거나, 채택된 차례대로 정리하여 보관할 일.

ㄴ. 합당한 각종 헌의 건과 청원 건 등 일체의 의안을 헌의부로 보내고, 그 위원으로 하여금 총회에 보고하여 해당 부서로 분급케 할 일.

※ 회가 회집하면 의안을 분급하는 일을 위탁한 헌의 위원에게 항상 우선권을 주어 보고하게 할 일.

12. 회의록 작성과 정오(正誤)

개회 시마다 회록을 작성할 것이요, 요구를 좇아 전 회록을 낭독하고, 착오가 있으면 바로 잡을 일.

13. 유안 건의 선결

전 회의 미결 안건을 먼저 취급할 일.

14. 동의의 성립과 토론의 개시

동의는 재청이 있어야 성립되고, 토론은 회장이 그 동의를 선포하거나 낭독이 앞서야 한다.

회장이나 혹은 회원이 요청하면 동의자는 서면 동의(書面動議)를 해야 한다.

15. 동의권과 취하권

모든 회원은 재청자와 함께 동의할 자유가 있으며, 토론하기 전에 이를 취하할 자유가 있다.

그러나 토론이 시작된 후에는 본회의 허락 없이는 취하할 수 없다.

16. 동의의 분할 표결

한 동의에 여러 부분이 포함되었을 경우, 2인 이상이 요구하면 부분별로 나누어 각각 가부를 물을 수 있다.

17. 숫자와 시간 관계 표결

수효와 시간에 관계되는 동의에 대하여 여러 가지 개의가 있으면, 최고수에서 최소수로, 혹은 아주 먼 시간에서 아주 가까운 시간으로 차례를 삼아 물을 일.

18. 발언권 규정

ㄱ. 토론 없이 가부를 묻는(언권을 허락할 수 없는) 동의

a. 유안 동의

b. 유안했던 사건을 심의하자는 동의

c. 폐회 동의

d. 토론을 종결하고 가부 표결하자는 동의

ㄴ. 한 번만 발언할 수 있는 동의

a. 규칙 위반에 관한 사건

b. 논의를 연기하자는 동의

c. 사건을 위원에게 일임하자는 동의

ㄷ. 기타 사건

한 분이 한 사건에 세 번 이상 발언하지 못하나, 다시 발언하려고 하면 특별 허락을 얻어야 한다.

19. 논의 중의 제안

사건을 논의하는 중에 다른 사건을 제출하지 못하나 아래와 같은 동의는 받아 논의할 수밖에 없다.

ㄱ. 원안대로 받자는 동의

ㄴ. 원안을 수정하자는 동의

ㄷ. 동의와 개의와도 다른 재개의

ㄹ. 위원에게 위임하자는 동의

ㅁ. 유기한 연기 동의

ㅂ. 무기한 연기동의

ㅅ. 유안 동의

ㅇ. 폐회 동의

이상 여러 가지 동의에 대하여 가부를 물을 때에는 제각기 선결 차서를 따라 폐회 동의에서 시작하여 동의까지 거슬러 올라간다.

20. 성안과 표결 순위

동의에 대하여 개의하고 개의에 대하여 재개의할 수 있으나 그 밖에는 더 수정하지 못하며, 가부를 물을 때에는 재개의를 먼저 묻고, 그 다음에는 개의를 묻고, 원 동의를 묻는데, 대의(Substitute, 개의의 일종)가 있으면 대의를 먼저 묻고 나중에 원 동의를 묻는다.

21. 유안의 구분

유안 중에 아래와 같이 두 가지 구별이 있다.

ㄱ. 폐회 전 어느 시간까지 유안하기로 하였으면 회기 중 정한 시간에 다시 논의할 일.

ㄴ. 무기한 유안하기로 하였으면 그 회기 중에는 다시 논의할 수 없으나, 혹시 재론하여 개정되면 그 회기 중에도 다시 논의할 수 있다.

유안 동의는 토론을 허락하지 않는다.

22. 토론 종결과 토론 순서

토론을 종결하고 가부 표결하기로 가결되면, 아래와 같은 순서로 본 안건에 대하여 즉시 가부를 묻는다.

ㄱ. 위원에게 위임하자는 동의

ㄴ. 재개의

ㄷ. 개의

ㄹ. 동의

※ 가부를 묻겠다고 회장이 선언한 후에는 그 안건이 처결될 때까
지 일체의 발언을 허락하지 않는다.

23. 재론 동의의 성립

한번 처결한 사건은 회기 중 다시 재론할 수 없다.

그러나 결정할 당시에 다수 편에 속했던 회원 중에서 동의와 재청
이 있고, 회원 3분의 2 이상의 가결이 있으면 재론할 수 있다.

24. 무기한 연기와 재론

무기한 연기하기로 가결된 사건은 그 회기 중에는 다시 논의할 수
가 없다.

그러나 그 결정에 동참한 회원 4분의 3 이상이 가결하면 그 회기
중에 다시 논의할 수 있다.

25. 표결권 행사와 침묵의 의의

회원은 특별한 이유가 없는 한 표결에 참가해야 한다. 그렇지 아니
하면 각 항 결정을 소수가 좌우하게 된다.

침묵 회원은 그 의견이 다수 편과 동일한 것으로 인정된다.

26. 표결 선언과 언권 불허

회장이 가부 표결을 선언하면 폐회 동의 외에는 이론이나 설명 등
일체의 발언을 허락하지 않는다.

그러나 과오가 드러나면 표결을 중지하고 시정한 후에, 회장이 다
시 가부 표결을 선언하고 표결한다.

표결할 시간을 미리 작정하고 토론할 경우에는 한 회원의 발언 시

간이 10분으로 제한된다.

표결할 시간을 미리 작정하자는 동의는 토론 없이 즉시 가부를 묻는다.

투표를 진행할 때에 정회 혹은 폐회 시간이 되면 마땅히 투표를 필할 때까지 시간을 연장할 것이요, 혹 다수가 허락하면 정회할 수 있으나, 속회하면 그 투표 건을 우선 처결해야 한다.

한 가지 안건 중 여러 가지 사건이 포함되었으면 사건마다 가부를 물을 것이 아니라, 편의상 축조하여 회중의 허락을 일단 넘겨 놓고, 맨 나중에 전체를 채용하자는 동의와 재청으로 가부를 물어 완전히 결정할 일.

27. 표결과 재표결

출석 회원 3분의 1 이상의 요청이 없으면 어떤 문제에 대한 찬성과 반대를 기록으로 남기지 아니한다.

회장이 가부를 공포할 때에 회원 중 불복하고 기립 표결을 요청하면 그 수를 헤아릴 것 없이 기립으로 다시 가부를 표하게 할 것이요, 그래도 회장이 판단하기가 어렵든지, 회원 중 개회 성수 이상의 요청이 있으면, 회장은 계산 위원을 자벽하여 그 위원으로 하여금 양편을 헤아려 보고케 할 일.

28. 인신공격의 금지

회원들이 토론할 때에 인신공격을 하도록 방임하지 못할 일.

29. 언권 허락의 순위

회원 중 2인 이상이 기립하여 언권을 청하는 경우에는 회장석에서 가장 먼 자로 우선권을 줄 것이요, 토론하는 의안이 양론으로 갈리게 되면 회장은 번갈아 언권을 허락할 일.

30. 3인 이상의 언권 청원과 제지

회원 중 3인 이상이 일시에 일어나면 회장은 발언자 외에는 모두 앉도록 한 후에 발언을 계속하여 할 일.

31. 발언의 예의

모든 회원은 발언할 때에 회장을 향하여 하고, 회원 상호간에 존대하며 특히 회장에게 예의 바르게 하며 존경할 일.

32. 발언 중지의 경우

발언자가 규칙을 어기거나, 잘못을 바로 잡는다고 변명하거나 그릇된 설명을 하지 아니하는 한 발언 중지를 당하지 아니한다.

33. 회무 진행 중의 사담(私談)

치리회 회무가 계속되는 동안 회원들은 사담할 수 없으며, 회장의 명백한 허락이 없이는 방청인이나 다른 회원을 향하여 대화할 수 없고, 회장을 향하여 발언할 일.

34. 재판 회의

치리회가 재판회로 회집할 때에는 필수적으로 회원들의 침착과 위엄이 지속되어야 한다.

간명하게 발언하고 정황하고 엉뚱한 열변을 피해야 한다.

본 문제에서 이탈하면 어느 회원이든지 "규칙이요!"라고 불러 제지할 특권이 있고, 또한 이것은 회장의 본분이기도 하다.

35. 무례 행동 제지권

회원 중 누구든지 무례한 행동을 하면 아무나 "규칙이요!"라고 불러 제지할 특권이 있고, 이것은 또한 회장의 본분이기도 하다.

36. 회장의 압제와 회원의 항의권

회원 중 누구든지 회장의 결단으로 말미암아 압제를 당한다고 여겨지면 그 치리회에 항의할 특권이 있고, 그 항의는 토론 없이 즉시 회장이 표결해야 한다(권징 조례 제4장 제28조 참조).

37. 회원의 의석 이탈

회원 중 누구든지 회장의 허락 없이 회의 장소를 떠날 수 없으며, 본회의 허락 없이 귀가할 수 없다.

38. 비밀회

어느 치리회든지 사건이 공개할 만한 것이 아니라고 여겨질 때에는 비밀회로 회집할 특권이 있다.

39. 담화회

어느 치리회든지 담화회(Interlocutory meeting)로 회집할 특권이 있다. 이런 회는 규칙에 얽매이지 아니하고 자유롭게 대화한다 (교회정치문답조례 259문답 참조).

40. 재판회장의 모두(冒頭) 선언

치리회가 재판회로 회집하면 회장은 지정된 재판 업무를 신중하게 처리할 것과, 예수 그리스도의 법정에서 재판하는 재판관으로서의 신성한 본분과 비상한 특성을 회상하고 삼가 조심할 것을 정중하게 공포해야 한다(권징 조례 제4장 제20조 참조).

41. 고소와 조사 위원

고소인과 기소인이 소송을 제기하는 경우, 치리회는 먼저 조사 위원을 선정하여 저들로 모든 문서를 분류하고 정리하며, 치리회 감독 아래 사건 진행상의 완전한 절차를 결정하게 하는 것이 편리하다.

그럴지라도 동 위원들의 재판회원으로서의 권리에는 아무런 제한도 받지 아니한다.

42. 기소 위원과 재판 회원권

원고가 없이도 치리회가 기소하기로 가결하고 진행하는 재판 사건(권징 조례 제2장 제7조)에, 치리회가 선임한 기소 위원은 자초지종(自初至終) 그 사건의 원고가 된다(권징 조례 제2장 제12조).

기소 위원은 재판 회원권을 상실한다.

43. 총무 · 서기의 언권 회원

치리회의 총무 · 서기 등 상설 직원은 각각 해당 사무 관계를 논의할 때에 언권 회원이 된다.

44. 폐회 절차

당회는 기도로 폐회하나 모든 상회는 폐회할 때에 기도뿐 아니라, 회장이 적당한 시나 찬송을 부르고 축도로 폐회한다(Presbyterian Digest, pp.205~208).

45. 회칙의 일시 정지

본 회칙은 출석 회원 3분의 2 이상의 가결로 일시 정지할 수 있다.

〈개정증보판〉

목회현장에서 꼭 필요한
교회재판 이렇게 한다

저자 · 신현만 · 한기승
펴낸이 · 황성연
펴낸곳 · 글샘 출판사
초판 1쇄 인쇄 · 2015년 9월 12일
등록번호 · 제8-0856호
ISBN · 978-89-91358-45-4
주소 · 서울시 중랑구 상봉동 136-1 성신빌딩 (종합기독교 백화점 내)
총판 · 하늘물류센타
전화 · 031-947-7777
팩스 · 0505-365-0691

※ 글샘은 가정사역을 위한 하늘기획의 또 다른 이름입니다.